あなたの予想と馬券を変える

革命競馬

# 久保木正則の 穴党競馬読本

久保木正則

# はじめに

競馬とつき合うようになって30年超。飽きっぽい性格の私が、ひとつのことにこれだけの時間を費やしている事実は自分でも驚きだが、競馬にはそれだけの魅力がある。血統や調教、そしてジョッキーや調教師に馬主……もちろん馬券を忘れてはならないが、あらゆる側面からアプローチができる。多くの人々を惹きつける理由はそれだ。

好きが高じて競馬新聞社に入社し、トラックマンとして競馬場やトレセンに通い、そこでたくさんの人や馬と出会い、競馬に関する経験値を自分なりに得てきたつもり。それを多くの競馬ファンに伝えたい。「そんな見方もあるのか！」と思ってもらえれば幸いだ。そんな願いから、今回筆を取ることになった。

予想や馬券作戦はもちろん、トレセン関係者のおもしろエピソード。そして、あまり知られていない競馬専門紙の裏側など、トラックマンだからこそ書ける内容も盛り込んだ。読み終えたとき、競馬をもっと好きになってもらえると自負している。

この本を手にした皆さんは私の競馬仲間。一緒にレースは見られなくても、ページをめくる瞬間は、競馬についてともに語り合っていると思ってほしい。「そこはそうじゃないだろ！」といったツッコミもＯＫ。ともに競馬を楽しむことができたなら、それ以上の喜びはない。

**久保木正則**

久保木正則の穴党競馬読本

目次


はじめに　2

## 第1章　久保木正則の穴予想　的中十番！

穴一番●2021年11月14日・阪神11Rエリザベス女王杯＝◎⑤ステラリア（7番人気、2着）　8
穴二番●2023年3月26日・中京11R高松宮記念＝◎⑬ファストフォース（12番人気、1着）　12
穴三番●2023年3月12日・中山11RアネモネS＝◎⑯コンクシェル（13番人気、2着）　16
穴四番●2022年10月2日・中山3R（2歳新馬）＝◎⑫ミネヒメ（9番人気、1着）　20
穴五番●2022年6月11日・東京4R（3歳未勝利）＝◎⑩セッタレダスト（15番人気、1着）　24
穴六番●2021年7月11日・福島12R彦星賞＝◎⑪グラスボイジャー（13番人気、1着）　28
穴七番●2023年6月25日・阪神11R宝塚記念＝◎⑥スルーセブンシーズ（10番人気、2着）　32
穴八番●2023年7月2日・福島11RラジオNIKKEI賞＝◎⑦シルトホルン（4番人気、2着）　36
穴九番●2023年7月15日・福島2R（3歳未勝利）＝◎⑭ベルシャンソン（7番人気、1着）　40
穴十番●2022年12月25日・中山11R有馬記念＝◎③ボルドグフーシュ（6番人気、2着）　44

## 第2章　久保木流！・穴予想ファクター30

その1【血統】皆が見る「父」より、「母」を見よ！　50
その2【馬体】「芝↓ダ」など、コース替わりで一変する馬を見抜く！　51
その3【走法】コース適性を分ける「ピッチ走法」と「ストライド走法」　54
その4【調教】パターンの変化が馬券の買い消しにつながる！　56
その5【気性】〝ピン・パー馬〟の馬券的な扱いは……　61

その6【パドック①】イレ込んでいても買える！では、買えないケースとは⁉ 63
その7【パドック②】ただし〝白い汗〟は吉兆と思うべし！ 65
その8【馬具】初ブリンカー、チークピーシーズ……で、馬が一変する⁉ 67
その9【騎手】穴党秘蔵のジョッキーとは⁉ 70
その10【調教師】ダートが強い、押せ押せローテで走らせる、芝2600mのプロなど多士済々 72
その11【生産者・馬主】チーム・ノースブリッジって、知ってますか？ 74
その12【競馬業界人の予想】弊社、他社オススメのトラックマン 76
その13【芝・ダート】芝→ダートより、ダート→芝のほうが妙味あり！ 78
その14【距離】1400mを巡るオイシイ話 79
その15【馬場状態】芝の荒れてきた馬場、ダートの泥んこ馬場 81
その16【トラックバイアス】問題は、ジョッキーがそれをつかんでいるかだ 82
その17【季節成績】夏馬・冬馬……バカにできない穴の要素がコレ 84
その18【展開】エッ、騎手は専門紙の展開予想に左右されていた⁉ 87
その19【クラス】クラス編成後の3歳馬の連勝を狙い撃て！ 89
その20【障害戦】ポイントは「着地上手」と「入障2戦目での変わり身」 90
その21【斤量】警戒すべきは芝短距離の軽ハンデ 92
その22【タイム】ダート戦のレベルは勝ちタイムに表れる 94
その23【オッズ】〝単勝オッズが乱高下する馬〟をマークせよ 95
その24【当該コース実績】小回り、洋芝でコース巧者が無類の強さを発揮する 97
その25【道悪実績】ジョッキーのコメントから道悪適性をつかんでおく 98
その26【持ちタイム】凡走時のタイムを見てもねえ…… 100
その27【近走内容】前走の着順が悪くても、人気を裏切っていても、今走で巻き返す場合 101
その28【ローテーション】外厩の台頭で時代は変わったが、叩かないとダメな馬もいる 102

その29【中央⇕地方】とんでもない高配当をもたらす〝出戻り馬〟の狙い方 104
その30【輸送】稀代の名馬を引退に追い込んだ元凶は、長距離輸送だったのか 107

## 第3章 競馬と長く上手くつき合う心得12

その1 馬券の仕組みと、そこから導く目標 110
その2 予算は身の丈に合わせて 112
その3 土日までの時間の使い方 113
その4 ◎から△まで、印はどう打つのか 115
その5 単勝・複勝の選択 117
その6 〝代用〟という言葉が懐かしい？枠連の今 119
その7 オッズへの目配せも重要――馬連で儲けるコツ 120
その8 馬単を買っておきたいケースとは 121
その9 攻めでも保険でも、使い勝手がいいワイド 122
その10 1頭ケチって逃した85万円はデカかった……痛恨の3連複の巻 125
その11 3連単の手を出しにくい理由 126
その12 さて、どうなる？ＷＩＮ5ライフ 127

## 第4章 トラックマンのすべて、教えます！

競馬を知るきっかけ――アイネスフウジンとナカノコール 132
トラックマンへの就活スタート！ 133
実は最も気がなかった「日刊競馬」へ 136
さあ、これがトラックマンの仕事です！ 138

さあ、これがトラックマンの仕事です！番外編 144
水曜朝から始まる――これがトラックマンの1週間です！ 147
誰も1Rにいないぞ！（笑）――旅打ち気分の夏競馬 152
トラックマンは呉越同舟 154
厩舎関係者との距離が縮まるとき 156
SNS全盛の時代に思うこと 158

**第5章 私が知っている「競馬のチョットいい話」**

毛色のいろいろ――サラブレッドは走る芸術品 162
サラブレッドの〝眼〟を見よ 164
千直――予想する側の〝やむを得ない事情〟 165
血統表を見る楽しみ 168
調教師とジョッキー 169
馬主と調教師 172
あなたも馬主になれる、が…… 175
予想の楽しさと難しさ 177
飲みニュケーションツールとしての魅力 179
世界で活躍する日本馬、だけど…… 181
・・・・耳を澄まして競馬の魅力を感じよう 184
おわりに 188

装丁●橋元浩明（sowhat.Inc.） 本文 DTP ●オフィスモコナ
写真●野呂英成／武田明彦 馬柱・調教●日刊競馬
※名称、所属は一部を除いて 2023 年7月 15 日時点のものです。
※成績、配当、日程は必ず主催者発行のものと照合してください。

**馬券は必ず自己責任において購入お願いいたします。**

第1章

# 久保木正則の穴予想 的中十番!

## 芝2200m内）＝◎⑤ステラリア（７番人気、２着）

# 阪神 11

発走 15：40

### 第46回 エリザベス女王杯（GⅠ）
（3歳以上・オープン・牝馬 国際 指定・定量）

| 枠馬番 | 1 白 1 | 2 白 1 | 3 黒 2 | 4 黒 2 | 5 赤 3 | 6 赤 3 | 7 青 4 | 8 青 4 | 9 黄 5 | 10 黄 5 |
|---|---|---|---|---|---|---|---|---|---|---|
| 父 | ディープインパクト | エピファネイア | ディープインパクト | エピファネイア | キズナ | ディープインパクト | キズナ | ディープインパクト | スクリーンヒーロー | エピファネイア |
| 母 | シェルズレイ3勝 | ディアデラマドレ6勝 | アパパネ7勝 | キングダンサー1勝 | ポリネイター輸入 | ブルーミングアレー4勝 | ララア輸入 | ラッドルチェンド0勝 | コスモチェーロ1勝 | ローズアダージョ0勝 |
| （母の父） | （クロフネ） | （キングカメハメハ） | （キングカメハメハ） | （キングカメハメハ） | （モティヴェイター） | （シンボリクリスエス） | （タピット） | （ディンヒルダンサー） | （フサイチペガサス） | （ディープインパクト） |
| 馬名 | レイパパレ | クラヴェル | アカイトリノムスメ | イズジョーノキセキ | ステラリア | ランブリングアレー | シャムロックヒル | テルツェット | ウインマリリン | ムジカ |
| 毛色 性齢 | 鹿毛 牝4 | 青鹿毛 牝4 | 黒鹿毛 牝3 | 鹿毛 牝4 | 黒鹿毛 牝3 | 黒鹿毛 牝5 | 芦毛 牝4 | 鹿毛 牝4 | 栗毛 牝4 | 鹿毛 牝4 |
| 負担重量 | 56 | 56 | 54 | 56 | 54 | 56 | 56 | 56 | 56 | 56 |
| 騎手 | 替ルメール | 横山典 | 戸崎 | 替和田竜 | 替松山 | 替吉田隼 | 団野 | 替Mデムーロ | 横山武 | 秋山真 |
| 騎乗成績 | 0 0 0 0 | 1 1 3 3 | 3 0 0 1 | 0 0 0 0 | 0 0 0 0 | 2 2 0 1 | 2 0 0 4 | 1 0 0 1 | 5 0 0 4 | 0 3 1 3 |
| クラス 賞金 | オープン 11200 | オープン 2200 | オープン 9850 | 3勝 1500 | 3勝 1600 | オープン 8400 | オープン 3300 | オープン 6150 | オープン 12400 | 3勝 1450 |
| 総賞金 | 27491 | 7873 | 22268 | 7050 | 3250 | 19695 | 6257 | 13025 | 29043 | 6706 |
| 厩舎 | 高野 西 | 安田翔 西 | 国枝 東 | 石坂公 西 | 斉藤崇 西 | 友道 西 | 佐々晶 西 | 和田郎 東 | 手塚 東 | 鈴木孝 西 |
| 小木曽大祐 | △ | △ | ○ | … | △ | ◎ | … | ▲ | △ | … |
| 久保木正則 | … | △ | △ | … | ◎ | △ | ▲ | … | … | … |
| 黒津紳一 | △ | △ | ○ | … | … | △ | … | ◎ | △ | … |
| 郡和之 | ○ | … | △ | … | … | … | … | △ | △ | ▲ |
| 中西徹 | △ | △ | △ | … | △ | △ | … | ○ | ▲ | … |
| 本紙飯田 | ◎ | … | ○ | △ | … | △ | … | △ | ▲ | … |
| 馬主名 | キャロットF | キャロットF | 金子真人HD㈱ | 泉一郎 | ㈲社台RH | ㈲社台RH | ㈲社台RH | ㈲シルクレーシ | ㈱ウイン | ㈱ケーエスHD |
| 生産牧場 | 安ノーザン | 安ノーザン | 安ノーザン | ひ沖田哲夫 | 白白老F | 歳社台ファ | 歳社台ファ | 安ノーザン | 新コスモヴ | ひ前谷武志 |
| 最高時計 1800 | 新[illegible]① | 阪[illegible]① | 天芝1313④ | 阪芝1454① | 京[illegible]① | 京芝1460① | 新芝1478⑧ | 函芝1478① | 中[illegible] | 新芝1471⑤ |
| 最高時計 2000 | 阪[illegible]① | 新[illegible]③ | 阪芝2012① | 阪芝1585② | 阪[illegible]① | 小芝1582⑥ | 阪芝2004① | 中芝2029③ | 東[illegible] | 中京芝2000③ |
| 最高時計 2200 | 阪[illegible]③ | 中[illegible]④ | …… | …… | …… | 中芝2125⑦ | 阪芝2144① | …… | 阪[illegible] | 新芝2155③ |
| 最高時計 2400 | …… | …… | 東芝2246② | …… | 東芝[illegible]⑬ | …… | …… | …… | 東[illegible]224[illegible] | …… |
| 距離別勝利 二二以上 | 0 4 2 0 0 | 0 2 1 0 0 | 0 1 3 0 0 | 0 2 1 0 0 | 0 2 0 0 0 | 0 5 1 0 0 | 1 3 0 0 1 | 0 2 4 0 0 | 2 3 0 0 1 | 0 1 0 0 0 |
| 天～三二 | 0 0 0 0 0 | 0 1 1 0 0 | 1 0 0 0 0 | 0 4 0 0 0 | 0 0 1 0 0 | 0 3 2 0 0 | 0 0 0 0 0 | 0 0 0 0 0 | 1 0 0 0 0 | 0 6 0 0 0 |
| 天～天七 | 1 0 0 0 1 | 0 3 0 0 0 | 0 0 0 0 0 | 0 1 0 0 0 | 0 0 1 1 0 | 0 1 0 0 0 | 0 0 0 0 0 | 0 1 0 0 0 | 0 0 0 0 0 | 1 4 0 0 1 |
| 天四以下 | 1 0 0 0 1 | 2 1 1 0 2 | 0 0 2 0 0 | 0 2 5 0 0 | 1 1 1 0 0 | 1 2 2 0 1 | 0 7 4 1 0 | 0 0 1 0 0 | 3 2 0 0 2 | 0 4 2 0 0 |
| 地方成績 兄弟馬 | シャイニングレイ | レガラール | ジナンボー | アイスブラスト | ヴィーガン | スヴァルナ | サラス | ダノンシュネラ | ウインマーレライ | バスク |

良 2.10秒台
重 2.11秒台

| | 1 レイパパレ | 2 クラヴェル | 3 アカイトリノムスメ | 4 イズジョーノキセキ | 5 ステラリア | 6 ランブリングアレー | 7 シャムロックヒル | 8 テルツェット | 9 ウインマリリン | 10 ムジカ |
|---|---|---|---|---|---|---|---|---|---|---|
| | 6阪①12.5<br>チャレンC GⅢ別定 1<br>二千内1599<br>424Ⓢ0.2<br>53川田<br>11ト7枠1人気<br>四角先34.4<br>ブラヴァス<br>4ヵ月休放牧 | 3中京5 5.22<br>シドニーT 3勝牝 4<br>二千芝2013<br>450Ⓢ0.2<br>55横山典<br>12ト1枠4人気<br>5 4 3 38.2<br>内突く34.9<br>ソフトフルー | 1東⑤2.13<br>クイーンC GⅢ別定 1<br>千六芝1333<br>450Ⓜ0.0<br>54戸崎<br>16ト6枠2人気<br>⑤6 5 35.3<br>好位抜34.4<br>アールドヴィ | 1阪⑧3.7<br>うずしお 3勝牝 4<br>千六外1333<br>452Ⓢ0.2<br>55福永<br>13ト4枠1人気<br>4 6 4 36.5<br>好位伸33.6<br>ソシアルクラ | 1東⑤2.13<br>クイーンC GⅢ別定 6<br>千六芝1336<br>476Ⓜ0.3<br>54福永<br>16ト7枠4人気<br>⑬14 15 35.8<br>発馬躓34.1<br>アカイトリノ | 1中京⑤1.16<br>愛知杯 GⅢハンデ 2<br>二千芝1587<br>480Ⓗ0.0<br>54福永<br>18ト14枠6人気<br>9 9 8 36.2<br>一旦先35.4<br>マジックキャ | 1中京④1.11<br>寿 3勝ハンデ 14<br>二千芝2020<br>490Ⓜ1.6<br>52団野<br>16ト4枠6人気<br>先一杯37.4<br>ツーエムアロ<br>5ヵ月休放牧 | 3中③4.3<br>ダービー卿 GⅢハンデ 1<br>千六外1326<br>418Ⓗ0.2<br>53Mデムーロ<br>15ト9枠3人気<br>⑪⑩8 35.6<br>中位鋭34.7<br>カテドラル | 1中8 1.24<br>AJCC GⅡ別定 6<br>二二外2183<br>464Ⓢ0.4<br>53横山武<br>17ト15枠5人気<br>2 3 4 38.2<br>先一息38.0<br>アリストテレ | 1新⑤4.24<br>福島牝馬 GⅢ別定 5<br>千八外1471<br>446Ⓢ0.2<br>54秋山真<br>15ト2枠6人気<br>⑬6⑥37.2<br>直不利33.9<br>ディアンドル |
| | 2阪❹4.4<br>大阪杯 GⅠ定量 1<br>二千内2016<br>422Ⓜ0.7<br>55川田<br>13ト8枠4人気<br>楽逃切36.8<br>モズベッロ<br>3ヵ月休放牧 | 3阪②6.20<br>マーメイ GⅢハンデ 2<br>二千内2004<br>450Ⓢ0.0<br>51横山典<br>16ト13枠5人気<br>13 11 13 37.7<br>外伸る34.6<br>シャムロック | 2阪⑥4.11<br>桜花賞 GⅠ定量 4<br>千六外1313<br>444Ⓜ0.2<br>55横山武<br>18ト5枠4人気<br>4 3 6 34.5<br>好位伸33.9<br>ソダシ | 2阪⑨4.24<br>京橋 3勝定量 2<br>二千内1585<br>458Ⓜ0.0<br>55岩田康<br>11ト9枠2人気<br>8 8 10 36.9<br>G前鋭34.4<br>プライドラン | 2阪⑥4.11<br>忘れな草 L別定 1<br>二千内1580<br>482Ⓜ0.2<br>54福永<br>11ト5枠2人気<br>6 7 6 36.2<br>中位差34.3<br>エイシンヒテ | 2中5 3.13<br>中山牝馬 GⅢハンデ 1<br>千八内1548<br>474Ⓗ0.0<br>55武豊<br>16ト13枠7人気<br>9 9 9 38.9<br>外伸る39.2<br>ロザムール | 3阪②6.20<br>マーメイ GⅢハンデ 1<br>二千内2004<br>490Ⓢ0.0<br>50藤懸<br>16ト1枠10人気<br>1 1 1 36.1<br>逃切る35.3<br>クラヴェル | 2東⑧5.16<br>ヴィクト GⅠ定量 14<br>千六芝1324<br>426Ⓢ1.4<br>55Mデムーロ<br>18ト9枠3人気<br>⑯14 14 35.8<br>出遅不33.5<br>グランアレグ | 3中①3.27<br>日経賞 GⅡ別定 1<br>二五内2333<br>456Ⓢ0.1<br>53横山武<br>15ト4枠4人気<br>3 3 2 37.8<br>直先頭34.7<br>カレンブーケ | 3阪②6.20<br>垂水 3勝ハンデ 6<br>千八外1472<br>450Ⓗ0.6<br>54秋山真<br>18ト9枠2人気<br>中位詰36.1<br>アカイイト<br>3ヵ月半休放牧 |
| | 3阪④6.27<br>宝塚記念 GⅠ定量 3<br>二二内2114<br>432Ⓢ0.5<br>56川田<br>13ト2枠2人気<br>先一息35.0<br>クロノジェネ<br>3ヵ月休放牧 | 3小⑥7.18<br>中京記念 GⅢハンデ 3<br>千八芝1463<br>452Ⓢ0.1<br>52横山典<br>12ト11枠5人気<br>10 10 10 37.9<br>イン伸33.5<br>アンドラステ | 2東⑩5.23<br>オークス GⅠ定量 2<br>二四芝2246<br>450Ⓜ0.1<br>55ルメール<br>18ト7枠2人気<br>中位伸34.4<br>ユーバーレー<br>5ヵ月休放牧 | 3阪②6.20<br>マーメイ GⅢハンデ 7<br>二千内2012<br>456Ⓢ0.8<br>52西村淳<br>16ト9枠2人気<br>中位儘35.7<br>Ⓒシャムロッ<br>4ヵ月休放牧 | 2東⑩5.23<br>オークス GⅠ定量 13<br>二四芝2259<br>482Ⓜ1.4<br>55川田<br>18ト18枠5人気<br>先一杯36.1<br>ユーバーレー<br>5ヵ月休放牧 | 2東⑧5.16<br>ヴィクト GⅠ定量 2<br>千六芝1317<br>466Ⓢ0.7<br>55吉田隼<br>18ト8枠10人気<br>中位伸33.2<br>グランアレグ<br>4ヵ月休放牧 | 1函⑩8.1<br>クイーン GⅢ別定 9<br>千八芝1487<br>492Ⓜ0.9<br>55団野<br>12ト11枠10人気<br>2 3 6 36.2<br>好位下36.5<br>テルツェット | 1函⑩8.1<br>クイーン GⅢ別定 1<br>千八芝1478<br>426Ⓜ0.1<br>55ルメール<br>12ト9枠3人気<br>10 9 11 37.0<br>後追鋭35.2<br>マジックキャ | 2阪⑫5.2<br>天皇賞 GⅠ定量 5<br>三二芝3156<br>462Ⓜ0.9<br>56横山武<br>17ト14枠8人気<br>外回る37.4<br>ワールドプレ<br>5ヵ月休肘腫 | 5中京⑧10.2<br>関ケ原 3勝定量 3<br>二千芝2000<br>450Ⓢ0.1<br>55池添<br>13ト10枠2人気<br>9 9 9 38.2<br>後方伸33.8<br>シフルマン |
| | 4中⑦9.26<br>オールカ GⅡ別定 4<br>二二外2123<br>442Ⓢ0.4<br>56川田<br>16ト12枠1人気<br>2 2 2 36.4<br>先一息35.6<br>ウインマリリ | 4新⑧9.5<br>新潟記念 GⅢハンデ 3<br>二千外1585<br>460Ⓢ0.1<br>52横山典<br>17ト13枠2人気<br>13 13 13 37.4<br>後方伸33.7<br>マイネルファ | 4阪④10.17<br>秋華賞 GⅠ馬齢 1<br>二千内2012<br>448Ⓢ0.1<br>55戸崎<br>16ト12枠4人気<br>5 5 4 37.8<br>G前鋭35.9<br>ファインルー | 4阪④10.17<br>西宮 3勝定量 2<br>千八外1464<br>460Ⓢ0.3<br>55岩田康<br>15ト1枠3人気<br>6 7 7 37.3<br>中位伸33.7<br>ジェラルディ | 4阪④10.17<br>秋華賞 GⅠ馬齢 6<br>二千内2017<br>490Ⓢ0.5<br>55武豊<br>16ト2枠9人気<br>12 12 12 38.5<br>後方詰35.7<br>アカイトリノ | 4中⑦9.26<br>オールカ GⅡ別定 7<br>二二外2125<br>474Ⓢ0.6<br>54戸崎<br>16ト6枠4人気<br>7 8 8 36.9<br>中位儘35.4<br>ウインマリリ | 3ヵ月半<br>休養<br>仕上がり8分<br>ツメ不安<br>放牧<br>鉄砲成績<br>2 0 0 3<br>2走目成績<br>0 0 0 5 | 3ヵ月半<br>休養<br>仕上がり9分<br>放牧<br>調整<br>鉄砲成績<br>2 0 1 0<br>2走目成績<br>1 0 0 0 | 4中⑦9.26<br>オールカ GⅡ別定 1<br>二二外2119<br>476Ⓢ0.3<br>55横山武<br>16ト1枠2人気<br>2 3 3 36.4<br>好位抜35.1<br>ウインキート | 5新6 10.24<br>新潟牝馬 3勝別定 3<br>二二内2155<br>452Ⓜ0.2<br>54秋山真<br>7ト4枠3人気<br>7 7 7 37.8<br>殿り伸34.7<br>マリアエレー |

〔成績の見方〕

| | |
|---|---|
| ① | 2東⑫5.29 |
| ② | ダービー GⅠ定量 1 |
| ③ | 二四芝2240 |
| ④ | 502Ⓜ0.0 |
| ⑤ | 57川田 |
| ⑥ | 18ト3枠3人気 |
| ⑦ | 8 8 8 37.0 |
| ⑧ | 中位伸33.3 |
| ⑨ | サトノダイヤ |

①場所（馬場状態）月日
②競走名　条件　着順
③距離　時計
④体重　ペース　秒差
⑤負担重量　騎手
⑥頭数　枠順　人気
⑦通過順　前半３Ｆ
⑧短評　後半３Ｆ
⑨１着または２着馬名

※ペースの表記
Ⓢ…スローペース
Ⓜ…平均ペース
Ⓗ…ハイペース

※通過順の○数字は不利を示す。

※後半３Ｆの太字はメンバー中最速であったことを示す。

馬場状態
❶❶①①
不重稍良

| 賞金（万円） | |
|---|---|
| ① | 10500 |
| ② | 4200 |
| ③ | 2600 |
| ④ | 1600 |
| ⑤ | 1050 |

※久保木正則の印は上から2番目

## 穴一番●2021年11月14日・阪神11Rエリザベス女王杯(牝馬GⅠ、

### 久保木正則の印

◎⑤ステラリア

○⑮ウインキートス

▲⑦シャムロックヒル

△⑯アカイイト

△②クラヴェル

△③アカイトリノムスメ

△⑥ランブリングアレー

△⑫デゼル

※「日刊競馬」では△は5頭までだが、その中でも注目馬、推奨馬には"二重△"が打たれている。上記の印では△最上位の⑯アカイイトが該当。以降の表示でも、"二重△"の馬は△の中でも最上位に置き、その他の△馬は内の馬番から順に掲載している。

| ⑰ 桃8 | ⑯ | ⑮ | ⑭ 橙7 | ⑬ | ⑫ 緑6 | ⑪ |
|---|---|---|---|---|---|---|
| ハービンジャー | キズナ | ゴールドシップ | ローズキングダム | モンテロッソ | ディープインパクト | ディープインパクト |
| コトブキテティス | アカイイト | ウインキートス | ロザムール | リュヌルージュ | デゼル | ソフトフルート |
| エヴァ2勝<br>(キングカメハメハ) | ウアジェト2勝<br>(シンボリクリスエス) | イクスキューズ3勝<br>(ボストンハーバー) | グレートテン公営<br>(カーリアン) | ムーンハウリング公営<br>(メジロマックイーン) | アヴニールセルタン輸入<br>(ルアーヴル) | ストロベリーフェア輸入<br>(キングマンボ) |
| 黒鹿毛 牝4 | 青鹿毛 牝4 | 黒鹿毛 牝4 | 栗毛 牝5 | 鹿毛 牝6 | 青鹿毛 牝4 | 黒鹿毛 牝4 |
| 56 | 56 | 56 | 56 | 56 | 56 | 56 |
| 柴田善 | 替 幸 | 丹内 | 替 池添 | 富田 | 替 武豊 | 岩田望 |
| 2 0 0 1 | 0 0 0 0 | 2 5 0 2 | 0 0 0 0 | 0 0 0 1 | 1 0 0 1 | 2 1 0 0 |
| オープン 2400 | オープン 2400 | オープン 6600 | オープン 3900 | オープン 2200 | オープン 5250 | オープン 2400 |
| 6220 | 8428 | 17049 | 10704 | 8789 | 11236 | 9642 |
| 田島俊(東) | 中竹(西) | 宗像(東) | 上原(東) | 四位(西) | 友道(西) | 斉藤崇(西) |
| | △ | △<br>○<br>▲<br>◎<br>◎<br>△ | | | △ | △ |
| 尾上松壽 | 岡浩二 | (株)ウイン | 栗山良子 | 窪田芳郎 | (有)社台RH | ゴドルフィン |
| (ひ)斉藤スタ | (浦)辻牧場 | (新)コスモヴ | (ひ)静内坂本 | (平)坂東牧場 | (勇)社台ファ | (日)ダーレー |
| 東芝1474④<br>新芝2007①<br>中京芝2139⑦<br>東芝2249① | 東芝 1 61⑦<br>阪芝 37③<br>京芝 34② | 中芝1492⑤<br>札芝2006⑨<br>中芝2122②<br>東芝2246③ | 新芝1480⑬<br>中芝2014④<br>中芝2129⑩ | 阪芝1467③<br>京芝2004③<br>阪芝2113⑫<br>阪芝2288⑦ | 東芝1454①<br>中京芝2004④<br>中芝2168③<br>東芝2251⑪ | 阪芝1486④<br>阪芝1590⑤<br>阪芝2109⑥<br>東芝2265③ |
| 3 1 0 0 0<br>0 2 1 0 0<br>1 2 1 0 1<br>3 5 0 0 2 | 0 4 0 0 0<br>1 3 0 0 1<br>0 1 0 0 0<br>1 8 0 1 1 | 4 1 0 0 1<br>4 2 0 0 2<br>1 1 1 0 0<br>2 2 0 0 0 | 0 1 2 1 0<br>0 3 0 0 0<br>0 0 4 0 0<br>1 5 5 0 1 | 0 3 0 0 0<br>1 3 0 0 1<br>1 5 0 0 1<br>4 8 1 0 2 | 0 3 1 0 0<br>0 0 0 0 0<br>1 0 0 0 1<br>1 2 1 0 0 | 1 3 0 0 1<br>1 0 0 0 1<br>1 2 0 0 0<br>2 6 0 0 1 |
| コトブキホーク | イチバンヤリ | ウインイクシード | ハンドレッドアーツ | ヒギングローリー | オヌール | ミッドサマーフェア |
| 2東④ 5.2<br>陣馬 2勝ハンデ 1<br>二四芝2249<br>432Ⓜ0.2<br>52柴田善<br>11ト4番4人<br>7 7 10 37.5<br>中位差34.4<br>マイネルコロ | 2阪⑨ 4.24<br>京橋 3勝定量 3<br>二〇内1587<br>500Ⓜ0.2<br>55松若<br>11ト1番3人<br>6 6 6 36.5<br>中位詰34.9<br>プライドラン | 3中① 3.27<br>日経賞 GⅡ別定 15<br>二五内2352<br>460Ⓢ1.9<br>53丹内<br>15ト6番6人<br>6 ⑨ 10 38.0<br>三角不36.0<br>ウインマリリ | 2中5 3.13<br>中山牝馬 GⅢハンデ 2<br>一八内1548<br>498Ⓗ0.0<br>52北村宏<br>16ト11番5人<br>1 1 1 37.7<br>逃粘る39.9<br>ランブリング | 2阪2 3.28<br>六甲 L別定 13<br>一六外1349<br>476Ⓜ1.1<br>54鮫島良<br>15ト10番12人<br>7 7 13 36.7<br>ジリ下34.9<br>クリスティ | 1東⑥ 2.14<br>初音 3勝牝 1<br>一八芝1454<br>482Ⓜ0.2<br>54ルメール<br>16ト9番1人<br>1 1 10 36.6<br>中位鋭34.4<br>シングフォー | 2阪⑨ 4.24<br>京橋 3勝定量 5<br>二〇内1590<br>464Ⓜ0.5<br>55福永<br>11ト4番1人<br>6 6 5 36.5<br>決手欠35.3<br>プライドラン |
| 3東③ 6.12<br>ジューン 3勝ハンデ 6<br>二四芝2257<br>432Ⓢ1.1<br>52柴田善<br>11ト1番3人<br>10 10 9 39.0<br>後方詰34.5<br>シルヴァーソ | 3中京5 5.22<br>シドニー 3勝牝 2<br>二〇芝2012<br>504Ⓢ0.1<br>55松山<br>12ト3番1人<br>9 10 8 38.5<br>イン伸34.6<br>ソフトフルー | 2東⑫ 5.30<br>目黒記念 GⅡハンデ 1<br>二五芝2328<br>468Ⓢ0.3<br>52丹内<br>16ト5番8人<br>先抜出32.5<br>ヒートオンビ<br>3ヵ月休放牧 | 1新⑤ 4.24<br>福島牝馬 GⅢ別定 13<br>一八外1480<br>492Ⓢ1.1<br>54北村宏<br>15ト4番5人<br>2 2 2 36.3<br>先一杯35.3<br>ディアンドル | 2阪⑥ 4.11<br>ハンパシ ハンデ 9<br>二四外2362<br>476Ⓢ1.1<br>52団野<br>14ト9番12人<br>5 6 4 35.8<br>中位下34.8<br>ミスマンマミ | 2阪⑤ 4.10<br>阪神牝馬 GⅡ別定 1<br>一六外1320<br>476Ⓢ0.0<br>54川田<br>12ト10番1人<br>⑨ 8 8 36.0<br>G前鋭32.5<br>マジックキャ | 3中京5 5.22<br>シドニー 3勝牝 1<br>二〇芝2011<br>470Ⓢ0.1<br>55岩田望<br>12ト11番3人<br>7 8 10 38.3<br>G前鋭34.4<br>アカイイト |
| 2札⑤ 8.28<br>オホーツ 3勝定量 10<br>二〇芝2021<br>448Ⓢ0.7<br>55亀田<br>15ト11番10人<br>⑩ 3 3 36.9<br>出遅不35.8<br>アンティシペ | 3阪② 6.20<br>垂水 3勝ハンデ 1<br>一八外1466<br>510Ⓗ0.0<br>54横山典<br>18ト6番1人<br>直競勝35.0<br>サターン<br>4ヵ月休放牧 | 2札④ 8.22<br>札幌記念 GⅡ定量 9<br>二〇芝2006<br>486Ⓜ1.1<br>55丹内<br>13ト11番5人<br>4 4 3 35.5<br>好位下36.2<br>ソダシ | 1福4 7.11<br>七夕賞 GⅢハンデ 2<br>二〇芝2022<br>500Ⓜ0.0<br>53Mデムーロ<br>16ト2番7人<br>1 1 1 35.8<br>逃惜敗37.1<br>トーラスジェ | 1新⑤ 4.24<br>福島牝馬 GⅢ別定 14<br>一八外1481<br>478Ⓢ1.2<br>54鮫島駿<br>15ト1番13人<br>中位下34.6<br>ディアンドル<br>6ヵ月休放牧 | 2東⑧ 5.16<br>ヴィクトリア GⅠ定量 8<br>一六芝1319<br>478Ⓢ0.9<br>55川田<br>18ト5番4人<br>中位詰33.2<br>グランアレグ<br>5ヵ月休放牧 | 3阪② 6.20<br>マーメイ GⅢハンデ 8<br>二〇内2012<br>480Ⓢ0.8<br>54横山和<br>16ト8番1人<br>好位下35.9<br>シャムロック<br>4ヵ月休放牧 |
| 4東② 10.10<br>六社 3勝定量 1<br>二四芝2257<br>444Ⓢ0.0<br>55柴田善<br>18ト18番7人<br>12 13 12 38.2<br>外伸る34.5<br>レディキュー | 4東③ 10.16<br>府中牝馬 GⅡ別定 7<br>一八芝1461<br>514Ⓢ0.5<br>54横山典<br>18ト16番12人<br>⑯ 16 16 37.0<br>後方詰33.4<br>シャドウディ | 4中⑦ 9.26<br>オールカ GⅡ別定 2<br>二二外2122<br>472Ⓢ0.3<br>55丹内<br>16ト2番5人<br>6 8 5 36.8<br>中位伸35.1<br>ウインマリリ | 4中⑦ 9.26<br>オールカ GⅡ別定 10<br>二二外2129<br>502Ⓢ1.0<br>54三浦<br>16ト15番9人<br>1 1 1 36.1<br>逃一杯36.3<br>ウインマリリ | 5新6 10.24<br>新潟牝馬 OP別定 6<br>二二内2160<br>476Ⓜ0.7<br>54富田<br>7ト7番7人<br>1 1 1 36.1<br>逃一杯36.4<br>Ⓒマリアエレ | 4東③ 10.16<br>府中牝馬 GⅡ別定 16<br>一八芝1469<br>482Ⓢ1.3<br>55川田<br>18ト17番2人<br>3 3 4 35.8<br>好位下35.2<br>シャドウディ | 5新6 10.24<br>新潟牝馬 OP別定 2<br>二二内2155<br>488Ⓜ0.2<br>54岩田望<br>7ト2番2人<br>6 6 6 37.3<br>後方伸35.0<br>マリアエレー |

**穴一番●2021年11月14日・阪神11Rエリザベス女王杯（牝馬GⅠ、芝2200m内）**

## 不安な上位馬をバッサリ切ったから、10番人気に印が回って
## 馬連5万、3連複28万、3連単339万……！

のっけから自慢話で恐縮だが、この1章では近年における〝会心の一撃！〟を紹介したい。しっかりとした根拠を元に導き出した穴馬が頑張った思い出深いレースたち。皆さんの馬券作戦にも役立てていただければうれしい。

まず取り上げたいのは、最近のGⅠで最高といえる予想ができた21年エリザベス女王杯。この年は上位人気馬をバッサリ切るところから入った。

1番人気の①レイパパレは、ユニコーンライオンに差し返されて3着になった春の宝塚記念と、ゴール前で明らかに脚色が鈍った前走のオールカマーから坂がある2200mは長いと判断。

また、3番人気の⑨ウインマリリンは、調教の動きに物足りなさを感じていたが、鞍上の横山武史騎手が記者会見で調子がよくないといった旨のコメントを発したことが後押し。自信を持って、この2頭を軽視することができた。

本命は2着の⑤ステラリア（7番人気）に打ったのだが、根拠は3つ。

まずは前走の秋華賞がオークス以来とすれば好内容だったこと。②番の好枠だったがスタートで後手を踏み、苦しい位置でのレースを余儀なくされながら、メンバー2位の上がりを使いしっかり走れていた点を評価した。

さらに、春の忘れな草賞をレース史上で初めて2分を切る1分58秒0の好タイムで勝っていて、元々

| | |
|---|---|
| 1着△⑯アカイイト（10番人気） | 単⑯ 6490円 |
| 2着◎⑤ステラリア（7番人気） | 複⑯ 1180円　⑤ 650円　② 810円 |
| 3着△②クラヴェル（9番人気） | 馬連⑤－⑯5万 1870円 |
| | 馬単⑯→⑤ 13万 7500円 |
| | 3連複②⑤⑯ 28万 2710円 |
| | 3連単⑯→⑤→② 339万 3960円 |

ステラリアの3走前の忘れな草賞。上がり最速の34・3秒で差し切った。

の能力もかなり高いと思っていた。

そして、もうひとつが血統。

この年は京都競馬場の改修工事に伴い阪神で秋のGIシリーズが開催されていて、ステラリアと同じく母の父にモティヴェイターを持つタイトルホルダーが菊花賞を圧勝し、その姉であるメロディーレーンも3勝クラスの古都Sを勝利。この流れを見て、ためらいなくステラリアに◎を打つことができた。

勝った⑯アカイイト（10番人気）は昇級戦の府中牝馬Sで7着に敗れたが、スタートで躓きながらもゴール前の脚はかなり目立っていたし（4角16番手から勝ち馬に0・5秒差まで詰める）、阪神が非常に得意。

3着の②クラヴェル（9番人気）は横山典弘騎手が競馬を教えてきた馬で、そろそろ怖いと考えていた馬。どちらも△ではあったが、人気馬に〝怪しいけど、とりあえず〟と何かしらの印をつけていたら、この2頭は無印だったかもしれない。

自分の信念を貫き、危ないと読んだ上位人気馬が予想通りに敗れ、さらに本命馬が頑張ってくれたこのエリザベス女王杯は競馬人生で五指に入るレースだ。

＝◎⑬ファストフォース（12番人気、1着）

| 枠馬番 | 1 白 1 | 1 白 2 | 2 黒 3 | 2 黒 4 | 3 赤 5 | 3 赤 6 | 4 青 7 | 4 青 8 | 5 黄 9 | 5 黄 10 | 6 11 |
|---|---|---|---|---|---|---|---|---|---|---|---|
| 父 | ドリームジャーニー | シルバーステート | ロードカナロア | キズナ | ミッキーアイル | ゴールドアリュール | タートルボウル | ポイントオブエントリー | ヴィクトワールピサ | ダイワメジャー | モーリス |
| 馬名 | トゥラヴェスーラ | ウォーターナビレラ | キルロード | ダディーズビビッド | メイケイエール | ナランフレグ | ヴェントヴォーチェ | (外)ロータスランド | ディヴィナシオン | オパールシャルム | ピクシーナイト |
| 母（母父） | ジャジャマーチャン未出走（アドマイヤコジーン） | シャイニングサヤカ0勝（キングヘイロー） | キルシュワッサー4勝（サクラバクシンオー） | ケイティーズギフト1勝（フレンチデピュティ） | シロインジャー0勝（ハービンジャー） | ケリーズビューティ公営（ブライアンズタイム） | ランウェイスナップ0勝（ティスタントヴュー） | リトルミスマフェット（スキャットダディ） | フギン4勝（ストリートセンス） | ジルコニア3勝（タイキシャトル） | ピクシーホロウ3勝（キングヘイロー） |
| 性齢・毛色 | 牡8 鹿毛 | 牝4 青鹿毛 | 騸8 鹿毛 | 牡5 鹿毛 | 牝5 鹿毛 | 牡7 栗毛 | 牡6 鹿毛 | 牝6 鹿毛 | 牡6 黒鹿毛 | 牝6 栗毛 | 牡5 鹿毛 |
| 負担重量 | 58 | 56 B | 58 B | 58 | 56 | 58 | 58 | 56 | 58 | 56 | 58 |
| 騎手 | (替)丹内 | (替)吉田隼 | (替)和田竜 | (替)秋山真 | (替)池添 | 丸田 | (替)西村淳 | 岩田康 | (替)松本大 | 武藤 | (替)戸崎 |
| 騎乗成績 | 0 0 0 0 | 2 0 0 0 | 0 0 0 1 | 0 0 0 0 | 3 0 0 3 | 4 5 4 12 | 2 1 0 2 | 0 0 1 0 | 0 0 1 3 | 1 1 0 3 | 0 0 0 0 |
| クラス 賞金 | オープン 6300 | オープン 5100 | オープン 5800 | オープン 4350 | オープン 14150 | オープン 12950 | オープン 8100 | オープン 10150 | オープン 3250 | オープン 3600 | オープン 10800 |
| 総賞金 | 19468 | 12791 | 17113 | 14423 | [illegible] 31306 | 37413 | 17748 | 22955 | 11616 | 11186 | 22764 |
| 厩舎 | 高橋康(西) | 武幸(西) | 田村(東) | 千田(西) | 武英(西) | 宗像(東) | 牧浦(西) | 辻野(西) | 森秀行(西) | 武藤(東) | 音無(西) |
| 小木曽大祐 | … | … | △ | … | △ | ▲ | … | ◬ | … | … | … |
| 久保木正則 | … | … | … | △ | △ | … | △ | ▲ | … | … | … |
| 黒津紳一 | … | … | … | … | ▲ | … | ◎ | … | … | … | … |
| 郡和之 | … | … | … | … | ◎ | ▲ | … | ◬ | … | … | … |
| 中西徹 | … | … | … | … | △ | … | ○ | ◬ | … | … | … |
| 本紙 | … | … | … | … | ◎ | ▲ | … | ◬ | … | … | … |
| 馬主名 | 吉田照哉 | 山岡正人 | エンジェルレー | 田島大史 | 名古屋競馬(株) | 村木克成 | エデンA | (合)小林英一HD | 一村哲也 | 落合幸弘 | (有)シルクレーシ |
| 生産牧場 | (勇)社台ファ | (浦)伏木田牧 | (日)天羽禮治 | (む)上水牧場 | (安)ノーザン | (日)坂戸節子 | (日)下河辺牧 | (米)Aソウン | (日)高山牧場 | (日)下河辺牧 | (安)ノーザン |
| 最高時計 前3F | [illegible]⑥ | 阪芝34.8② | 函芝33.1⑥ | 中京芝33.4④ | 中京芝33.3① | 中芝33.9⑤ | 福芝33.3③ | 阪芝33.6⑨ | 小芝33.6① | 中京芝32.9① | 小芝32.8② |
| 1200 | [illegible]② | …… | 阪芝1074② | 中京芝1068④ | 中京芝1062① | 中京芝1072② | 中芝1068① | 中京芝1083❷ | 小芝1071① | 中京芝1081① | 小芝1061② |
| 1400 | [illegible]② | 阪芝1211① | 東芝1203⑨ | 阪芝1195② | 阪芝1201① | 新芝1214⑦ | …… | 阪芝1197① | 東芝1213⑧ | 東芝1205⑧ | 阪芝1217③ |
| 1600 | [illegible]⑤ | 阪芝1329② | 中芝1359⑤ | 中京芝1341① | 阪芝1333④ | 東芝1327⑨ | …… | 東芝1327⑩ | 京芝1346⑨ | 東芝1330⑥ | 東芝1329⑫ |
| 距離別勝利 千二以下 | 0 0 1 3 3 | 0 0 1 2 0 | 0 0 1 5 4 | 0 0 2 2 0 | 0 0 1 6 4 | 0 0 0 6 4 | 0 0 0 7 6 | 0 1 4 1 0 | 0 0 1 3 3 | 0 0 0 5 4 | 0 0 1 2 1 |
| 千四以下〜千六 | 0 0 0 5 3 | 0 0 1 0 0 | 0 1 3 3 1 | 0 0 1 4 2 | 0 0 0 0 0 | 0 0 0 5 5 | 0 0 0 1 1 | 0 1 1 2 1 | 0 1 0 7 6 | 0 0 1 6 5 | 0 0 0 2 2 |
| 千七〜二千 | 0 0 0 0 0 | 0 0 1 0 0 | 0 2 0 1 1 | 0 0 0 2 0 | 0 0 0 0 0 | 0 0 0 4 3 | 0 0 0 1 1 | 0 0 0 1 0 | 0 0 1 2 2 | 0 0 1 4 3 | 0 0 0 1 0 |
| 二千一以上 | 0 1 3 13 11 | 1 2 1 1 0 | 1 0 4 7 5 | 0 1 3 5 4 | 0 0 2 4 4 | 0 0 2 16 9 | 0 0 0 5 4 | 0 1 5 2 0 | 0 2 1 22 20 | 0 1 1 11 6 | 0 0 2 1 1 |
| 地方成績 兄弟馬 | トオヤリトセイト | (公)ソイカウボーイ | ヤマノハヤブサ | ケイティープライド | チャレンジャー | インプレスウィナー | ボマイェ | プリファードラン | ウナヴォルタ | サンライズアムール | フェーングロッテン |
| 前走4 | 4中⑨10.2<br>スプリンGI定量 7<br>千二外1081<br>482Ⓗ0.3<br>57鮫島駿<br>16ト11番11人気<br>⑩⑪⑪33.9<br>前塞る34.2<br>ジャンダルム | 2東⑩5.22<br>オークスGI定量 13<br>二四芝2261<br>468Ⓢ2.2<br>55武豊<br>17ト1番7人気<br>⑪⑫⑫37.5<br>出遅不35.5<br>スターズオン | 2中京❻3.27<br>高松宮GI定量 3<br>千二芝1083<br>500Ⓗ0.0<br>57菊沢<br>18ト10番17人気<br>…③③33.6<br>好位伸34.7<br>Ⓑナランフレ | 5中京②9.11<br>セントウGII別定 4<br>千二芝1068<br>512Ⓗ0.6<br>56竹之下<br>13ト9番3人気<br>…⑥⑥33.4<br>中位詰33.4<br>メイケイエー | 5中京②9.11<br>セントウGII別定 1<br>千二芝1062<br>484Ⓗ0.4<br>55池添<br>13ト5番1人気<br>…⑤⑤33.3<br>中位鋭32.9<br>ファストフォ | 3東②6.5<br>安田記念GI定量 9<br>千六芝1327<br>490Ⓢ0.4<br>58丸田<br>18ト18番12人気<br>後方詰33.1<br>ソングライン<br>4ヵ月休放牧 | 2新②7.31<br>アイビスGIII別定 9<br>千直55.2<br>516Ⓜ0.8<br>56福永<br>18ト13番1人気<br>……⑦22.1<br>後半不33.1<br>ビリーバー | 4阪⑧10.29<br>スワンGII別定 6<br>千四内1201<br>486Ⓜ0.3<br>54岩田望<br>18ト7番3人気<br>④⑥⑤34.7<br>好位儘34.4<br>ダイアトニッ | 4阪②10.9<br>オパールLハンデ 12<br>千二内1103<br>462Ⓜ1.7<br>54岩田望<br>16ト13番7人気<br>…⑮⑯35.1<br>アオル35.2<br>トウシンマカ | 4阪②10.9<br>オパールLハンデ 9<br>千二内1099<br>474Ⓜ1.3<br>54江田照<br>16ト5番6人気<br>…③⑥34.3<br>ジリ下35.6<br>トウシンマカ | 5中京②9.12<br>セントウGII別定 2<br>千二芝1072<br>536Ⓗ0.0<br>54福永<br>17ト15番2人気<br>…⑥⑥33.9<br>G前鋭33.3<br>レシステンシ |
| 前走3 | 4阪⑧10.29<br>スワンGII別定 4<br>千四内1200<br>492Ⓜ0.2<br>56鮫島駿<br>18ト8番6人気<br>⑫⑬⑪35.3<br>中位詰33.9<br>ダイアトニッ | 1札④7.31<br>クイーンGIII別定 10<br>千八芝1484<br>468Ⓢ0.6<br>52武豊<br>14ト10番1人気<br>③②②37.5<br>好位下35.5<br>テルツェット | 1函②6.12<br>函館スプGIII別定 6<br>千二芝1077<br>506Ⓗ0.5<br>57菊沢<br>16ト4番6人気<br>好位粘34.6<br>Ⓑナムラクレ<br>5ヵ月半休放牧 | 4新②10.16<br>信越S Lハンデ 1<br>千四内1202<br>508Ⓗ0.2<br>56浜中<br>18ト11番1人気<br>中位鋭34.2<br>テンハッピー<br>3ヵ月休ツメ | 4中⑨10.2<br>スプリンGI定量 14<br>千二外1087<br>482Ⓗ0.9<br>55池添<br>16ト13番1人気<br>⑤④④33.3<br>好位下35.4<br>ジャンダルム | 4中⑨10.2<br>スプリンGI定量 3<br>千二外1080<br>490Ⓗ0.2<br>57丸田<br>16ト6番5人気<br>⑬⑬⑫34.1<br>後方伸33.9<br>ジャンダルム | 2札⑥8.28<br>キーンラGIII別定 1<br>千二芝1091<br>518Ⓜ0.1<br>56ルメール<br>15ト8番6人気<br>⑭⑩⑦35.1<br>イン伸34.0<br>ウインマーベ | 5阪⑥11.20<br>マイルCSGI定量 8<br>千六外1329<br>482Ⓢ0.4<br>55岩田望<br>17ト8番15人気<br>②④④35.6<br>一旦先33.9<br>セリフォス | 5中②12.4<br>ラピスラL別定 6<br>千二外1084<br>468Ⓜ0.3<br>56勝浦<br>16ト4番10人気<br>⑮⑮⑭34.8<br>出遅不33.6<br>ジャスパージ | 5中②12.4<br>ラピスラL別定 13<br>千二外1088<br>482Ⓜ0.7<br>55江田照<br>16ト3番5人気<br>②④④34.0<br>好位下34.8<br>ジャスパージ | 4中⑨10.3<br>スプリンGI定量 1<br>千二外1071<br>538Ⓜ0.3<br>55福永<br>16ト4番3人気<br>③③②33.7<br>好位抜33.4<br>レシステンシ |
| 前走2 | 6阪⑦12.24<br>阪神カッGII定量 8<br>千四内1204<br>496Ⓗ0.2<br>57鮫島駿<br>18ト4番5人気<br>⑬⑭⑮34.6<br>外伸る34.8<br>ダイアトニッ | 4阪⑤10.16<br>秋華賞GI馬齢 12<br>二千内1594<br>468Ⓜ0.8<br>55武豊<br>16ト12番10人気<br>好位下35.3<br>スタニングロ<br>4ヵ月休放牧 | 5阪⑧11.27<br>京阪杯GIII別定 2<br>千二内1074<br>506Ⓜ0.2<br>57福永<br>16ト6番10人気<br>…②②33.5<br>一旦先33.9<br>Ⓑトウシンマ | 1中京⑦1.21<br>睦月S L別定 6<br>千六芝1348<br>526Ⓢ0.7<br>58浜中<br>9ト1番3人気<br>⑥⑥⑥37.7<br>中位儘33.8<br>キングエルメ | 香港12.11良<br>シャティン<br>香港スプリンGI 5<br>千二芝1090<br>477Ⓜ0.3<br>55マクドナルド<br>⑨③② 2人気<br>14ト先一息<br>ウェリントン | 香港12.11良<br>シャティン<br>香港スプリンGI 10<br>千二芝1093<br>483Ⓜ0.6<br>57丸田<br>14ト直線包<br>ウェリントン<br>3ヵ月休放牧 | 4中⑨10.2<br>スプリンGI定量 11<br>千二外1084<br>518Ⓗ0.6<br>57西村淳<br>16ト12番9人気<br>直不利34.7<br>ジャンダルム<br>5ヵ月休挫跖 | 6阪⑦12.24<br>阪神カッGII定量 9<br>千四内1206<br>480Ⓗ0.4<br>55岩田望<br>18ト10番3人気<br>④③③33.6<br>決手欠35.8<br>Ⓒダイアトニ | 1中⑤1.14<br>カーバンクルハンデ 13<br>千二外1099<br>476Ⓜ0.9<br>55北村宏<br>16ト7番9人気<br>⑪⑪⑫35.4<br>後方儘34.5<br>ジュビリーヘ | 6阪⑦12.24<br>阪神カッGII定量 14<br>千四内1212<br>476Ⓗ1.0<br>55松若<br>18ト13番17人気<br>①①①33.4<br>逃一杯36.5<br>ダイアトニッ | 香港12.12良<br>シャティン<br>香港スプリンGI …<br>千二芝落馬<br>528Ⓜ…<br>57福永<br>…⑩止 1人気<br>12ト転倒落<br>スカイフィー |
| 前走 | 3ヵ月<br>休養<br>仕上がり9分<br>放牧<br>調整<br>鉄砲成績<br>1 1 0 3<br>2走目成績<br>0 0 0 5 | 1阪③2.18<br>京都牝馬GIII別定 14<br>千四内1215<br>486Ⓢ1.1<br>55武豊<br>18ト16番4人気<br>④③②35.5<br>好位下34.8<br>ララクリステ | 1中京⑩1.29<br>シルクロGIIIハンデ 12<br>千二芝1088<br>508Ⓜ1.5<br>58福永<br>15ト13番5人気<br>…③③34.1<br>落鉄34.7<br>Ⓑナムラクレ | 1阪⑥2.26<br>阪急杯GIII別定 2<br>千四内1195<br>514Ⓜ0.0<br>57浜中<br>15ト5番3人気<br>④④④34.4<br>好位伸33.8<br>アグリ | 3ヵ月半<br>休養<br>仕上がり8分<br>放牧<br>調整<br>鉄砲成績<br>4 0 0 1<br>2走目成績<br>1 0 0 4 | 2中③3.4<br>オーシャGIII別定 9<br>千二外1081<br>498Ⓜ0.7<br>59丸田<br>16ト2番3人気<br>⑭⑭⑬34.9<br>出遅不33.2<br>ヴェントヴォ | 2中③3.4<br>オーシャGIII別定 1<br>千二外1074<br>514Ⓜ0.3<br>57ルメール<br>16ト9番2人気<br>⑧⑧④34.1<br>中位差33.3<br>ディヴィナシ | 1阪③2.18<br>京都牝馬GIII別定 3<br>千四内1206<br>478Ⓢ0.2<br>56岩田康<br>18ト18番3人気<br>⑯⑰⑱36.8<br>イン伸32.8<br>Ⓒララクリス | 2中③3.4<br>オーシャGIII別定 2<br>千二外1077<br>472Ⓜ0.3<br>57菅原明<br>16ト1番15人気<br>⑨⑧⑧34.2<br>中位伸33.5<br>ヴェントヴォ | 2中③3.4<br>オーシャGIII別定 15<br>千二外1085<br>486Ⓜ1.1<br>55武藤<br>16ト7番13人気<br>②②③33.6<br>先行下34.9<br>ヴェントヴォ | 1年3ヵ月<br>休養<br>仕上がり8分<br>骨折<br>放牧<br>鉄砲成績<br>1 0 0 1<br>2走目成績<br>0 0 1 1 |

中京 11

発走 15:40

（定量）

芝1200

レコード 1.06.2 メイケイエール 55池添 22年9月11日

推定タイム 良 1.07秒台 重 1.08秒台

| 賞金（万円） | |
|---|---|
| ① | 17000 |
| ② | 6800 |
| ③ | 4300 |
| ④ | 2600 |
| ⑤ | 1700 |

馬場状態 1—不 1—重 1—稍 1—良

負担重量右と、成績欄1着馬または2着馬名左のBはブリンカー、Cはチークピーシズ着用を示す。

## 穴二番●2023年３月26日・中京11Ｒ高松宮記念（ＧⅠ、芝1200m）

### 久保木正則の印

◎⑬ファストフォース
○⑮ナムラクレア
▲⑧ロータスランド
△⑫アグリ
△④ダディーズビビッド
△⑤メイケイエール
△⑦ヴェントヴォーチェ
△⑭トウシンマカオ

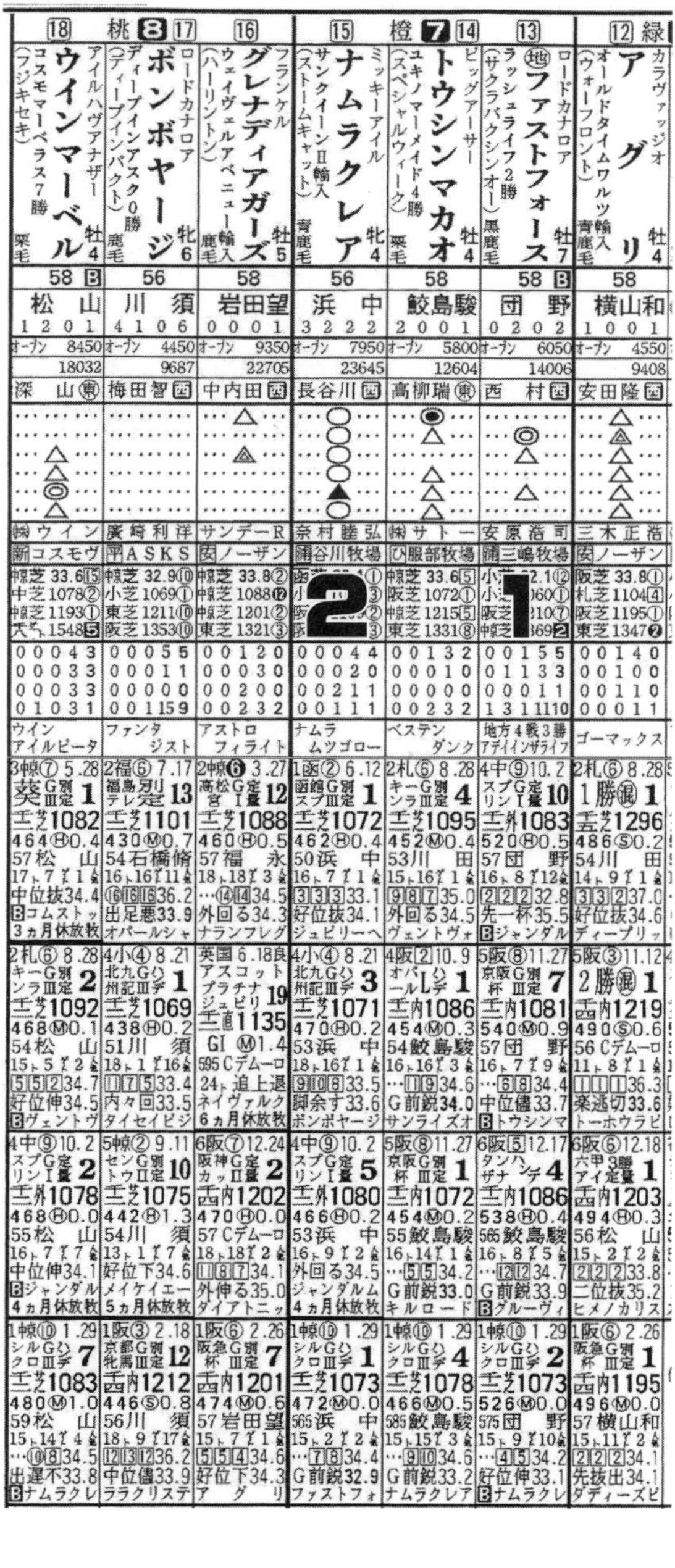

| 18 | 桃 8 17 | 16 | 15 | 橙 7 14 | 13 | 12 緑 |
|---|---|---|---|---|---|---|
| アイルハヴアナザー<br>ウインマーベル<br>コスモマーベラス7勝<br>（フジキセキ）<br>牡4 栗毛 | ロードカナロア<br>ボンボヤージ<br>ディープインアスク0勝<br>（ディープインパクト）<br>牝6 鹿毛 | フランケル<br>グレナディアガーズ<br>ウェイヴェルアベニュー輸入<br>（ハーリントン）<br>牡5 鹿毛 | ミッキーアイル<br>ナムラクレア<br>サンクイーンⅡ輸入<br>（ストームキャット）<br>牝4 青鹿毛 | ビッグアーサー<br>トウシンマカオ<br>ユキノマーメイド4勝<br>（スペシャルウィーク）<br>牡4 栗毛 | ロードカナロア<br>㊞ファストフォース<br>ラッシュライフ2勝<br>（サクラバクシンオー）<br>牡7 黒鹿毛 | カラヴァッジオ<br>アグリ<br>オールドタイムワルツ輸入<br>（ウォーフロント）<br>牡4 青鹿毛 |
| 58 B | 56 | 58 | 56 | 58 | 58 B | 58 |
| 松山 | 川須 | 岩田望 | 浜中 | 鮫島駿 | 団野 | 横山和 |
| 1 2 0 1 | 4 1 0 6 | 0 0 0 1 | 3 2 2 2 | 2 0 0 1 | 0 2 0 2 | 1 0 0 1 |
| オープン 8450 | オープン 4450 | オープン 9350 | オープン 7950 | オープン 5800 | オープン 6050 | オープン 4550 |
| 18032 | 9687 | 22705 | 23645 | 12604 | 14006 | 9408 |
| 深山㊐ | 梅田智㊄ | 中内田㊄ | 長谷川㊄ | 高柳瑞㊐ | 西村㊄ | 安田隆㊄ |
| …<br>…<br>△<br>△<br>◎<br>△ | …<br>…<br>…<br>…<br>…<br>… | △<br>…<br>△<br>…<br>…<br>… | ○<br>○<br>○<br>○<br>▲<br>○ | ◉<br>△<br>…<br>△<br>△<br>△ | …<br>◎<br>△<br>…<br>△<br>… | △<br>△<br>△<br>△<br>△<br>△ |
| ㈱ウイン | 廣崎利洋 | サンデーR | 奈村睦弘 | ㈱サトー | 安原浩司 | 三木正浩 |
| 新コスモヴ | 平ＡＳＫＳ | 安ノーザン | 浦谷川牧場 | ひ服部牧場 | 浦三嶋牧場 | 安ノーザン |
| 中京芝 33.6⑮<br>中芝 1078②<br>中京芝 1193①<br>大ダ 1548❺ | 中京芝 32.9⑩<br>小芝 1069①<br>東芝 1211⑩<br>阪芝 1353⑩ | 中京芝 33.8②<br>中京芝 1088⑫<br>中京芝 1201②<br>東芝 1321③ | 函[illegible]①<br>小[illegible]③<br>阪[illegible]②<br>阪[illegible]③ | 中京芝 33.6⑤<br>阪芝 1072①<br>中京芝 1215⑤<br>東芝 1331⑧ | 小[illegible]2.1⑫<br>小[illegible]060①<br>阪芝[illegible]10⑦<br>中京芝[illegible]69❷ | 阪芝 33.8①<br>札芝 1104④<br>阪芝 1195①<br>東芝 1347❷ |
| 0 0 0 4 3<br>0 0 0 3 3<br>0 0 0 3 3<br>0 1 0 3 1 | 0 0 0 5 5<br>0 0 0 1 1<br>0 0 0 0 0<br>0 0 1 15 9 | 0 0 1 2 0<br>0 0 0 3 0<br>0 0 2 0 0<br>0 0 2 3 2 | 0 0 0 4 4<br>0 0 0 2 0<br>0 0 2 1 1<br>0 0 1 1 1 | 0 0 1 3 2<br>0 0 0 1 0<br>0 0 0 0 0<br>0 0 2 3 2 | 0 0 1 5 5<br>0 1 1 3 3<br>0 0 0 1 1<br>1 3 1 11 10 | 0 0 1 4 0<br>0 0 1 0 0<br>0 0 1 1 0<br>0 0 0 1 1 |
| ウイン<br>アイルビータ | ファンタ<br>ジスト | アストロ<br>フィライト | ナムラ<br>ムツゴロー | ベステン<br>ダンク | 地方4戦3勝<br>アデイインザライフ | ゴーマックス |
| 3中京⑦ 5.28<br>葵 GⅢ 別定 1<br>三芝1082<br>464Ⓗ0.4<br>57松山<br>17ト7番1人<br>中位抜34.4<br>Bコムストッ<br>3ヵ月休放牧 | 2福⑥ 7.17<br>福島テレ 牝リ 別定 13<br>三芝1101<br>430Ⓜ0.7<br>54石橋脩<br>16ト16番11人<br>⑯⑯⑯36.2<br>出足悪33.9<br>オパールシャ | 2中京❻ 3.27<br>高松宮 GⅠ 定量 12<br>三芝1088<br>460Ⓗ0.5<br>57福永<br>18ト18番3人<br>…⑭⑭34.5<br>外回る34.3<br>ナランフレグ | 1函② 6.12<br>函館スプ GⅢ 別定 1<br>三芝1072<br>462Ⓗ0.4<br>50浜中<br>16ト7番1人<br>③③③33.1<br>好位抜34.1<br>ジュビリーヘ | 2札⑥ 8.28<br>キーンラ GⅢ 別定 4<br>三芝1095<br>452Ⓜ0.4<br>53川田<br>15ト16番1人<br>⑨⑧⑦35.0<br>外回る34.5<br>ヴェントヴォ | 4中⑨ 10.2<br>スプリン GⅠ 定量 10<br>三外1083<br>520Ⓗ0.5<br>57団野<br>16ト8番12人<br>②②②32.8<br>先一杯35.5<br>Bジャンダル | 2札⑥ 8.28<br>1勝 混 1<br>壬芝1296<br>486Ⓢ0.2<br>54川田<br>14ト9番1人<br>③③②37.0<br>好位抜34.6<br>ディープリッ |
| 2札⑥ 8.28<br>キーンラ GⅢ 別定 2<br>三芝1092<br>468Ⓜ0.1<br>54松山<br>15ト5番2人<br>⑮⑤②34.7<br>好位伸34.5<br>Bヴェントヴ | 4小④ 8.21<br>北九州記 GⅢ ハンデ 1<br>三芝1069<br>438Ⓗ0.2<br>51川須<br>18ト1番16人<br>⑪⑦⑤33.4<br>内々回33.5<br>タイセイビジ | 英国 6.18良<br>アスコット<br>プラチナジュビリ 19<br>三直1135<br>GⅠ Ⓜ1.4<br>595 Cデムーロ<br>24ト 追上退<br>ネイヴァルク<br>6ヵ月休放牧 | 4小④ 8.21<br>北九州記 GⅢ ハンデ 3<br>三芝1071<br>470Ⓗ0.2<br>53浜中<br>18ト16番1人<br>⑨⑩⑧33.5<br>脚余す33.6<br>ボンボヤージ | 4阪② 10.9<br>オパール L ハンデ 1<br>三内1086<br>454Ⓜ0.3<br>54鮫島駿<br>16ト16番3人<br>…⑪⑨34.6<br>G前鋭34.0<br>サンライズオ | 5阪⑧ 11.27<br>京阪杯 GⅢ 別定 7<br>三内1081<br>540Ⓜ0.9<br>57団野<br>16ト7番9人<br>…⑥⑧34.4<br>中位儘33.7<br>Bトウシンマ | 5阪③ 11.12<br>2勝 混 1<br>西内1219<br>490Ⓢ0.6<br>56 Cデムーロ<br>11ト8番1人<br>①①①36.3<br>楽逃切33.6<br>トーホウラビ |
| 4中⑨ 10.2<br>スプリン GⅠ 定量 2<br>三外1078<br>468Ⓗ0.0<br>55松山<br>16ト7番7人<br>中位伸34.1<br>Bジャンダル<br>4ヵ月休放牧 | 5中京② 9.11<br>セントウ GⅡ 別定 10<br>三芝1075<br>442Ⓗ1.3<br>54川須<br>13ト1番7人<br>好位下34.6<br>メイケイエー<br>5ヵ月休放牧 | 6阪⑦ 12.24<br>阪神カッ GⅡ 定量 2<br>西内1202<br>470Ⓗ0.0<br>57 Cデムーロ<br>18ト18番2人<br>⑪⑧⑦34.1<br>外伸る35.0<br>ダイアトニッ | 4中⑨ 10.2<br>スプリン GⅠ 定量 5<br>三外1080<br>466Ⓗ0.2<br>53浜中<br>16ト9番2人<br>外回る34.5<br>ジャンダルム<br>4ヵ月休放牧 | 5阪⑧ 11.27<br>京阪杯 GⅢ 別定 1<br>三内1072<br>454Ⓜ0.2<br>55鮫島駿<br>16ト14番1人<br>…⑤⑤34.2<br>G前鋭33.0<br>キルロード | 6阪⑤ 12.17<br>タンザナ ハンデ 4<br>三内1086<br>538Ⓗ0.4<br>565鮫島駿<br>16ト8番5人<br>…⑫⑫34.7<br>G前鋭33.9<br>Bグルーヴィ | 6阪⑥ 12.18<br>六甲アイ 3勝 定量 1<br>西内1203<br>494Ⓗ0.3<br>56松山<br>15ト2番2人<br>②②②33.8<br>二位抜35.2<br>ヒメノカリス |
| 1中京⑩ 1.29<br>シルクロ GⅢ ハンデ 7<br>三芝1083<br>480Ⓜ1.0<br>59松山<br>15ト14番4人<br>…⑩⑧34.5<br>出遅不33.8<br>Bナムラクレ | 1阪③ 2.18<br>京都牝馬 GⅢ 別定 12<br>西内1212<br>446Ⓢ0.8<br>56川須<br>18ト9番17人<br>⑫⑬⑫36.2<br>中位儘33.9<br>ララクリステ | 1阪⑥ 2.26<br>阪急杯 GⅢ 別定 7<br>西内1201<br>474Ⓜ0.6<br>57岩田望<br>15ト7番1人<br>⑤⑤④34.6<br>好位下34.3<br>アグリ | 1中京⑩ 1.29<br>シルクロ GⅢ ハンデ 1<br>三芝1073<br>472Ⓜ0.0<br>565浜中<br>15ト2番2人<br>…⑦⑧34.4<br>G前鋭32.9<br>ファストフォ | 1中京⑩ 1.29<br>シルクロ GⅢ ハンデ 4<br>三芝1078<br>466Ⓜ0.5<br>585鮫島駿<br>15ト15番3人<br>…⑨⑩34.6<br>G前鋭33.2<br>ナムラクレア | 1中京⑩ 1.29<br>シルクロ GⅢ ハンデ 2<br>三芝1073<br>526Ⓜ0.0<br>575団野<br>15ト9番10人<br>…④⑤34.2<br>好位伸33.1<br>Bナムラクレ | 1阪⑥ 2.26<br>阪急杯 GⅢ 別定 1<br>西内1195<br>496Ⓜ0.0<br>57横山和<br>15ト11番2人<br>②②②34.1<br>先抜出34.1<br>ダディーズビ |

## 穴二番●2023年3月26日・中京11R高松宮記念（GⅠ、芝1200m）

### 的確な前哨戦の選択と分析、そして人気の盲点を突いて◎―○高配当を奪取！

シルクロードSは例年だと京都で行なわれるが、同競馬場の改修工事により2021年からの3回は高松宮記念と同じ中京の芝1200mで施行。ただ、本番と同じ舞台にも関わらず前2回は結びつきが強くなかった。

しかし、23年のシルクロードSは1分8秒前半の過去2年より速い、1分7秒3での決着。多少の馬場差があったにせよ、この事実は軽視できないと思いラップを精査した。

重賞初挑戦でも果敢に逃げたマッドクールが、残り2F地点で10秒8の脚を使い後続を突き放そうかというところに追い込んできたのがナムラクレアとファストフォース。結果、マッドクールは3着に敗れたが、4着には2馬身半の差をつけていて、タイムも含め、この3頭はかなり強いという結論に至った。

当初、逃げて前述のラップを踏んだマッドクールを本命と考えていたが、体調が整わずに回避。そうなればナムラクレアかファストフォースにとなるが、ハンデ戦のシルクロードSにおける2頭の斤量は56・5キロvs57・5キロ。着差はアマタであったが、牝馬の2キロをプラスすれば、その差以上にナムラクレアは強かったとなる。

ただ、ナムラクレアは上位人気が予想され、私の嗜好に合わない。そう考えて天気を調べると、レース当時は雨予報。これはファストフォースの味方になると期待して本命に決めたわけだが、フタを開けてみれば2番人気（⑮ナムラクレア）と12番人気（⑬ファストフォース）と大きな差がついている。

| | | |
|---|---|---|
| 1着◎⑬ファストフォース | （12番人気） | 単⑬ 3230円 |
| 2着○⑮ナムラクレア | （2番人気） | 複⑬ 660円　⑮ 220円　① 770円 |
| 3着　①トゥラヴェスーラ | （13番人気） | 馬連⑬－⑮ 7920円 |
| | | 馬単⑬→⑮2万 4330円 |
| | | 3連複①⑬⑮8万 1180円 |
| | | 3連単⑬→⑮→① 66万 8280円 |

前走シルクロードSでは、同タイムの1、2着。確かにファストフォース：前走57・5キロ→今走58キロ、ナムラクレア：前走56・5キロ→今走56キロという斤量差はあるが、ファストフォースはあまりに軽視されすぎだった。

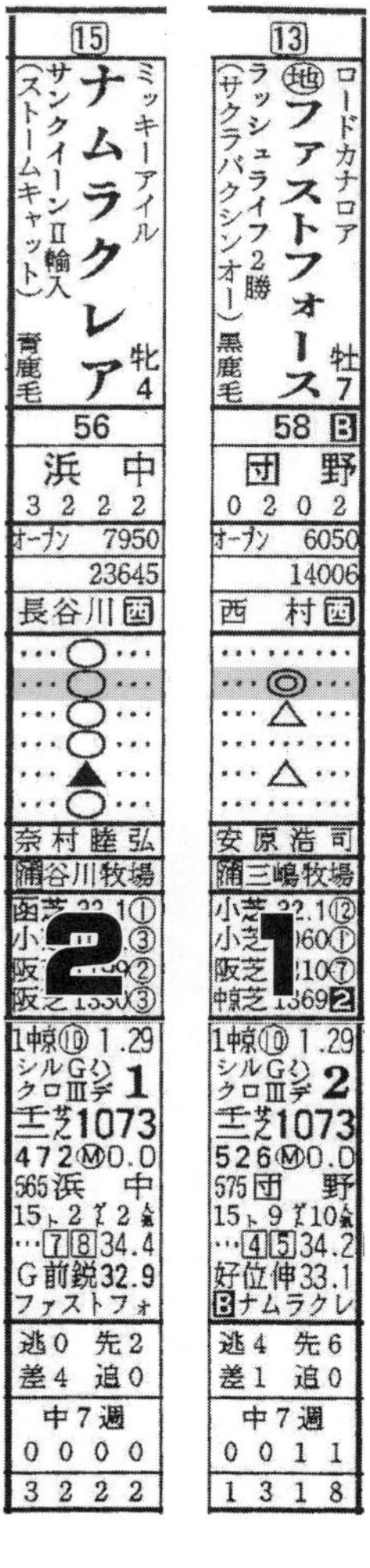


確かにシルクロードSの内容はナムラクレアが上だけど、そこまで力の開きはない。馬券的な妙味がグンと増し、レースが待ち遠しくなった。

結果的にファストフォースが前哨戦の雪辱を果たすのだが、1、4着が7歳馬で3着が8歳馬（①トゥラヴェスーラ）と、経験豊富なベテランが上位を占めたあたり、雨が降らなければまた違った結末が待っていたかもしれない……が、そこは勝負事。

ゴールの瞬間、私も団野大成騎手と同じようにガッツポーツをしてしまったが、人気の盲点を突けたことは爽快だった。

## 1600m）＝◎⑯コンクシェル（13番人気、2着）

**中山 11** 発走 15：45

**桜花賞トライアル・2着まで優先出走権 アネモネステークス（L）**（3歳・オープン・牝馬 国際 指定・馬齢）

| 枠馬番 | 1 ① | 1 白 ② | 2 黒 ③ | 2 ④ | 3 赤 ⑤ | 3 ⑥ | 4 青 ⑦ | 4 ⑧ | 5 ⑨ |
|---|---|---|---|---|---|---|---|---|---|
| 父 | ロードカナロア | トビーズコーナー | レッドファルクス | サトノダイヤモンド | サトノクラウン | ゴールドシップ | カレンブラックヒル | ハービンジャー | シルバーステート |
| 馬名 | スピードオブライト | シルヴァーゴースト | ディナトセレーネ | オックスリップ | トーセンローリエ | オルノア | ミスヨコハマ | ジュエルピーチ | シルバージュエリー |
| 母 | サイレントソニック5勝 | アンヌ0勝 | ダイワミランダ2勝 | イプスウィッチ輸入 | トーセンナチュラル1勝 | ピッツネイル4勝 | ミスエリカ1勝 | ジュエルトウショウ0勝 | ビジュートウショウ0勝 |
| （母の父） | （ディープインパクト） | （タイキシャトル） | （ハービンジャー） | （デインヒルダンサー） | （メイショウサムソン） | （クロフネ） | （ブレイム） | （アグネスタキオン） | （ディープスカイ） |
| 毛色 性齢 | 鹿毛 牝3 | 栗毛 牝3 | 芦毛 牝3 | 鹿毛 牝3 | 黒鹿毛 牝3 | 鹿毛 牝3 | 黒鹿毛 牝3 | 栗毛 牝3 | 黒鹿毛 牝3 |
| 負担重量 | 54 | 54 | 54 | 54 | 54 | 54 | 54 | 54 | 54 |
| 騎手 | 石川裕 | 柴田大 | 横山武 | 戸崎 | 横山和 | 替ルメール | 替菅原明 | 替三浦 | 杉原 |
| 騎乗成績 | 1 0 2 0 | 1 1 0 3 | 1 0 0 2 | 1 0 0 0 | 1 0 0 0 | 0 0 0 0 | 0 0 0 0 | 0 0 0 0 | 1 0 0 0 |
| クラス 賞金 | 1勝 400 | 1勝 400 | 1勝 400 | 1勝 400 | オープン 900 | 1勝 400 | オープン 900 | 1勝 400 | 1勝 400 |
| 総賞金 | 2597 | 1356 | 630 | 700 | 2104 | 1018 | 2560 | 630 | 620 |
| 厩舎 | 相沢東 | 岩戸東 | 尾関東 | 杉山晴西 | 小笠東 | 新谷西 | 斎藤誠東 | 西村西 | 加藤士東 |
| 小木曽大祐 | ◎ |  | ▲ |  | ○ |  | △ | △ |  |
| 久保木正則 | △ |  |  |  | ○ |  | △ |  | △ |
| 黒津紳一 | △ |  | △ |  | ◎ |  |  |  | ○ |
| 郡和之 | ◎ |  |  |  | △ |  |  | △ | ▲ |
| 中西徹 | ▲ |  | △ |  | ○ |  | △ |  |  |
| 本紙 | ◎ |  |  |  | △ |  |  | △ | ▲ |
| 馬主名 | ヒダカBU | (株)ブルースター | (有)社台RH | ライオンRH | 島川隆哉 | (株)ノルマンディ | 大野富生 | 山本剛士 | (株)G1R |
| 生産牧場 | ひ桜井牧場 | 浦中島牧場 | 認社台ファ | 安ノーザン | 日エスティ | ひ岡田スタ | 安ノーザン | 安ノーザン | 門坂東牧場 |
| 最高時計 前3F | 中芝34.7③ | 新芝34.9④ | 中芝34.7⑩ | 中芝38.8[1] | 東芝34.7① | 中京芝35.4⑦ | 函芝34.3[1] | 阪芝35.4① | 中芝35.7① |
| 1400 | 東芝1211③ | 東芝1220⑦ | 新芝1226④ | …… | 東…09① | 中京芝1228⑦ | 東芝1213⑦ | 阪芝1225① | …… |
| 1600 | 中芝1346③ | 中芝1361⑥ | 東芝1342⑥ | …… | …… | 新芝1350② | 阪芝1345⑨ | …… | 中芝1355① |
| 1800 | …… | …… | …… | 中芝1532[1] | …… | 阪芝1475② | …… | 阪芝1485④ | …… |
| 距離別勝利 千六百以下 | 0 0 0 1 0 | 0 0 0 1 0 | 0 0 1 0 1 | 0 1 0 0 0 | 0 0 0 2 0 | 0 1 0 0 0 | 0 0 1 1 1 | 0 0 0 1 0 | 0 0 1 0 1 |
| 千七〜二千 | 0 0 0 0 0 | 0 0 1 0 1 | 0 0 0 0 0 | 0 0 0 0 0 | 0 0 0 2 0 | 0 1 1 0 1 | 0 0 0 1 0 | 0 0 0 0 0 | 0 0 0 0 0 |
| 二千一〜二千四 | 0 0 1 1 1 | 0 0 0 0 0 | 0 0 0 0 0 | 0 0 0 0 0 | 0 0 0 0 0 | 0 0 0 0 0 | 0 0 0 1 0 | 0 0 0 0 0 | 0 0 0 0 0 |
| 二千五以上 | 0 0 0 0 0 | 0 0 1 2 1 | 0 0 2 1 2 | 0 0 0 0 0 | 0 0 0 0 0 | 0 1 1 1 1 | 0 0 1 2 1 | 0 1 0 0 0 | 0 0 0 0 0 |
| 地方成績 兄弟馬 | 2月8日生 | ヨツバノクローバー | 2月18日生 | 3月9日生 | 2月9日生 | ホワイトターフ | 初仔 | 2月7日生 | 4月8日生 |
| 成績1 | サラドリーム③<br>キラステラ⓪<br>ダッシュウイング⓪<br>ソニックムーヴ現 | 2新③8.6<br>ダリア 別定 4<br>千四内1224<br>438Ⓗ0.7<br>54柴田大<br>11ト10ヹ7人<br>[5]⑥[6]34.9<br>中位詰35.6<br>ミシシッピテ | 2新②7.31<br>新馬混 4<br>千四内1226<br>446Ⓜ0.1<br>54Mデムーロ<br>14ト10ヹ1人<br>⑨[7][7]36.2<br>中位伸34.6<br>フルメタルボ |  | 1函⑨7.9<br>新馬混 2<br>千二芝1112<br>430Ⓜ0.1<br>54鮫島駿<br>13ト5ヹ6人<br>脚余す35.6<br>アスクドリー<br>3ヵ月半休捻挫 | 6阪①12.3<br>未勝利 牝馬 2<br>千八外1475<br>498Ⓜ0.1<br>54武豊<br>14ト2ヹ2人<br>[3][3][4]35.8<br>好位伸35.5<br>アンリーロー | 5東①11.5<br>京王2歳 GII 馬齢 7<br>千四芝1213<br>460Ⓜ0.4<br>54斎藤<br>18ト5ヹ8人<br>…[13][13]35.8<br>後方詰33.6<br>オオバンブル | アドマイヤユラナス①<br>ナムライロハ⓪<br>スタージュエル⓪<br>近親スイープセレリタス |  |
| 成績2 | 4中④9.18<br>新馬 1<br>千二外1102<br>420Ⓜ0.1<br>54石川裕<br>16ト14ヹ1人<br>[3][2][2]35.6<br>先抜出34.6<br>マルチャン | 4中①9.10<br>アスター 1勝 馬齢 2<br>千六外1362<br>434Ⓢ0.4<br>54柴田大<br>10ト10ヹ4人<br>[2][2][2]36.9<br>二位粘34.8<br>ドンデンガエ | 4中[6]9.24<br>未勝利 1<br>千六外1355<br>452Ⓜ0.4<br>54横山武<br>16ト6ヹ1人<br>[3][3][3]36.2<br>好位抜35.2<br>サティンボデ | 《普通》<br>母　父<br>方　方<br>芝…芝…<br>◎短◎中〜<br>ダ〜ダ〜<br>○中△長 | 4東⑥10.22<br>未勝利 混 2<br>千四芝1216<br>428Ⓜ0.1<br>54菅原明<br>14ト5ヹ3人<br>…[8]⑦36.1<br>四角不33.9<br>トレブランシ | 6阪⑥12.18<br>未勝利 牝馬 4<br>千六外1358<br>492Ⓢ0.5<br>54武豊<br>15ト3ヹ3人<br>[4][5][5]36.7<br>決手欠34.6<br>ハーパー | 5東⑥11.20<br>赤松賞 1勝 牝 1<br>千六芝1368<br>460Ⓢ0.0<br>54石橋脩<br>6ト4ヹ5人<br>[2][2][2]37.6<br>直競勝33.4<br>ビヨンドザヴ | 4阪②10.9<br>新馬混 4<br>千八外1485<br>434Ⓢ0.5<br>54団野<br>9ト6ヹ2人<br>②[2][1]37.3<br>折合欠34.8<br>マルカシャル | 《早熟》<br>母　父<br>方　方<br>芝：芝：<br>○中◎中<br>ダ距ダ距<br>◎離△離 |
| 成績3 | 5東①11.5<br>京王2歳 GII 馬齢 3<br>千四芝1211<br>414Ⓜ0.2<br>54石川裕<br>18ト16ヹ5人<br>…[2][2]34.7<br>先粘る34.6<br>オオバンブル | 4中⑨10.2<br>サフラン 1勝 牝 6<br>千六外1361<br>432Ⓢ1.0<br>54柴田大<br>8ト5ヹ4人<br>先一杯35.9<br>サンティーテ<br>4ヵ月休放牧 | 4東⑧10.29<br>アルテミス GIII 馬齢 6<br>千六芝1342<br>448Ⓢ0.4<br>54横山武<br>10ト4ヹ7人<br>[1][2][2]36.1<br>先一息34.0<br>ラヴェル | パンドラ⓪<br>マルボルク⓪<br>アゼルスタン①<br>近親パワードビューティ | 5東④11.13<br>未勝利 牝馬 1<br>千四芝1216<br>430Ⓜ0.4<br>54戸崎<br>17ト9ヹ1人<br>好位抜34.7<br>アルマロクザ<br>3ヵ月休脚不 | 6阪⑨12.28<br>未勝利 混 1<br>千八ダ1559<br>492Ⓜ0.1<br>54岩田望<br>13ト5ヹ4人<br>[1][1][1]37.8<br>逃切る38.4<br>ライジングラ | 6阪④12.11<br>阪神JF GI 馬齢 9<br>千六外1345<br>462Ⓗ1.4<br>54Mデムーロ<br>18ト6ヹ11人<br>[9][10][10]35.1<br>中位儘36.7<br>リバティアイ | 4阪⑨10.30<br>未勝利 1<br>千四内1225<br>434Ⓜ0.2<br>54団野<br>14ト3ヹ1人<br>[6][4][4]35.4<br>中位抜35.3<br>ヴァルトラウ | ビジュープリランテ現<br>マキバジョオー⓪<br>近親スイープセレリタス<br>近親クリーンスイープ |
| 成績4 | 1中④1.9<br>フェアリー GIII 別定 3<br>千六外1346<br>402Ⓗ0.3<br>54石川裕<br>16ト1ヹ6人<br>[2][2][2]34.7<br>先粘る36.2<br>キタウイング | 1東③2.4<br>春菜賞 1勝 牝 7<br>千四芝1220<br>444Ⓗ1.1<br>54柴田大<br>11ト3ヹ7人<br>…[6][7]34.9<br>中位儘35.3<br>トーセンロー | 1中④1.9<br>フェアリー GIII 別定 10<br>千六外1350<br>452Ⓗ0.7<br>54横山武<br>16ト7ヹ2人<br>[2][2][3]34.7<br>好位下36.5<br>キタウイング | 5中[7]12.24<br>新馬 1<br>二千内1532<br>458Ⓢ0.1<br>54戸崎<br>16ト9ヹ3人<br>[3][3][3]38.8<br>先抜出35.9<br>ドゥフレーシ | 1東③2.4<br>春菜賞 1勝 牝 1<br>千四芝1209<br>428Ⓗ0.2<br>54横山和<br>11ト8ヹ1人<br>…[5][4]34.7<br>中位抜34.4<br>アンタノバラ | 1阪③2.18<br>1勝 混 11<br>千八ダ1560<br>490Ⓜ1.8<br>54坂井瑠<br>16ト12ヹ9人<br>[3][3][4]37.2<br>好位下40.0<br>オーロイプラ | 3ヵ月<br>休養<br>仕上がり9分<br>放牧<br>調整<br>鉄砲成績<br>0 1 0 0<br>2走目成績<br>1 0 0 0 | 4ヵ月<br>休養<br>仕上がり8分<br>放牧<br>調整<br>鉄砲成績<br>0 0 0 1<br>2走目成績<br>1 0 0 0 | 1中②1.7<br>新馬 1<br>千六外1355<br>452Ⓜ0.5<br>54杉原<br>16ト3ヹ4人<br>[1][1][1]35.7<br>逃切る35.6<br>リーリオプラ |

レコード 1.30.3
トロワゼトワル
52 横山典
19年9月8日

〔今回推定タイム〕
良 1.34秒台
重 1.35秒台

〔成績の見方〕
① 2東⑫5.29
② ダービー G I 定量 1
③ 二千四芝2240
④ 502Ⓜ0.0
⑤ 57川田
⑥ 18ト3ヹ3人
⑦ [8][8][8]37.0
⑧ 中位伸33.3
⑨ サトノダイヤ

①場所（馬場状態）月日
②競走名　条件　着順
③距離　時計
④体重　ペース　秒差
⑤負担重量　騎手
⑥頭数　枠順　人気
⑦通過順　前半3F
⑧短評　後半3F
⑨1着または2着馬名

Ⓢ…スローペース
Ⓜ…平均ペース
Ⓗ…ハイペース

※通過順の○数字は不利を示す。

# 穴三番●2023年３月12日・中山11Ｒアネモネ S(３歳牝馬ＯＰ、芝

## 久保木正則の印

◎⑯コンクシェル

〇⑤トーセンローリエ

▲⑫エッセレンチ

△⑭クイーンオブソウル

△①スピードオブライト

△⑦ミスヨコハマ

△⑨シルバージュエリー

△⑩レッドヒルシューズ

| 16 桃 8 | 15 | 14 橙 7 | 13 | 12 緑 6 | 11 | 10 黄 |
|---|---|---|---|---|---|---|
| キズナ | キンシャサノキセキ | マインドユアビスケッツ | メイショウボーラー | シルバーステート | ディスクリートキャット | ハーツクライ |
| コンクシェル | ㊞地ラビュリントス | クイーンオブソウル | ㊞地フジラプンツェル | エッセレンチ | スムースベルベット | レッドヒルシューズ |
| ザナ0勝 | ブリトマルティス4勝 | ビジューミニョン2勝 | ホワイトデイズ0勝 | メイショウスイツキ3勝 | ロープドヴール2勝 | ヤマノラヴ1勝 |
| (ガリレオ) | (スペシャルウィーク) | (ダイワメジャー) | (クロフネ) | (パイロ) | (サウスヴィグラス) | (アグネスデジタル) |
| 黒鹿毛 牝3 | 鹿毛 牝3 | 栗毛 牝3 | 栗毛 牝3 | 鹿毛 牝3 | 鹿毛 牝3 | 栗毛 牝3 |
| 54 B | 54 | 54 | 54 | 54 | 54 B | 54 |
| ㊢丸山 | ㊢本田重 | 津村 | 吉田豊 | ㊢田辺 | 嶋田 | 酒井学 |
| 0 0 0 0 | 0 0 0 1 | 1 0 0 1 | 0 0 0 1 | 0 0 0 0 | 1 0 0 5 | 1 1 1 1 |
| 1勝 400 | 1370 | 1勝 400 | オープン 1240 | 1勝 400 | 1勝 400 | 1勝 400 |
| 803 | 2501 | 1000 | 1400 | 830 | 1147 | 1853 |
| 清水久㊛ | 内田勝㊰ | 林㊍ | 高橋文㊍ | 蛯名正㊍ | 手塚㊍ | 武英㊛ |
| …<br>◎<br>…<br>…<br>…<br>… | …<br>…<br>…<br>…<br>…<br>… | △<br>◬<br>◬<br>○<br>◎<br>○ | …<br>…<br>…<br>…<br>…<br>… | △<br>▲<br>▲<br>△<br>◬<br>△ | …<br>…<br>…<br>…<br>△<br>… | △<br>△<br>△<br>△<br>△<br>△ |
| 前田晋二 | キャロットF | ジャコモ合同会 | ㈲フジR | ㈲三嶋牧場 | ㈲ミルファーム | 呉本昌時 |
| 新ノースヒ | 新新冠橋本 | 勇社台ファ | 安㊞橋本牧 | 浦三嶋牧場 | 浦ミルF | ひチャンピ |
| 中芝36.2⑤<br>2<br>中　⑤<br>①<br>… | 札芝34.4⑨<br>盛ダ1261①<br>盛芝1379①<br>… | 中京芝37.0④<br>3<br>中京芝　④<br>… | 盛ダ36.1①<br>盛ダ1258①<br>東ダ1387⑪<br>… | 中芝35.2①<br>…<br>中芝1349①<br>… | 新芝34.3⑤<br>東芝1218⑤<br>…<br>… | 阪芝35.1③<br>阪芝1216③<br>阪芝1342②<br>… |
| 0 1 0 0 0<br>0 0 0 0 0<br>0 0 0 0 0<br>0 1 2 0 2 | 0 0 1 2 1<br>0 0 0 2 0<br>0 0 0 0 0<br>0 0 1 2 1 | 0 0 1 0 1<br>0 0 0 0 0<br>0 0 0 0 0<br>0 0 1 0 1 | 0 0 1 5 1<br>0 0 0 0 0<br>0 0 0 0 0<br>0 0 3 0 3 | 0 0 1 0 1<br>0 0 1 0 1<br>0 0 0 0 0<br>0 0 0 0 0 | 0 0 0 1 0<br>0 0 0 0 0<br>0 0 0 0 0<br>0 0 0 5 0 | 0 0 1 0 1<br>0 0 1 0 1<br>0 0 0 1 0<br>0 0 1 0 1 |
| 4月25日生 | クローソー | 4月16日生 | メイショウハナモリ | 4月26日生 | ブルスウルトラ | 1月24日生 |
| 3小⑤7.16<br>新馬 牝 1<br>天芝1484<br>444Ⓜ0.3<br>54福永<br>7ト6ﾃ4人<br>G前鋭35.4<br>サトノキャサ<br>4ヵ月休放牧 | 2札⑧9.4<br>すずらん 別定 9<br>三芝1115<br>440Ⓗ1.1<br>54落合玄<br>14ト4ﾃ9人<br>④⑥⑥34.4<br>S後不37.1<br>コスモイグロ | 《普通》 母方 芝：◎短 ダ〜○中 父方 芝：△短 ダ〜◎中 | 盛岡①11.13<br>プリンセ 1<br>西ダ1258<br>501Ⓜ0.1<br>54山本政<br>12ト5ﾃ1人<br>⑩⑤②36.1<br>後追鋭37.2<br>エイシンエイ | 《早熟》 母方 芝：△短 ダ〜◎中 父方 芝：◎中 ダ〜△距離 | 2新③8.6<br>ダリア 別定 5<br>西内1226<br>488Ⓗ0.9<br>54嶋田<br>11ト3ﾃ9人<br>逃一杯36.3<br>ミシシッピテ<br>4ヵ月半休骨折 | 4阪①10.8<br>新馬 牝 1<br>天外1365<br>452Ⓢ0.0<br>54酒井学<br>18ト11ﾃ2人<br>③④②38.0<br>好位差34.3<br>トラミナー |
| 5東⑥11.20<br>赤松 1勝 牝 6<br>天芝1375<br>462Ⓢ0.7<br>54菅原明<br>6ト3ﾃ4人<br>⑤⑤⑤38.3<br>後方儘33.6<br>ミスヨコハマ | 盛岡①10.2<br>知床 1<br>西ダ1261<br>436Ⓜ0.1<br>54落合玄<br>8ト1ﾃ2人<br>③③③36.9<br>G前差36.8<br>メンコイボク | 近親 カスタムオーダー(公)<br>近親 エバーパッション<br>近親 デルマアイオライト<br>近親 オンリーエンブレム | 大井⑥12.31<br>優駿牝馬 S定 I重 10<br>天ダ1436<br>506Ⓢ1.9<br>54山本政<br>15ト4ﾃ9人<br>⑫⑪⑩38.9<br>後方詰40.2<br>メイドイット | メイショウブレゲ(現)<br>近親 メイショウマサヒメ<br>近親 ディプロイディ<br>近親 ヴィトンリード | 6中京⑤12.17<br>中京2歳 別定 5<br>三芝1089<br>488Ⓜ0.9<br>54嶋田<br>10ト4ﾃ9人<br>…②②34.6<br>二位下34.3<br>ビッグシーザ | 5阪①11.5<br>ファンタジー G III 馬齢 3<br>西内1216<br>450Ⓜ0.3<br>54酒井学<br>12ト6ﾃ5人<br>④⑤⑤35.1<br>好位伸34.8<br>リバーラ |
| 5中⑤12.17<br>ひいらぎ 1勝 馬齢 5<br>天外1354<br>456Ⓜ0.7<br>54福永<br>13ト11ﾃ7人<br>⑥⑤⑤36.2<br>好位儘35.1<br>ジョウショー | 盛岡③11.3<br>ジュニア 1<br>天芝1379<br>437Ⓢ0.3<br>54岩橋勇<br>14ト10ﾃ4人<br>⑥④③37.5<br>好位差36.3<br>ナイトオブパ | 4中⑧10.1<br>新馬 牝 1<br>天外1364<br>448Ⓢ0.9<br>54津村<br>16ト15ﾃ3人<br>楽逃切34.3<br>アルセリア<br>4ヵ月休放牧 | JRA認定馬<br>全 盛岡 水沢 大井<br>6 4 2 0<br>0 0 0 0<br>0 0 0 0<br>2 1 0 1<br>地方成績 8戦6勝 | 5中⑥12.18<br>新馬 混 2<br>天外1398<br>418Ⓢ0.0<br>54杉原<br>16ト14ﾃ10人<br>③③②39.3<br>好位伸34.5<br>トゥルース | 1中③1.8<br>朱竹 1勝 馬齢 5<br>三外1096<br>486Ⓜ0.8<br>54嶋田<br>12ト6ﾃ4人<br>②③②34.4<br>先行下35.2<br>ニジュウダン | 5阪⑧11.27<br>白菊 1勝 牝 2<br>天外1342<br>450Ⓢ0.0<br>54酒井学<br>11ト2ﾃ2人<br>③②③36.6<br>好位伸34.1<br>ムーンプロー |
| 1中京①1.5<br>1勝 混 9<br>二芝2020<br>462Ⓜ1.8<br>54岩田望<br>9ト1ﾃ7人<br>④③④36.7<br>好位下36.7<br>フリームファ | 大井⑥12.31<br>優駿牝馬 S定 I重 11<br>天ダ1436<br>445Ⓢ1.9<br>54落合玄<br>15ト14ﾃ6人<br>⑧⑦⑥38.3<br>中位下40.5<br>メイドイット | 1中京⑪2.4<br>エルフィ L 別定 4<br>天芝1347<br>460Ⓢ0.5<br>54津村<br>11ト7ﾃ3人<br>⑦⑤⑤37.0<br>内々回33.7<br>ユリーシャ | 1東⑧2.19<br>ヒヤシン L 別定 11<br>天ダ1387<br>506Ⓗ1.5<br>54吉田豊<br>14ト4ﾃ14人<br>⑫⑪⑫36.6<br>出遅不37.1<br>ペリエール | 1中④1.9<br>未勝利 牝 1<br>天外1349<br>422Ⓜ0.2<br>54杉原<br>16ト2ﾃ6人<br>②②②35.2<br>先抜出35.5<br>アフターグロ | 1東①1.28<br>クロッカ L 別定 5<br>西芝1218<br>490Ⓢ0.7<br>54嶋田<br>10ト9ﾃ8人<br>…②②35.4<br>二位下34.4<br>Bヤクシマ | 1中京⑪2.4<br>エルフィ L 別定 6<br>天芝1348<br>446Ⓢ0.6<br>54酒井学<br>11ト2ﾃ2人<br>③③③36.7<br>決手欠34.0<br>ユリーシャ |

## 穴三番●2023年3月12日・中山11RアネモネS（3歳牝馬OP、芝1600m）

### 馬具装着、距離短縮、血統……
### 13番人気馬の"一変"を見抜く！

実は、前年（2022年）のアネモネSで3着のコントディヴェール（11番人気）から3連複を買って10万円超の配当を獲っていた。23年も二匹目のドジョウがいないかな……と探していたら、ドンピシャの馬を発見！

清水久詞厩舎の管理馬で、ノースヒルズ前田幸治さんの弟である前田晋二さんがオーナーの⑯コンクシェル（13番人気）がそれ。実は先のコントディヴェールも、同じ清水久厩舎&ノースヒルズ（馬主は前田幸治さん）のコンビだったのだ。

コンクシェルは小倉の芝1800mで新馬戦を快勝した後、2戦続けて関東へ遠征。その際、デビュー戦の内容を見て○◎の高い評価をしていたが、どちらも少し煮え切れない競馬で6、5着。レースに集中できていないかなという印象を持ったが、そんな馬がその後に選んだのは2000m戦。案の定、直線はレースを止めてしまうような走りで9着に敗れ、アネモネSはそこからの臨戦。成績から強調材料を探すのは難しい存在だった。

それでも本命に抜擢できたのは、ブリンカーを装着してきたから。

コンクシェルは集中力に課題があると思っていただけに、この馬具は効果が期待できたし、気性的に距離短縮はプラス。さらに、父キズナの産駒は坂がきつい中山の重賞やオープン特別での好走例も多い。戦績を度外視しても◎を打つだけの根拠が、このときのコンクシェルにはあった。

1着○⑤トーセンローリエ　（1番人気）　単⑤ 450 円
2着◎⑯コンクシェル　（13 番人気）　複⑤ 190 円　⑯ 2420 円　⑭ 190 円
3着△⑭クイーンオブソウル（3番人気）　馬連⑤－⑯4万 980 円
馬単⑤→⑯5万 3630 円
3連複⑤⑭⑯7万 4130 円
3連単⑤→⑯→⑭ 48 万 9250 円

前3走は6着→5着→9着だったが、よく見ると大敗は前走の芝2000m戦だけで、マイル戦では勝ち馬からコンマ差。今走のマイルへの距離短縮は確かにプラスに働いただろう。

⑯ 桃
キズナ
コンクシェル
ザナ0勝（ガリレオ）
黒鹿毛 牝3
54 B
替丸山
0000
1勝 400
803
清水久 西
◎
前田晋二
新ノースヒ
中芝36.2⑤
2

3小⑤7.16 新馬 1
芝1484
444Ⓜ0.3
54福永
7ト6ゞ4
G前鋭35.4
サトノキャサ
4ヵ月休放牧

5東⑥11.20 赤松1勝 6
芝1375
462Ⓢ0.7
54菅原明
6ト3ゞ4
555 38.3
後方儘33.6
ミスヨコハマ

5中⑤12.17 ひいらぎ1勝 5
芝外1354
456Ⓜ0.7
54福永
13ト11ゞ7
655 36.2
好位儘35.1
ジョウショー

1中京①1.5 1勝 9
芝2020
462Ⓜ1.8
54岩田望
9ト1ゞ7
434 36.7
好位下36.7
フリームファ

レース当時、私はラジオＮＩＫＫＥＩでメインのレース解説を担当していたが、４コーナーから直線坂下におけるジョッキー（丸山騎手）のアクションを見て、「ちょっと苦しいか……」と思い、他の馬に目を移してしまう。

それがゴール前でピンクの帽子が飛んできたから声を出すヒマもなかったが、ちょうどメディア出演時に馬連４万円を超える配当を的中できたことは素直にうれしかった。

三匹目のドジョウがいるか……24年のアネモネSも、登録馬が発表されたら清水久詞厩舎とノースヒルズ・グループの馬がいないかをまずチェックだ。

## ミネヒメ（９番人気、１着）

中山 3
発走 11:05
２歳新馬（混）
芝外1200
ﾚｺｰﾄﾞ 1.07.8 サーガノヴェル
賞金（万円）①700 ②280 ③180 ④110 ⑤70

| 枠馬番 | 白1 1 | 白1 2 | 黒2 3 | 黒2 4 | 赤3 5 | 赤3 6 | 青4 7 | 青4 8 | 5 9 |
|---|---|---|---|---|---|---|---|---|---|
| 父 | エピファネイア | エイシンヒカリ | ビッグアーサー | マツリダゴッホ | ファインニードル | ブラックタイド | キンシャサノキセキ | ゴールドアクター | アイファーソング |
| 馬名 | シーギリア | ピンポンマム | アイアムロージー | カガカーニバル | サカジロレインボー | メルクーア | クインズベル | セイカパルナッソス | アイファースキャン |
| 母（母父） | サイズミックレディ 2勝（サクラバクシンオー） | エイシンヘケト 公営（エイシンアポロン） | アイアムビューティ 1勝（ディープインパクト） | チアフルドーラ 0勝（ジャンプスタート） | ラファエラ 0勝（ジャングルポケット） | ヴンダーゾンネ 3勝（グラスワンダー） | ネネグース 0勝（クロフネ） | セイカアルテナ 0勝（メジロマックイーン） | エスケイティアラ 3勝（スズカマンボ） |
| 性齢 | 牝2 | 牝2 | 牝2 | 騸2 | 牝2 | 牝2 | 牝2 | 牝2 | 牡2 |
| 毛色 | 黒鹿毛 | 芦毛 | 鹿毛 | 栗毛 | 栗毛 | 鹿毛 | 青鹿毛 | 芦毛 | 鹿毛 |
| 負担重量 | 54 | △52 | △52 | 55 | 54 | 54 | 54 | 54 | ◇53 |
| 騎手 | 田辺 | 小林脩 | 永野 | 菊沢 | 松山 | 石橋脩 | 菅原明 | 石川裕 | 藤田菜 |
| クラス 賞金 | ― | ― | ― | ― | ― | ― | ― | ― | ― |
| 厩舎 | 金成（東） | 青木（東） | 奥平雅（東） | 萱野（東） | 高橋康（西） | 小手川（東） | 和田郎（東） | 南田（東） | 根本（東） |
| 小木曽大祐 | ▲ |  △ |  |  | △ | △ | ◎ |  |  |
| 久保木正則 |  | △ | ⟁ | △ | △ | ▲ | ○ |  |  |
| 黒津紳一 | △ | ○ |  | ▲ | ◎ | ⟁ | △ | △ |  |
| 郡和之 |  | ◎ |  | △ | ⟁ | △ | ○ | ▲ |  |
| 中西徹 | ▲ | ○ |  | △ |  | ⟁ | ◎ |  |  |
| 本紙 | △ | ○ |  | ▲ | ◎ | ⟁ | △ | △ |  |
| 馬主名 | 細谷典幸 | (株)ブルースター | 堀紘一 | 香川憲次 | ロイヤルパーク | (株)ノルマンディ | (株)ケイアイスタ | 久米大 | 中島稔 |
| 生産牧場 | 日 下河辺牧 | 浦 栄進牧場 | 浦 まるとみ | ひ 岡田スタ | ひ 松田牧場 | ひ 岡田スタ | 新 新冠橋本 | 新 シンユウ | 日 アースF |
| 生年月日 | 3月10日生 | 3月15日生 | 5月12日生 | 4月19日生 | 4月17日生 | 4月19日生 | 2月27日生 | 2月23日生 | 4月7日生 |
| 兄弟 | (公)プラチナソニック / カウイダンス⓪ / フェアリーアイ⓪ / 遠縁(公)ナイキマドリード | 初仔 / 遠縁サンライズヴュー / 遠縁セルティックソプラノ / 遠縁デヴィアスソプラノ | 初仔 / 遠縁アイアムイシュタル / 遠縁ダノンエンジェル / 遠縁ダノンブルズアイ | シベリアンスオード④ / アドラビリティ⓪ / ナイトメア⓪ / コスモアシュラ現 | 初仔 / 遠縁オレハマッテルゼ / 遠縁エガオヲミセテ / 遠縁フラアンジェリコ | ナッツスター① / アリンナ⑤ / サンディレクション② / ホウオウヴォーヌ現 | ロノ③ / クインズチャパラ③ / クインズセージ② / クインズプリーズ⓪ | セイカフォルテシモ⓪ / セイカフェニックス⓪ / セイカスタディオン⓪ / セイカファータ⓪ | アイファーステップ⓪ / 遠縁カフジテイク / 遠縁テイクアベット / 遠縁テイクエイム |
| 馬体重 | 460キロ | 420キロ | 430キロ | 480キロ | 400キロ | 450キロ | 470キロ | 400キロ | 470キロ |
| 市場 | 3 | 北…場 2 |  | 北海道市場 330万円 | 北海道市場 770万円 |  |  |  |  |
| 仕上がり | B | A | B | B | B | A | B | B | B |
| 乗り込み | B | B | C | B | B | B | C | C | B |
| スタート | ○ | ○ | ○ | ○ | ○ | ○ | ○ | ○ | ○ |
| 父方 | 中~長 芝◎ ダ△ | 中距離 芝◎ ダ○ | 短距離 芝◎ ダ○ | 短~中 芝◎ ダ○ | 短距離 芝◎ ダ○ | 中距離 芝◎ ダ○ | 短距離 芝◎ ダ○ | 中~長 芝◎ ダ○ | 中距離 芝△ ダ△ |
| 母方 | 短距離 芝◎ ダ○ | 中距離 芝○ ダ○ | 万能 芝◎ ダ△ | 短~中 芝△ ダ◎ | 中~長 芝◎ ダ○ | 万能 芝◎ ダ△ | 短~中 芝○ ダ◎ | 中~長 芝○ ダ○ | 中~長 芝△ ダ◎ |
| 成長 | 《普通》 | 《普通》 | 《早熟》 | 《早熟》 | 《普通》 | 《普通》 | 《早熟》 | 《普通》 | 《普通》 |

## 穴四番●2022年10月2日・中山３Ｒ(２歳新馬、芝1200m)＝◎⑫

### 久保木正則の印

◎⑫ミネヒメ
〇⑦クインズベル
▲⑥メルクーア
△③アイアムロージー
△②ピンポンマム
△④カガカーニバル
△⑤サカジロレインボー
△⑪サムワンライクユー

| | | | | | | |
|---|---|---|---|---|---|---|
| ⑯ 桃8 | ⑮ 桃8 | ⑭ 橙7 | ⑬ 橙7 | ⑫ 緑6 | ⑪ 緑6 | ⑩ 黄 |
| サトノアラジン<br>**キラールージュ**<br>キャンディウォー0勝<br>(ウォーフロント)<br>牝2 鹿毛 | ラブイズブーシェ<br>**コパノミステリー**<br>スパイオブラヴ1勝<br>(フレンチデピュティ)<br>牡2 鹿毛 | エイシンフラッシュ<br>**スターオブデイズ**<br>イノセントデイズ0勝<br>(ダイワメジャー)<br>牝2 鹿毛 | サトノダイヤモンド<br>**サファイアリング**<br>ジャズプリンセス輸入<br>(パッハール)<br>牝2 鹿毛 | ヴィクトワールピサ<br>**ミネヒメ**<br>マウントフジ3勝<br>(オリエンテイト)<br>牝2 黒鹿毛 | グレーターロンドン<br>**サムワンライクユー**<br>デスティニーラブ1勝<br>(アグネスデジタル)<br>牡2 鹿毛 | スノードラゴン<br>**スノーベル**<br>トーセンイレイシャ1勝<br>(シルヴァーホーク)<br>牝2 芦毛 |
| 54 | 55 | 54 | 54 | 54 | 55 | 54 |
| 柴田大 | 松岡 | 丸山 | 岩部 | 嶋田 | 杉原 | 大野 |
| — | — | — | — | — | — | — |
| 粕谷㊡ | 村山国 | 土田㊡ | 田中剛㊡ | 本間㊡ | 石毛㊡ | 高木登㊡ |
| ……… | ……… | ……… | ○ | ……… | △ | ▲ |
| ……… | ……… | ……… | ……… | ◎ | △ | ……… |
| ……… | ……… | ……… | ……… | ……… | ……… | ……… |
| ……… | ……… | ……… | ……… | ……… | △ | ……… |
| ……… | ……… | △ | ……… | △ | △ | ……… |
| ……… | ……… | ……… | ……… | ……… | ……… | ……… |
| 村田滋 | 小林祥晃 | 光安了 | 国田正忠 | ㈲ミルファーム | ㈲ミルファーム | 岡田牧雄 |
| ひ木村秀則 | ひ伊藤敏明 | ひ小野秀治 | 平北島牧場 | 日新井昭二 | 浦ミルF | ひ岡田スタ |
| 4月28日生 | 4月25日生 | 3月26日生 | 4月27日生 | 4月12日生 | 6月16日生 | 5月2日生 |
| コンカーワン⓪<br>㊋レコパントモチャン<br>リトルジー⓪<br>近親アスカエンペラー | コパノチャールズ①<br>コパノアラジン④<br>ラブミーサアヤ⓪<br>コパノカールトン⓪ | バスマティ現<br>近親マテンロウハピネス<br>近親レジュールウール<br>近親ロードユリシス | ハーマンミュート①<br>ソートアフター⓪<br>ガルソン⓪<br>スペースシップ① | フラワーエッセンス⓪<br>ベルウッドサンキュ⓪<br>ダイヤモンドフジ⓪<br>近親ジャストザヨコハマ | アーガイル⓪<br>ビーマイベイビー現<br>テステッソ⓪<br>近親ウインラヴェリテ | ビッグディール⓪<br>ケツァルコアトル③<br>ドスコイサーファー①<br>メタルスパーク現 |
| 420キロ | 460キロ | 430キロ | 440キロ | 400キロ | 460キロ | 430キロ |
| 北海道市場<br>209万円<br>ダ1F11.7 | …… | 北海道市場<br>275万円 | 北海道市場<br>715万円 | 1<br>北海 市場<br>16 円 | …… | …… |
| 仕上がりB<br>乗り込みB<br>スタート○ | 仕上がりB<br>乗り込みC<br>スタート○ | 仕上がりB<br>乗り込みB<br>スタート○ | 仕上がりB<br>乗り込みC<br>スタート○ | 仕上がりB<br>乗り込みB<br>スタート○ | 仕上がりB<br>乗り込みB<br>スタート○ | 仕上がりB<br>乗り込みB<br>スタート○ |
| 父方…短〜中<br>芝◎ダ○<br>母方…短〜中<br>芝◎ダ◎<br>《普通》 | 父方…中距離<br>芝○ダ△<br>母方…中距離<br>芝○ダ◎<br>《晩成》 | 父方…中〜長<br>芝○ダ△<br>母方…短〜中<br>芝◎ダ○<br>《普通》 | 父方…中〜長<br>芝◎ダ△<br>母方…中距離<br>芝○ダ○<br>《普通》 | 父方…中距離<br>芝◎ダ○<br>母方…短〜中<br>芝○ダ○<br>《普通》 | 父方…短〜中<br>芝◎ダ○<br>母方…短〜中<br>芝○ダ◎<br>《早熟》 | 父方…短距離<br>芝◎ダ○<br>母方…中距離<br>芝◎ダ△<br>《普通》 |

## 穴四番●2022年10月2日・中山3R（2歳新馬、芝1200m）

### これぞ“現場”を知る者の強み
### 単勝30倍、9番人気馬を◎で射止める！

グリーンチャンネルやレーシングビューワーで調教映像を楽しんでいる方も多いと思うが、ここ数年はメインレースだけでなく、注目を集める2歳馬のそれも放映されている。

ただ、こんなことをいっては叱られるかもしれないが、情報が広く知れ渡ることは個人的にあまり好ましくない。それは、検討材料が少ない新馬戦こそ専門紙の、そしてトラックマンの見せ場だと思っているから。

そんな現在でも、トレセンに出入りしていなければ見られないものがある。それは、調教時間中に行なわれているスタートの試験や練習。トラックマンでも注意して観察している人はあまりいないが、これにはたくさんのお宝が隠されている。

このレースを勝った⑫ミネヒメは坂路主体の調整で目立つタイムはなく、管理する本間忍厩舎も成績は中堅より少し下といったところ。一見すると推せる要素はなかったが、以前ほどではないにしろ、新馬戦で穴をあけるミルファームの所有馬で、ゲートからの二の脚が速く、1200m戦でデビューしたら狙おうと温めていた馬だった。

レースでも、トレセンと同様にスタートダッシュを利かせたミネヒメは、そのままハナに立つと2着に5馬身差をつける圧勝。

これは全体のレベルが低かったからこその結果ではあったが、◎－△の馬連は万馬券に少し届かなか

| | | |
|---|---|---|
| 1着◎⑫ミネヒメ | （9番人気） | 単⑫ 3000 円 |
| 2着△②ピンポンマム | （4番人気） | 複⑫ 630 円　② 250 円　① 200 円 |
| 3着　①シーギリア | （2番人気） | 馬連②－⑫ 9010 円 |
| | | 馬単⑫→②1万 6060 円 |
| | | 3連複①②⑫1万 6830 円 |
| | | 3連単⑫→②→① 12 万 9210 円 |

ったが９０１０円とマズマズの配当。それよりも、同じ時計班ですら気づかなかった馬に本命を打てたことが何よりうれしかった。

現２歳世代も新馬戦が始まって久しいが、ゲートを見て期待した馬たちが実戦で出遅れたりと、まだ好結果に結びついていない。時間の無駄なのかと心が折れそうになる日もあるが、そんなときはミネヒメのことを思い出して自分を鼓舞する。

あの快感が10回や20回の失敗など、キレイに忘れさせてくれるのだから。

# ⑩セッタレダスト（15番人気、1着）

東京 4 発走 11:45 未勝利 芝1600

| 枠馬番 | 白1 ① | 白1 ② | 黒2 ③ | 黒2 ④ | 赤3 ⑤ | 赤3 ⑥ | 青4 ⑦ | 青4 ⑧ | 黄5 ⑨ | 黄5 ⑩ | 6 ⑪ |
|---|---|---|---|---|---|---|---|---|---|---|---|
| 父 | スクリーンヒーロー | スクリーンヒーロー | アメリカンペイトリオット | ハーツクライ | スクリーンヒーロー | ムシャウィッシュ | ロードカナロア | ロゴタイプ | バゴ | トゥザグローリー | ロードカナロア |
| 馬名 | ヒメゴゼン | エコロブレーヴ | ヘールボップ | ヴィアルネッサンス | チューウィー | ㊕スプリームメロディ | フクチャンクイーン | ライブインステラ | パトリックハンサム | セッタレダスト | ダブルダブル |
| 性齢 | 牝3 | 牡3 | 牡3 | 牝3 | 牝3 | 牝3 | 牝3 | 牝3 | 牡3 | 牡3 | 牡3 |
| 母 | マイネプリンセス5勝 | バウンシーチューン2勝 | ドリームキセキ3勝 | ヴィアメディチ輸入 | コスモミール3勝 | スープリムゴディス0勝 | ミュージックアワー0勝 | ステラプラド0勝 | トーコーユズキ1勝 | ラストアウィン0勝 | メイラヴィーン未出走 |
| 母の父 | （アグネスデジタル） | （ステイゴールド） | （フジキセキ） | （メディチアン） | （ヘクタープロテクター） | （シアトリカル） | （アグネスタキオン） | （ハーツクライ） | （ディープインパクト） | （ラストタイクーン） | （ファルブラヴ） |
| 毛色 | 黒鹿毛 | 栗毛 | 青鹿毛 | 鹿毛 | 栗毛 | 栗毛 | 黒鹿毛 | 青毛 | 青鹿毛 | 黒鹿毛 | 鹿毛 |
| 負担重量 | 54 | 56 | 56 | 54 | 54 | 54 | 54 | 54 | 56 | 56 | 56 |
| 騎手 | 替戸崎 | 石川裕 | 三浦 | 替武藤 | 柴田大 | 替杉原 | 替ルメール | 替石橋脩 | 内田博 | 替津村 | 替菅原明 |
| 騎乗成績 | 0000 | 0001 | 0000 | 0000 | 0116 | 0000 | 0000 | 0001 | 0102 | 0000 | 0000 |
| クラス賞金 | 0 | 0 | − | 0 | 0 | 0 | 0 | 0 | 0 | 0 | 0 |
| 総賞金 | 180 | 231 | 0 | 180 | ・434 | 0 | 52 | 208 | 280 | 0 | 268 |
| 厩舎 | 畠山吉㊮ | 斎藤誠㊮ | 中川㊮ | 木村㊮ | 古賀慎㊮ | 伊藤大㊮ | 加藤征㊮ | 小野次㊮ | 菊沢㊮ | 嘉藤㊮ | 尾関㊮ |

| 予想 | ① | ② | ③ | ④ | ⑤ | ⑥ | ⑦ | ⑧ | ⑨ | ⑩ | ⑪ |
|---|---|---|---|---|---|---|---|---|---|---|---|
| 小木曽大祐 | | △ | | | △ | | | △ | | | ◎ |
| 久保木正則 | ○ | △ | | △ | | | | △ | | ◎ | △ |
| 黒津紳一 | | △ | | △ | △ | | | ◎ | | | ▲ |
| 郡和之 | | ▲ | | ○ | | | | △ | | | ◎ |
| 中西徹 | | △ | | | | | △ | ▲ | | △ | ○ |
| 本紙飯田 | | △ | ☆ | | △ | | | | | | ◎ |

| | ① | ② | ③ | ④ | ⑤ | ⑥ | ⑦ | ⑧ | ⑨ | ⑩ | ⑪ |
|---|---|---|---|---|---|---|---|---|---|---|---|
| 馬主名 | ラフィアン | 原村正紀 | 西森功 | 吉田勝己 | ビッグレッドF | 新木鈴子 | 福田義明 | 吉田千津 | 宮崎俊也 | ビッグレッドF | 千明牧場 |
| 生産牧場 | 新ビッグレ | 白白老F | 様清水スタ | 安ノーザン | 浦金石牧場 | 米ムシャウ | 勇社台ファ | 勇社台ファ | 浦辻牧場 | 浦北光牧場 | 日千明牧場 |
| 最高時計 1400 | 東芝1223⑨ | | | | 新芝1243⑧ | 三ダ1211⑬ | 三芝1140⑬ | 東芝1218④ | | 中京ダ…79⑨ | 東芝1226④ |
| 最高時計 1600 | 中芝1357⑩ | | | 東芝1366③ | 東芝1337③ | | 新芝1363⑤ | 東芝1361③ | | 中芝…69⑨ | 東芝1342⑤ |
| 最高時計 1800 | | 東芝1518③ | | 中芝1535⑬ | | | 東芝1485⑦ | | 中芝…② | 中芝…13⑧ | |
| 最高時計 2000 | 中芝2024⑩ | 中芝2023⑤ | | | | | | | 中…⑮ | | |
| 距離別勝利 | 00000 | 00000 | 00000 | 00000 | 00000 | 00000 | 00000 | 00000 | 00000 | 00000 | 00000 |
| | 00000 | 00000 | 00000 | 00000 | 00101 | 00000 | 00000 | 00000 | 01000 | 00000 | 00000 |
| | 00101 | 01000 | 00000 | 00101 | 00101 | 00000 | 00000 | 00101 | 00000 | 00000 | 00000 |
| | 01323 | 01000 | 00000 | 01000 | 00525 | 00020 | 01313 | 00242 | 11000 | 04212 | 00313 |
| 地方成績 兄弟馬 | ステラドーロ | 1月25日生 | 5月11日生 | 4月27日生 | マイネルリード | 4月11日生 | オメガキングティー | ダンツクレイオー | 4月21日生 | ダブルヒーロー | 4月10日生 |

| 近走 | ① | ② | ③ | ④ | ⑤ | ⑥ | ⑦ | ⑧ | ⑨ | ⑩ | ⑪ |
|---|---|---|---|---|---|---|---|---|---|---|---|
| 1 | 4東③10.16 未勝利 12 西芝1233 408Ⓜ1.4 54柴田大 13ト8ア8人 中位下35.9 ショウナンア 4ヵ月休放牧 | 兄弟 フリージアスター⓪ ボントンルレ⓪ テイケイラハイナ⓪ カネトシツヨシオ1 | | 《普通》 父方 芝…◎中～ ダ～△長 母方 芝…○短～ ダ～○中 | 1中⑥1.16 未勝利 牝馬 5 天外1366 434Ⓜ0.6 54柴田大 16ト8ア7人 ⑤⑥⑥36.0 好位粘36.6 ハピネスアゲ | 《普通》 父方 芝…○短～ ダ～○中 母方 芝…○中～ ダ～○長 | 5中⑦12.25 未勝利 8 天外1376 420Ⓜ0.7 54石川裕 16ト14ア10人 ⑪⑪⑩36.8 後方詰35.9 ニシノメグレ | 1中⑤1.15 未勝利 牝馬 6 壬ダ1140 468Ⓗ1.2 54石橋脩 16ト12ア7人 ⑬⑬⑪36.0 後方詰38.0 アレクサンド | クレヴァーパッチ② ライワルツ⓪ バガン現 サトノクローク現 | 1中②1.8 未勝利 16 天ダ2017 476Ⓜ5.5 56柴田大 16ト11ア11人 ③⑧⑫38.5 ジリ下44.5 ロードヴァレ | 1中⑥1.16 新馬 混 5 天外1371 436Ⓜ0.8 56内田博 16ト4ア6人 ⑥⑭⑨38.9 後方詰34.8 ウインエクレ |
| 2 | 1東⑦2.19 未勝利 混 6 天芝1373 400Ⓢ0.8 54柴田大 16ト15ア8人 ③③②37.3 決手欠34.5 バイオアート | 5東④11.14 新馬 3 天芝1518 452Ⓢ0.3 55斎藤 9ト9ア2人 ⑥⑤④39.4 中位伸34.2 Ⓒエンパイア | 《普通》 父方 芝…◎中距離 ダ…○ 母方 芝…◎万能 ダ…◎ | ヴィアフィレンツェ愛 フレッチア現 アドマイヤマーズ⑤ アロハヌイロア⓪ | 1東④2.6 未勝利 混 9 天芝1357 436Ⓢ0.6 54柴田大 16ト14ア9人 ⑦⑧⑦36.4 中位儘34.4 ライラスター | ダノンマイティ⓪ スープリムシチー⓪ レッドカノーヴァ② バーニングハート米 | 1東⑥2.13 未勝利 混 7 天芝1485 426Ⓢ1.2 51横山琉 16ト12ア11人 ⑦⑦⑦37.8 中位詰35.1 ローシャムパ | 1中京⑫2.6 未勝利 9 壬ダ1149 472Ⓗ1.9 54池添 16ト15ア6人 ⑬⑤⑥36.0 出遅不38.9 カライカマウ | 5中③12.11 新馬 混 2 天内1506 466Ⓢ0.0 55内田博 12ト8ア3人 ③③③38.9 好位伸34.7 ポケットシン | 2中①2.26 未勝利 7 天ダ1586 480Ⓜ3.8 56柴田大 16ト15ア12人 ⑧⑧⑦38.8 中位儘41.7 ミストルティ | 1東⑤2.12 未勝利 混 4 西芝1226 440Ⓜ0.6 56内田博 16ト1ア4人 …⑭⑬36.5 出遅不33.7 ソウテン |
| 3 | 2中⑥3.13 未勝利 10 平内2024 396Ⓢ1.9 54柴田大 17ト10ア9人 ⑨⑪⑩37.1 中位儘36.6 タシット | 5中①12.4 未勝利 混 5 平内2023 450Ⓢ0.6 55石川裕 15ト4ア2人 ①①①36.7 逃一息36.1 フリューゲル | シルクドリーマー⑤ トーキングポイント① リリカルドリーム① フライクーゲル① | 5東⑦11.27 新馬 混 3 天芝1366 434Ⓢ0.1 54ルメール 16ト5ア2人 好位伸35.2 コウキ 4ヵ月休放牧 | 2東①4.23 未勝利 3 天芝1337 426Ⓜ0.2 54柴田大 18ト12ア8人 ⑥⑥⑥35.4 好位伸34.9 シュヴェルト | 1福③4.23 未勝利 混 12 壬ダ1133 436Ⓗ2.5 54勝浦 16ト15ア10人 ⑫⑬⑬38.3 後方儘38.3 ゴッドクイン | 3中❼4.16 未勝利 混 8 天外1372 428Ⓜ1.0 54大野 16ト6ア10人 ⑬⑬⑫37.2 後方詰35.9 ベストフィー | 2中京❻3.27 未勝利 6 西ダ1259 468Ⓗ0.9 54秋山真 16ト7ア13人 ⑬⑧⑤35.5 外回る38.6 アポロプラネ | 1中②1.8 未勝利 混 7 三外2169 466Ⓢ1.1 56内田博 15ト10ア1人 好位下37.4 メイプルリッ 3ヵ月休放牧 | 2中京④3.21 未勝利 若手騎手 9 西ダ1279 478Ⓗ1.7 55亀田 16ト14ア14人 ⑨⑧⑨35.7 中位儘39.9 マサノパドゥ | 2東①4.23 未勝利 5 天芝1342 448Ⓜ0.7 56内田博 18ト18ア3人 ⑪⑩⑨35.7 直不利35.0 シュヴェルト |
| 4 | 2東⑩5.22 未勝利 混 9 西芝1223 398Ⓜ0.7 54柴田大 18ト11ア14人 …⑤④35.5 好位下35.4 レイヴンズコ | 6ヵ月 休養 仕上がり9分 ツメ不安 放牧 鉄砲成績 0010 2走目成績 0001 | 500キロ 仕上がりB 乗り込みA スタート○ | 3中❷3.27 未勝利 混 15 天内1535 434Ⓢ3.1 54戸崎 16ト12ア3人 ⑧⑧⑫38.4 ジリ下38.5 ヤマニンパニ | 2東⑦5.14 未勝利 5 天芝1350 430Ⓜ0.4 54柴田大 13ト10ア3人 ⑥⑤⑦35.6 中位詰35.2 ステラナビゲ | 3東①6.4 未勝利 混 13 壬ダ1211 434Ⓜ2.1 52永野 16ト16ア15人 …⑮⑭38.4 後方儘36.7 オーロラアー | 1新⑦5.28 未勝利 混 5 天外1363 426Ⓗ1.0 54丹内 16ト5ア11人 ⑧⑫⑫36.1 後方詰36.3 タイゲン | 2東⑩5.22 未勝利 混 4 西芝1218 474Ⓜ0.2 54池添 18ト7ア5人 …⑭⑫36.3 後方伸34.2 レイヴンズコ | 3中③4.2 未勝利 15 平内2040 468Ⓢ1.8 56内田博 18ト2ア4人 ④④③37.3 直不利36.8 ヴィブラツィ | 3ヵ月 休養 仕上がり9分 放牧 調整 鉄砲成績 0002 2走目成績 0002 | 2東⑦5.14 未勝利 4 天芝1349 448Ⓜ0.3 56内田博 13ト6ア4人 ⑩⑪⑩35.9 脚余す34.9 ステラナビゲ |

レコード 1.30.5 ノームコア 55レーン 19年5月12日

推定タイム 良 1.35秒台 重 1.36秒台

| 賞金（万円） | |
|---|---|
| ① | 520 |
| ② | 210 |
| ③ | 130 |
| ④ | 78 |
| ⑤ | 52 |

馬場状態 不 重 稍 良

## 穴五番●2022年6月11日・東京4R(3歳未勝利、芝1600m)=◎

### 久保木正則の印

◎⑩セッタレダスト
○①ヒメゴゼン
▲⑭セキテイオー
△④ヴィアルネッサンス
△②エコロブレーヴ
△⑧ライブインステラ
△⑪ダブルダブル
△⑬スカイコップス

| ⑱ | 桃8 ⑰ | ⑯ | ⑮ | 橙7 ⑭ | ⑬ | ⑫ 緑 |
|---|---|---|---|---|---|---|
| ソーユーシンク<br>(外)グレートイースタン<br>フェイスズアンコール<br>(デンマン)<br>芦毛 牝3 | オウケンブルースリ<br>ローシュタイン<br>オチャノコサイサイ1勝<br>(ダイタクサージャン)<br>黒鹿毛 牡3 | キズナ<br>ココリヴァルキリー<br>メイグレイス未出走<br>(ネオユニヴァース)<br>黒鹿毛 牝3 | ワールドエース<br>ナムラロロ<br>ナムラカメーリア1勝<br>(ネオユニヴァース)<br>栗毛 牡3 | ロゴタイプ<br>セキテイオー<br>ユキアカリノマチ0勝<br>(キングカメハメハ)<br>青鹿毛 牡3 | シルバーステート<br>スカイコップス<br>イルーシヴキャット2勝<br>(キングカメハメハ)<br>黒鹿毛 牡3 | ハービンジャー<br>ブルーグラスソング<br>サウンドオブハート6勝<br>(アグネスタキオン)<br>黒鹿毛 牝3 |
| ▲49 | 56 | △52 | 56 | 56 | 56 B | 54 |
| 原<br>0 0 0 0 | (替)木幡巧<br>0 2 0 0 | (替)永野<br>0 0 0 0 | 江田照<br>0 1 0 1 | (替)Mデムーロ<br>0 0 0 0 | 田辺<br>0 0 0 1 | (替)吉田豊<br>0 0 0 0 |
| — | 0 | 0 | 0 | 0 | 0 | 0 |
| 0 | 662 | 148 | 210 | 543 | 0 | 240 |
| 土田(東) | 牧(東) | 古賀慎(東) | 石栗(東) | 田中剛(東) | 萩原(東) | 大竹(東) |
| | ○ | △ | △ | ▲ | | |
| | | | | ▲ | △ | |
| | | | △ | ○ | | |
| | △ | △ | △ | | | |
| | △ | | △ | ◎ | | |
| | △ | | ○ | ▲ | | △ |
| ビッグレッドF | 天堀忠博 | 美崎光二郎 | 奈村睦弘 | 杉山元洋 | 寺田寿男 | (絹)タイヘイ牧場 |
| (豪)ユロンイ | (浦)近藤牧場 | (日)厚賀古川 | (鵡)林時春 | (日)ヴェルサ | (白)白老F | (ひ)タイヘイ |
| | 東芝1227⑤<br>中芝1349③ | 東芝1354⑥ | 新芝1247⑦<br>東芝1349②<br>東芝1486⑧ | 福…③<br>中…③ | 東芝1357⑭ | 東芝1345⑧<br>東芝1484⑨ |
| 0 0 0 0 0<br>0 0 0 0 0<br>0 0 0 0 0<br>0 0 0 0 0 | 0 0 0 0 0<br>0 0 2 0 2<br>0 0 1 0 1<br>0 0 1 1 1 | 0 0 0 0 0<br>0 0 0 0 0<br>0 0 0 0 0<br>0 0 4 0 4 | 0 0 0 0 0<br>0 0 1 0 1<br>0 0 0 0 0<br>0 2 2 1 2 | 0 0 0 0 0<br>0 0 0 0 0<br>0 3 0 0 0<br>0 2 0 0 0 | 0 0 0 0 0<br>0 0 0 0 0<br>0 0 0 0 0<br>0 0 2 0 2 | 0 0 0 0 0<br>0 0 1 0 1<br>0 0 0 0 0<br>0 1 1 0 1 |
| 10月7日生 | (公)フィールドノア | キャプテンペリー | ナムラスワガー | プリティユニバンス | 2月18日生 | 3月1日生 |
| | 5中②12.5<br>未勝利3<br>天外1349<br>464Ⓜ0.1<br>55津村<br>16ト16ヌ1人<br>⑪⑪⑪35.4<br>逃粘る35.6<br>フィールシン | 5東①11.6<br>未勝利 牝馬 6<br>天芝1354<br>426Ⓜ0.9<br>54北村宏<br>13ト9ヌ5人<br>⑫⑨⑥36.6<br>折合欠35.3<br>ロジレット | 2中❼3.20<br>未勝利(混)7<br>天外1366<br>426Ⓗ1.0<br>56岩部<br>16ト4ヌ13人<br>⑬⑭⑫36.1<br>後方詰36.5<br>レディナビゲ | 5中⑨12.28<br>未勝利5<br>天内1512<br>472Ⓢ0.9<br>55丸山<br>16ト2ヌ6人<br>④④④37.8<br>内々回35.6<br>レッドモンレ | 父方:芝◎ダ△中距離<br>母方:芝◎ダ◎万能<br>《早熟》 | ミッキーサウンド⓪<br>チビラーサン②<br>ロードドミニオン現<br>アオイカツマ現 |
| 父方:芝○ダ○中距離<br>母方:芝◎ダ○短距離<br>《普通》 | 1東⑤2.12<br>未勝利(混)5<br>西芝1227<br>480Ⓜ0.7<br>56津村<br>16ト4ヌ2人<br>…⑤④35.6<br>好位儘35.1<br>ソウテン | 1中⑥1.16<br>未勝利 牝馬 4<br>天外1364<br>428Ⓜ0.4<br>54北村宏<br>16ト14ヌ3人<br>⑬⑬⑬36.8<br>外回る35.6<br>ハピネスアゲ | 3中⑤4.9<br>未勝利10<br>天ダ1588<br>426Ⓜ3.1<br>56岩部<br>16ト3ヌ8人<br>⑯⑮⑭39.5<br>後方儘40.0<br>メタルゴッド | 2中⑥3.13<br>未勝利3<br>三内2012<br>472Ⓢ0.7<br>56丸山<br>17ト2ヌ5人<br>②②②36.0<br>先粘る36.3<br>タシット | イルーシヴパンサー現<br>近親ダイレクトキャッチ<br>近親ステラロッサ<br>近親ミネット | 1東①1.29<br>新馬(混)2<br>天芝1377<br>434Ⓢ0.1<br>54田辺<br>16ト1ヌ6人<br>中位伸33.6<br>アルゲンテウ<br>3ヵ月休放牧 |
| アワシンコー豪<br>近親タイムリーモーメント<br>近親マイディーペストブルー<br>近親キャッチザウインド | 2中①2.26<br>未勝利15<br>天外1373<br>480Ⓜ1.9<br>56石橋脩<br>16ト16ヌ2人<br>⑥⑥⑨36.4<br>中位下36.6<br>デコラシオン | 1東④2.6<br>未勝利(混)12<br>天芝1359<br>426Ⓢ0.8<br>54北村宏<br>16ト9ヌ8人<br>⑩⑪⑩36.8<br>折合欠34.4<br>ライラスター | 2東②4.24<br>未勝利8<br>天芝1486<br>424Ⓜ1.3<br>56江田照<br>17ト9ヌ9人<br>⑭⑭⑬37.6<br>出遅不35.2<br>スパイダーゴ | 3中③4.2<br>未勝利5<br>三内2029<br>472Ⓢ0.7<br>56丸山<br>18ト17ヌ6人<br>①①①37.0<br>逃一息36.0<br>ヴィブラツィ | 1東④2.6<br>新馬6<br>天芝1376<br>490Ⓢ0.6<br>56三浦<br>16ト4ヌ5人<br>⑨⑥⑦37.0<br>中位儘34.6<br>ロールアップ | 2東⑥5.8<br>未勝利9<br>天芝1484<br>444Ⓜ1.2<br>54田辺<br>15ト7ヌ3人<br>④③③35.7<br>好位下35.8<br>ルージュカル |
| 450キロ<br>豪1歳1月<br>22万豪ドル<br>仕上がりB<br>乗り込みB<br>スタート○ | 3ヵ月半<br>休養<br>仕上がり8分<br>放牧<br>調整<br>鉄砲成績<br>0 1 0 0<br>2走目成績<br>0 1 0 0 | 4ヵ月<br>休養<br>仕上がり8分<br>放牧<br>調整<br>鉄砲成績<br>0 0 0 1<br>2走目成績<br>0 0 0 1 | 2東⑦5.14<br>未勝利2<br>天芝1349<br>426Ⓜ0.3<br>56江田照<br>13ト2ヌ11人<br>⑫⑫⑫36.6<br>後方伸34.7<br>ステラナビゲ | 1福③4.23<br>未勝利(混)3<br>天芝1490<br>472Ⓜ0.4<br>56武豊<br>16ト6ヌ1人<br>②②②35.7<br>一旦先37.0<br>シゲルローズ | 2東①4.23<br>未勝利14<br>天芝1357<br>486Ⓜ2.2<br>56田辺<br>18ト6ヌ4人<br>⑮⑮⑮36.2<br>出遅不36.0<br>シュヴェルト | 2東⑫5.29<br>未勝利(混)8<br>天芝1345<br>446Ⓜ0.8<br>54田辺<br>18ト13ヌ8人<br>⑫⑫⑫36.6<br>後方詰34.7<br>グレイスフル |

## 穴五番●2022年6月11日・東京4R（3歳未勝利、芝1600m）
### 15番人気・単勝200倍超の不振馬を激勝させる腕利き・嘉藤貴行厩舎を忘れるな！

一度狙いをつけた馬はしつこく追いかける〝競馬ストーカー〟体質を自負しているが、それが実を結んだひとつがこのレース。ここで待望の初勝利を挙げた⑩セッタレダストは、デビュー前から調教の動きがよく、重い印を打ち続けたものの成績が振るわなかった。

芝からダートへ路線を変えるとタイムオーバーに。追い切りでも走りが悪くなり、自分の見立て違いだったか……と反省をするようになっていた。

しかし、嘉藤貴行厩舎への転厩を機にセッタレダストは生まれ変わる。嘉藤厩舎はこの2022年3月に開業したばかりであったが、他厩舎で伸び悩んでいた移籍馬をよみがえらせ好成績を残していた。もちろん、私もそれには気がついていて、同厩舎の調教を注意深くチェックしていたが、あのセッタレダストがよかったころの動きを取り戻していて驚いた。

そして、嘉藤厩舎での2戦目に選ばれたのが芝1600m。馬本来の適性をしっかり見抜いたこのレース選択に、「やっと適したところへ使ってくれるし、調教の動きも戻っている」と判断した私は何の迷いもなく◎を打ち、紙面のコラム「好球必打」でも推奨。単勝243・7倍（15番人気）の大ホームランをかっ飛ばすことができた。

この日の午後、東京競馬場の広報室を訪れていた嘉藤調教師とパドックへ向かうエレベーターでたまたま一緒になり、4Rのお礼と師への期待を興奮気味に語ってしまった。すると、いつものニコニコ笑

| | | |
|---|---|---|
| 1着◎⑩セッタレダスト | （15番人気） | 単⑩2万4370円 |
| 2着▲⑭セキテイオー | （1番人気） | 複⑩3370円　⑭140円　⑨550円 |
| 3着　⑨パトリックハンサム | （6番人気） | 馬連⑩－⑭2万3390円 |
| | | 馬単⑩→⑭5万4810円 |
| | | 3連複⑨⑩⑭9万1690円 |
| | | 3連単⑩→⑭→⑨107万3990円 |

顔で、「人気も人気でしたし、勝って驚きました」と若きトレーナーは返してくれた。

セッタレダストはそれからも着実に力をつけ、3勝クラスで上位争いができるまでに成長し、自分の眼に狂いはなかったと私に自信を与えてくれた。

次はこの馬が嘉藤厩舎に初重賞をプレゼントしてくれないかな……そんな期待を胸に、この人馬を応援する日々だ。

好球必打

久保木　正則

東京2R　ユイノペニーワイズ

出遅れた前走だが、千四で追走にも苦労した。体型からダートはＯＫ。マイルで巻き返す。

東京4R　セッタレダスト

3月の開業から4勝している嘉藤貴行厩舎は馬の状態を立て直す技術に長けている。調教の動きが良いこの馬も続く。

コラム「好球必打」でセッタレダストを推奨。

## 1150m)=◎⑪グラスボイジャー(13番人気、1着)

# 福島 12

発走 16:30

## 彦星賞(ひこぼし)

(3歳以上・2勝クラス・(混)・定量)

| 枠馬番 | 1 1 白 | 1 2 白 | 2 3 黒 | 2 4 黒 | 3 5 赤 | 3 6 赤 | 4 7 青 | 4 8 青 | 5 9 |
|---|---|---|---|---|---|---|---|---|---|
| 父 | カレンブラックヒル | ヘニーヒューズ | キンシャサノキセキ | ロードカナロア | スターリングローズ | プリサイスエンド | カネヒキリ | ジャスタウェイ | ダイワメジャー |
| 馬名 | カレンリズ | スリーピート | スナークダヴィンチ | シネマトグラフ | (地)スターシード | ショウゲッコウ | シンゼンマックス | レッドモアナ | ジオラマ |
| 母 | カレンコティヤール3勝 | アンケセナーメン0勝 | トップコマチ3勝 | アイランドファッション輸入 | アリアローズ未登録 | スウィープイン0勝 | スプリングシティ輸入 | ワイオラ輸入 | マウンテンエンジェル輸入 |
| (母の父) | (ディープスカイ) | (ブライアンズタイム) | (テイエムオペラオー) | (ペションヴィル) | (ローエングリン) | (スカイメサ) | (シーキングザゴールド) | (サドラーズウェルズ) | (マウントリヴァーモア) |
| 性齢 | 牝4 | 牡4 | 牡4 | 牝4 | 牡6 | 牝4 | 牡5 | 牝5 | 牡8 |
| 毛色 | 栗毛 | 栗毛 | 鹿毛 | 芦毛 | 栗毛 | 鹿毛 | 栗毛 | 栗毛 | 栗毛 |
| 負担重量 | 55 | 57 | 57 | 55 | 57 | 55 | 57 | 55 | 57 |
| 騎手 | (替)田辺 | (替)津村 | (替)岩田望 | 内田博 | (替)武士沢 | (替)戸崎 | 田中勝 | (替)野中 | (替)石橋脩 |
| 騎乗成績 | 0 0 1 0 | 0 0 0 0 | 1 0 1 0 | 1 0 0 0 | 0 0 0 1 | 0 0 0 0 | 0 0 0 1 | 0 0 0 0 | 0 0 0 1 |
| クラス 賞金 | 2勝 900 | 2勝 900 | 2勝 900 | 2勝 900 | 2勝 520 | 2勝 900 | 2勝 900 | 2勝 900 | 2勝 950 |
| 総賞金 | 2233 | 3007 | 2666 | 2180 | 1043 | 2456 | 3660 | 1670 | 6336 |
| 厩舎 | 小林(西) | 上村(西) | 野中(西) | 奥村武(東) | 藤原辰(東) | 杉山佳(西) | 飯田祐(西) | 坂口智(西) | 西園(西) |
| 小木曽大祐 | | | ▲ | ○ | | △ | ◎ | | △ |
| 久保木正則 | | | ▲ | △ | | △ | ○ | | △ |
| 黒津紳一 | △ | | ⟁ | ◎ | | ▲ | △ | | |
| 郡和之 | ○ | △ | | ▲ | | | ◎ | | |
| 中西徹 | | | ○ | ◎ | | ▲ | ⟁ | △ | △ |
| 本紙飯田 | △ | | △ | ◎ | | ⟁ | ▲ | | ○ |
| 馬主名 | 鈴木隆司 | 永井商事(株) | 杉本豊 | 江馬由将 | 谷口祐人 | ヒダカBU | 原司郎 | (株)東京HR | (株)G1R |
| 生産牧場 | (平)びらとり | (新)北星村田 | (浦)宮内牧場 | (安)ノーザン | (新)中央牧場 | (浦)ヒダカフ | (新)アラキフ | (安)ノーザン | (胆)社台ファ |
| 最高時計 前3F | 中京ダ ⑫ | 中京ダ ⑥ | 新ダ 34.3❸ | 中ダ 34.8① | 中ダ 34.3⑬ | 京ダ 34.7⑩ | 新ダ 33.7❶ | 中京ダ 34.5⑥ | 新ダ 33.1① |
| 1150 | …… | 千 ② | …… | …… | 福ダ 1086❼ | 福ダ 1097③ | 福ダ 1101⑦ | …… | …… |
| 1200 | 中ダ 1111 ③ | 中京 1121⑥ | 新ダ 1106❸ | 中ダ 1114① | 中ダ 1131⑬ | 中京ダ 1113⑤ | 新ダ 1109② | 京ダ 1124❽ | 中ダ 1108③ |
| 1400 | 京 ⑪ | …… | 阪ダ 1258❺ | 東芝 1216② | 盛ダ 1278❶ | 京ダ 1235⑩ | 東ダ 1246④ | 京ダ 1242⑭ | 阪ダ 1237❺ |
| 距離別勝利 一五以下 | 0 0 0 2 0 | 0 0 0 2 0 | 0 0 1 1 0 | 0 0 0 2 0 | 0 0 0 5 0 | 0 0 0 2 0 | 0 0 0 2 0 | 0 0 0 2 0 | 0 0 0 3 0 |
| 一六~一七 | 0 0 0 1 0 | 0 0 0 4 0 | 0 1 1 0 0 | 0 0 0 2 0 | 0 0 0 3 0 | 0 0 0 0 0 | 0 0 0 5 0 | 0 0 0 0 0 | 0 0 0 2 0 |
| 一八~二〇 | 0 0 0 1 0 | 0 0 0 1 0 | 0 0 0 2 0 | 0 0 1 1 0 | 0 0 0 4 0 | 0 0 0 3 1 | 0 0 0 1 0 | 0 0 0 1 0 | 0 0 1 7 0 |
| 二一以上 | 0 0 0 7 0 | 0 0 0 8 0 | 0 1 1 3 0 | 0 0 0 2 0 | 0 0 2 17 1 | 0 0 0 8 0 | 0 0 2 10 1 | 0 0 1 12 0 | 0 3 3 17 0 |
| 地方成績 兄弟馬 | カレンラファータ | テンブン | ブルベアセロリ | サトノソルタス | イフェメラ | (公)スマイルヴィオラ | シンゼンドリーム | トレジャーステイト | メイショウコンカー |

良 1.07秒台
重 1.06秒台

| 前走 | 1 カレンリズ | 2 スリーピート | 3 スナークダヴィンチ | 4 シネマトグラフ | 5 スターシード | 6 ショウゲッコウ | 7 シンゼンマックス | 8 レッドモアナ | 9 ジオラマ |
|---|---|---|---|---|---|---|---|---|---|
| ① | 1中京⑩ 1.31 | 6阪⑥ 12.20 | 5阪⑨ 11.29 | 4新① 10.10 | 2福② 7.5 | 1阪⑧ 3.7 | 5阪④ 11.15 | 3中京① 12.5 | 1中京① 1.5 |
| ② | 1勝(特指) 1 | 高砂2勝定量 7 | 2勝(混) 12 | 朝日岳1勝定量 11 | さくらんぼ2勝定量 11 | 2勝(混) 3 | ドンカス2勝ハンデ 2 | 1勝牝(特指) 8 | 2勝(特指) 10 |
| ③ | 千二ダ1130 | 千二ダ1126 | 千八ダ1548 | 千二内1103 | 千二芝1106 | 千二ダ1121 | 千二ダ1119 | 千二ダ1131 | 千二ダ1131 |
| ④ | 438Ⓗ0.1 | 510Ⓗ0.6 | 474Ⓗ2.3 | 452Ⓗ1.0 | 474Ⓗ1.3 | 468Ⓗ0.3 | 488Ⓗ0.0 | 450Ⓗ0.6 | 536Ⓗ0.8 |
| ⑤ | 54松山 | 56酒井学 | 55小崎 | 53蛯名 | 57村田 | 55中井 | 54坂井瑠 | 55藤懸 | 57福永 |
| ⑥ | 16ト14番2人 | 16ト4番5人 | 13ト1番2人 | 14ト5番1人 | 14ト13番14人 | 16ト10番6人 | 14ト7番7人 | 16ト6番10人 | 16ト14番7人 |
| ⑦ | ⑥④④35.5 | ⑦⑦⑦35.4 | ③③④37.1 | ⑤④④34.3 | 中位下36.3 | ⑯⑮⑮36.7 | ⑥⑤④35.6 | ⑭⑭⑭36.7 | ④④④35.5 |
| ⑧ | 好位抜37.5 | 中位詰37.2 | 好位下41.1 | 好位下36.0 | Ⓒペイシャド | 後方伸35.4 | 好位伸36.3 | 後方詰36.4 | 好位下37.6 |
| ⑨ | ベストチャー | サイクロトロ | アサカディス | シト・パカ | 6ヵ月半休放牧 | ピアシック | イッシン | ロゼキルシュ | コウユークロ |

| 2走前 | 1 カレンリズ | 2 スリーピート | 3 スナークダヴィンチ | 4 シネマトグラフ | 5 スターシード | 6 ショウゲッコウ | 7 シンゼンマックス | 8 レッドモアナ | 9 ジオラマ |
|---|---|---|---|---|---|---|---|---|---|
| ① | 1阪③ 2.20 | 1中京⑤ 1.16 | 2小① 2.13 | 3中京③ 12.12 | 1中❽ 1.24 | 1阪⑪ 3.20 | 6阪① 12.5 | 1阪② 2.14 | 1阪⑧ 3.7 |
| ② | 2勝(特指) 12 | 2勝(混) 6 | 和布刈2勝定量 9 | 1勝(混) 10 | 2勝(混) 13 | 2勝(混) 7 | 2勝(特指) 11 | 1勝(混) 3 | 2勝(混) 2 |
| ③ | 千二ダ1136 | 千二ダ1121 | 千七ダ1463 | 千四芝1217 | 千二ダ1131 | 千二ダ1124 | 千二ダ1130 | 千二ダ1128 | 千二ダ1120 |
| ④ | 436Ⓗ1.5 | 512Ⓗ0.3 | 484Ⓜ1.5 | 456Ⓗ1.4 | 490Ⓗ2.3 | 466Ⓜ1.1 | 496Ⓗ0.7 | 452Ⓗ0.2 | 534Ⓗ0.2 |
| ⑤ | 55松山 | 56福永 | 56小崎 | 54吉田隼 | 57武士沢 | 55藤岡佑 | 57武豊 | 54森裕 | 57福永 |
| ⑥ | 16ト15番10人 | 14ト10番4人 | 16ト9番5人 | 18ト1番4人 | 16ト4番16人 | 16ト16番2人 | 16ト6番2人 | 12ト9番4人 | 16ト16番9人 |
| ⑦ | ⑩⑪⑫35.9 | ④④④35.4 | 好位下38.5 | 逃一杯36.5 | ⑦⑧⑩34.3 | ④⑫⑨36.6 | 中位下37.2 | ⑦⑦⑦36.4 | ⑩⑪⑩36.2 |
| ⑧ | 出遅不37.7 | 好位儘36.7 | メイショウヨ | リレーション | 中位下38.8 | 後方詰35.8 | ジョーフォレ | 中位伸36.4 | 中位伸35.8 |
| ⑨ | マティアス | シゲルオトメ | 3ヵ月休放牧 | 4ヵ月休放牧 | ナイトブリー | デンコウリジ | 5ヵ月休放牧 | フラミンゴフ | ピアシック |

| 3走前 | 1 カレンリズ | 2 スリーピート | 3 スナークダヴィンチ | 4 シネマトグラフ | 5 スターシード | 6 ショウゲッコウ | 7 シンゼンマックス | 8 レッドモアナ | 9 ジオラマ |
|---|---|---|---|---|---|---|---|---|---|
| ① | 3中⑦ 4.17 | 1中京⑪ 2.6 | 2新❻ 5.23 | 3中⑥ 4.11 | 2小❺ 2.27 | 3中京⑦ 5.29 | 3中京① 5.8 | 1阪⑧ 3.7 | 2阪② 3.28 |
| ② | 2勝牝(特指) 3 | 2勝(混) 13 | 火打山2勝定量 3 | 1勝牝(特指) 1 | 早鞆2勝定量 16 | 2勝(混) 5 | 2勝(混) 8 | 1勝牝(特指) 1 | 2勝(混) 12 |
| ③ | 千二ダ1118 | 千二ダ1134 | 千二ダ1106 | 千二ダ1114 | 千七ダ1458 | 千二ダ1113 | 千二ダ1118 | 千二ダ1132 | 千二ダ1130 |
| ④ | 438Ⓗ0.3 | 512Ⓜ1.8 | 488Ⓗ0.2 | 468Ⓗ0.4 | 486Ⓜ2.8 | 464Ⓜ0.6 | 490Ⓗ0.4 | 448Ⓜ0.2 | 532Ⓜ1.6 |
| ⑤ | 55田辺 | 57小崎 | 57小崎 | 55内田博 | 57丹内 | 55中井 | 57武豊 | 55森裕 | 57藤岡康 |
| ⑥ | 16ト1番8人 | 16ト11番5人 | 15ト9番5人 | 15ト12番2人 | 16ト10番13人 | 15ト9番8人 | 16ト1番2人 | 14ト10番1人 | 16ト16番6人 |
| ⑦ | ⑤③③34.8 | ⑥⑥⑦36.1 | ⑥⑤⑤34.3 | ③②②34.8 | ⑩⑪⑯37.6 | ⑨⑨⑧35.5 | ⑧⑦⑥34.5 | ⑭⑭⑭37.4 | ⑭⑭⑬36.4 |
| ⑧ | 好位伸37.0 | 中位下37.3 | 好位伸36.3 | 先抜出36.6 | 中位下38.1 | 中位詰35.8 | 中位儘37.3 | 後追鋭35.8 | 後方儘36.6 |
| ⑨ | ラフィンクロ | サイモンハロ | パーティナシ | デルマシャン | ホッコーアカ | アサカディオ | ラホーヤノキ | メイショウミ | モズダッシュ |

| 4走前 | 1 カレンリズ | 2 スリーピート | 3 スナークダヴィンチ | 4 シネマトグラフ | 5 スターシード | 6 ショウゲッコウ | 7 シンゼンマックス | 8 レッドモアナ | 9 ジオラマ |
|---|---|---|---|---|---|---|---|---|---|
| ① | 3中京① 5.8 | 5ヵ月 | 4中京④ 6.13 | 3ヵ月 | 4ヵ月半 | 4中京④ 6.13 | 3東⑦ 6.26 | 2阪⑩ 4.25 | 4中京④ 6.13 |
| ② | 2勝(混) 12 | 休養 | 恵那2勝定量 4 | 休養 | 休養 | 恵那2勝定量 5 | 清里2勝定量 4 | 2勝(混) 10 | 恵那2勝定量 3 |
| ③ | 千二ダ1123 | 仕上がり8分 | 千二ダ1117 | 仕上がり9分 | 仕上がり9分 | 千二ダ1119 | 千四ダ1246 | 千二ダ1127 | 千二ダ1116 |
| ④ | 434Ⓗ0.9 | 転厩 | 486Ⓜ0.6 | 放牧 | 笹針 | 462Ⓜ0.8 | 482Ⓗ0.4 | 440Ⓜ1.1 | 534Ⓜ0.5 |
| ⑤ | 55福永 | 放牧 | 57福永 | 調整 | 放牧 | 55荻野極 | 57田中勝 | 55藤懸 | 57幸 |
| ⑥ | 16ト8番3人 | 鉄砲成績 | 15ト12番1人 | 鉄砲成績 | 鉄砲成績 | 15ト8番5人 | 16ト7番13人 | 16ト4番9人 | 15ト2番10人 |
| ⑦ | ④⑤⑤34.2 | 0 1 0 1 | ⑤⑤⑥35.4 | 1 1 2 1 | 2 1 0 2 | ⑫⑦⑨35.7 | ④④④35.2 | ⑮⑬⑬36.1 | ⑨⑪⑪35.9 |
| ⑧ | 好位下38.1 | 2走目成績 | 決手欠36.3 | 2走目成績 | 2走目成績 | 中位詰36.2 | 外回る37.1 | 後方儘36.6 | イン伸35.7 |
| ⑨ | ラホーヤノキ | 0 0 1 1 | ジゲン | 1 1 0 1 | 1 1 0 2 | ジゲン | フジノタカネ | エンプティチ | ジゲン |

〔成績の見方〕

① 2東⑫ 5.29
② ダービーG I 定量 1
③ 二四芝2240
④ 502Ⓜ0.0
⑤ 57川田
⑥ 18ト3番3人
⑦ ⑧⑧⑧37.0
⑧ 中位伸33.3
⑨ サトノダイヤ

①場所(馬場状態)月日
②競走名 条件 着順
③距離 時計
④体重 ペース 秒差
⑤負担重量 騎手
⑥頭数 枠順 人気
⑦通過順 前半3F
⑧短評 後半3F
⑨1着または2着馬名

※ペースの表記
Ⓢ…スローペース
Ⓜ…平均ペース
Ⓗ…ハイペース

※通過順の○数字は不利を示す。

※後半3Fの太字はメンバー中最速であったことを示す。

馬場状態: 不 重 稍 良

| 賞金(万円) | |
|---|---|
| ① | 1500 |
| ② | 600 |
| ③ | 380 |
| ④ | 230 |
| ⑤ | 150 |

## 穴六番●2021年7月11日・福島12R彦星賞（3歳上2勝クラス、ダ

### 久保木正則の印

◎⑪グラスボイジャー
○⑦シンゼンマックス
▲③スナークダヴィンチ
△⑭グランマリアージュ
△④シネマトグラフ
△⑥ショウゲッコウ
△⑨ジオラマ

| 16 桃8 | 15 | 14 橙7 | 13 | 12 緑6 | 11 | 10 黄 |
|---|---|---|---|---|---|---|
| キングカメハメハ<br>アスカリ<br>フィロンルージュ 1勝<br>（フレンチデピュティ）<br>栗毛 騸5 | ハービンジャー<br>グローサーベア<br>シュテルンターラー 4勝<br>（ネオユニヴァース）<br>芦毛 騸4 | スウェプトオーヴァーボード<br>グランマリアージュ<br>ラヴアズギフト 0勝<br>（ティズナウ）<br>鹿毛 牝4 | キンシャサノキセキ<br>アイティナリー<br>アンファミーユ 0勝<br>（メダグリアドーロ）<br>黒鹿毛 牡4 | キンシャサノキセキ<br>カイルアコナ<br>コナブリュワーズ 4勝<br>（キングカメハメハ）<br>鹿毛 牝4 | カネヒキリ<br>グラスボイジャー<br>グラスブロード 0勝<br>（フサイチペガサス）<br>黒鹿毛 騸5 | ホワイトマズル<br>ナムラブル<br>トップレディスター 2勝<br>（サンデーサイレンス）<br>鹿毛 牡5 |
| 57 B | 57 | 55 | 57 B | 55 | 57 B | 57 |
| 替藤田菜<br>0 1 0 1 | 替石川裕<br>0 0 0 0 | 替丸 山<br>0 0 0 0 | 替武 藤<br>0 0 0 0 | 替吉田隼<br>0 2 0 1 | 木幡巧<br>2 1 0 12 | 替丸 田<br>1 0 2 3 |
| 2勝 900 | 2勝 900 | 2勝 900 | 2勝 900 | 2勝 900 | 2勝 900 | 2勝 900 |
| 2370 | 1771 | 3111 | 1801 | 3791 | 地元馬主 2030 | 1900 |
| 西 園 西 | 矢野英 東 | 牧 浦 西 | 河 内 西 | 高橋忠 西 | 牧 東 | 石 栗 東 |
| …<br>…<br>△<br>△<br>△<br>… | …<br>…<br>…<br>…<br>…<br>… | △<br>▲<br>…<br>…<br>…<br>… | ▲<br>…<br>○<br>▲<br>…<br>△ | △<br>…<br>…<br>△<br>…<br>… | …<br>◎<br>…<br>…<br>…<br>… | …<br>…<br>…<br>…<br>△<br>… |
| 吉田勝己 | 有社台RH | グリーンF | 株ノースヒルズ | サンデーR | 半 沢 有 | 奈村信重 |
| 安ノーザン | 園社台ファ | 那那須野牧 | 新株ノース | 安ノーザン | ひ静内フジ | ひ森 政 巳 |
| 新ダ 34.2④<br>福ダ 1089①<br>新ダ 1119④<br>阪ダ 1262⑩ | 中ダ 34.1①<br>……<br>中ダ 1118⑥<br>東ダ 1252③ | 新ダ 33.8⑬<br>……<br>新ダ 1106①<br>京ダ 1272② | 小ダ 33.7①<br>千ダ 58.0①<br>中京ダ 1115❻<br>美芝 1383⑫ | 阪ダ 35.2①<br>……<br>阪ダ 1122①<br>阪芝 1212② | 中 1 3.8⑤<br>千直 5.9⑨<br>中ダ .12①<br>東ダ 260⑯ | 中ダ 33.8❸<br>福ダ 1094⑦<br>新ダ 1111❺<br>東ダ 1251⑥ |
| 0 0 0 2 1<br>0 0 0 2 1<br>0 0 0 3 1<br>0 0 0 13 2 | 0 0 0 2 0<br>0 0 0 0 0<br>0 1 0 2 0<br>0 2 2 5 0 | 0 0 0 2 0<br>0 0 0 2 0<br>0 0 0 2 0<br>0 0 0 5 0 | 0 0 0 2 0<br>0 0 0 2 0<br>0 0 0 0 0<br>0 0 1 4 0 | 0 0 0 2 0<br>0 0 0 4 0<br>0 0 0 1 0<br>0 0 0 6 0 | 0 0 0 2 0<br>0 0 0 1 0<br>0 0 0 0 0<br>0 1 2 12 0 | 0 0 0 2 0<br>0 0 0 0 0<br>0 0 0 2 0<br>0 2 5 6 1 |
| プレシャスルージュ | グヴィアズダ | エフハリスト | オーホンブリック | サドルロード | グラスエトワール | ニライジンク |
| 3福⑥11.15<br>1勝混 1<br>三ダ1089<br>502H0.9<br>56富 田<br>16ト16番1人<br>先抜出36.6<br>Bアンビル<br>3ヵ月休放牧 | 5中⑥12.20<br>1勝混 1<br>三ダ1121<br>474H0.2<br>56横山武<br>16ト10番4人<br>⑩⑦⑥34.1<br>中位差38.0<br>ヒ ロ ミ | 4新④10.18<br>妙高2勝定量 11<br>三ダ1126<br>462H2.1<br>53津 村<br>15ト6番3人<br>先一杯38.6<br>ガ ン ケ ン<br>3ヵ月休放牧 | 2小⑦9.5<br>未勝利混 1<br>千ダ58.9<br>494H0.1<br>56松 山<br>13ト6番1人<br>逃切る36.2<br>Bメイショウ<br>5ヵ月半休放牧 | 1中京③1.10<br>1勝牝定量 2<br>三ダ1125<br>456H0.2<br>54松 山<br>16ト14番1人<br>④③③35.4<br>好位伸37.1<br>ジャスパーイ | 1中①1.5<br>2勝混 4<br>三ダ1121<br>546H0.3<br>57木幡巧<br>16ト14番11人<br>②②②35.1<br>先一息37.0<br>Bカバジェー | 2中❻3.14<br>1勝牝定量 3<br>三ダ1118<br>494H0.1<br>57丸 田<br>16ト12番8人<br>③③③33.8<br>好位粘38.0<br>サイヤダンサ |
| 1中京⑪2.6<br>2勝混 9<br>三ダ1129<br>510M1.3<br>57松 山<br>16ト10番3人<br>②②②35.6<br>先一杯37.3<br>Bサイモンハ | 1中①1.5<br>2勝混 12<br>三ダ1126<br>474H0.8<br>56横山武<br>16ト1番6人<br>⑮⑮⑬36.3<br>後方儘36.3<br>カバジェーロ | 1小①1.16<br>小郡2勝ハンデ 12<br>三芝1089<br>464H1.5<br>54団 野<br>18ト4番3人<br>好位下35.6<br>タマモティー<br>3ヵ月休放牧 | 2小③2.20<br>1勝混 1<br>千ダ58.0<br>508H0.3<br>57鮫島駿<br>14ト7番2人<br>④①①22.7<br>逃切る35.3<br>Bコズミック | 1阪⑪3.20<br>1勝牝定量 1<br>三ダ1122<br>458H0.0<br>55松 山<br>11ト11番1人<br>③②②35.2<br>二位抜37.0<br>アマービレ | 1中⑤1.16<br>頌春2勝定量 5<br>三ダ1122<br>552H0.8<br>57木幡巧<br>16ト16番4人<br>①①①33.8<br>逃一息38.4<br>Bマローネメ | 3中①3.27<br>1勝牝定量 1<br>三ダ1127<br>498H0.0<br>57丸 田<br>15ト6番3人<br>⑩⑧⑦36.1<br>G前鋭36.6<br>フ ロ イ デ |
| 1新❹4.18<br>角田浜2勝定量 14<br>三ダ1129<br>504H2.4<br>57富 田<br>15ト2番10人<br>⑬⑮⑮34.6<br>出遅不38.3<br>Bシンシティ | 2中④3.7<br>2勝混 6<br>三ダ1118<br>470H0.3<br>57岩田康<br>16ト13番7人<br>⑬⑬⑫35.3<br>後方詰36.5<br>ロイヤルパロ | 1新❹4.18<br>角田浜2勝定量 13<br>三ダ1126<br>476H2.1<br>55西村淳<br>15ト10番7人<br>⑨⑩⑪33.8<br>中位下38.8<br>シンシティ | 2中京❷3.14<br>伊良湖2勝定量 6<br>三ダ1115<br>512H0.9<br>57酒井学<br>15ト4番7人<br>②①①33.8<br>逃一杯37.7<br>Bクインズヴ | 3中⑦4.17<br>2勝牝馬 10<br>三ダ1124<br>448H0.9<br>55横山武<br>16ト10番4人<br>⑬⑫⑪35.5<br>出遅不36.9<br>ラフィンクロ | 1東②1.31<br>2勝混 16<br>西ダ1260<br>542M1.7<br>57木幡巧<br>16ト16番12人<br>先行下38.3<br>Bプロヴィデ<br>3ヵ月休放牧 | 1新❹4.18<br>角田浜2勝定量 5<br>三ダ1111<br>504H0.6<br>57丸 田<br>15ト3番11人<br>⑪⑩⑨33.8<br>後方詰37.3<br>シンシティ |
| 3ヵ月<br>休養<br>仕上がり8分<br>放牧<br>調整<br>鉄砲成績<br>1 0 1 4<br>2走目成績<br>0 2 0 4 | 2東③5.1<br>2勝混 13<br>三ダ1195<br>466M1.5<br>57武 藤<br>16ト8番10人<br>…⑮⑩36.7<br>出遅不37.0<br>ナイスプリン | 3ヵ月<br>休養<br>仕上がり8分<br>放牧<br>調整<br>鉄砲成績<br>2 0 0 2<br>2走目成績<br>0 2 0 0 | 4ヵ月<br>休養<br>仕上がり8分<br>放牧<br>調整<br>鉄砲成績<br>1 1 0 2<br>2走目成績<br>0 1 0 2 | 3ヵ月<br>休養<br>仕上がり8分<br>放牧<br>調整<br>鉄砲成績<br>1 0 0 2<br>2走目成績<br>0 0 1 2 | 2東③5.1<br>2勝混 16<br>三ダ1200<br>540M2.0<br>57木幡巧<br>16ト14番12人<br>…③③35.5<br>先一杯38.3<br>Bナイスプリ | 2東⑤5.8<br>2勝牝定量 6<br>西ダ1251<br>498M0.9<br>57戸 崎<br>16ト7番6人<br>③④④35.8<br>好位儘37.3<br>シゲルタイタ |

## 穴六番●2021年7月11日・福島12R彦星賞（3歳上2勝クラス、ダ1150m）
## 最終の大逆転！　右回りなら走る――連続16着馬の適性を見抜いて13番人気、単勝45・6倍を仕留める！

馬によってコースの得手、不得手があるのは広く知られているが、右回りと左回りでパフォーマンスに大きな差が出る馬も存在する。それを根拠に好配当を的中できたのが、この彦星賞。

このレースがキャリア19戦目の⑪グラスボイジャーは、それまでに左回りを5戦して最高着順が9着。とにかく左回りは苦手で、それを象徴するかのように東京の近2走は舌を出して走り、ともにシンガリ負け。

そのために彦星賞当日は13番人気と伏兵以下の扱いになるのだが、2勝クラスに昇級してから3着以内こそないものの、右回りのダート1200mでは常に小差。そこに目をつけ、福島1150mに替わる今回は、変わり身があると判断した。

それだけではなく、この舞台で有利な逃げ脚質で、馬主の半沢さんは地元・福島の大馬主。本命にする材料がさらに見つかり、それなりに自信を持って◎を打った。

この日のメインは七夕賞で、グリーンチャンネルのパドック解説をこなしながら馬券を買っていたが、担当レースの結果が芳しくなく意気消沈していた。その流れで迎える最終レースだから、気持ちも下降気味。スタジオとのクロストークでは、「資金も少ないので、弱気ですが複勝を買います」と宣言したが……その後、半ばヤケクソで一気に負けを取り返すべく単勝に切り替えた。

木幡巧也騎手が出ムチを入れ、それに応えて渾身の逃げを打ったグラスボイジャー。残り150mあ

| | |
|---|---|
| 1着◎⑪グラスボイジャー（13番人気） | 単⑪ 4560円 |
| 2着　②スリーピート　（8番人気） | 複⑪ 960円　② 450円　① 350円 |
| 3着　①カレンリズ　（5番人気） | 馬連②－⑪3万5220円 |
| | 馬単⑪→②5万8490円 |
| | 3連複①②⑪ 12万2380円 |
| | 3連単⑪→②→① 94万8940円 |

前4走、3走の中山ダート1200m戦では4着、5着と逃げ先行して好走。前走、前2走の東京戦（左回り）とはまったく異なる成績を残していたグラスボイジャー。近走着順にばかり目を奪われると、こういった穴馬を見逃すことになる。

たりで②スリーピートに差されそうになったが、そこから二枚腰で逃げ切り勝ち。2着馬が無印で単複以外は的中とならなかったが、単勝45・6倍に◎は胸を張っていいでしょう（笑）。

クロストークの後、グラスボイジャーの単勝オッズが半分くらいに下がり、また盛り返して先述の数字に落ち着くのだが、オッズの変動を見て責任を感じ、それを果たせたことも的中の喜びを倍増させてくれた。

夏のみちのく路における会心レースだ。

# ＝◎⑥スルーセブンシーズ（10番人気、２着）

阪神 11 発走 15：40

第64回 宝塚記念（GI）（3歳以上・オープン・(国際)(指定)・定量）

| 枠馬番 | 1白 ① | 1白 ② | 2黒 ③ | 2黒 ④ | 3 ⑤ | 3 ⑥ | 4 ⑦ | 4 ⑧ | 5黄 ⑨ | 5黄 ⑩ |
|---|---|---|---|---|---|---|---|---|---|---|
| 父 | オルフェーヴル | トゥザグローリー | ジャスタウェイ | キングカメハメハ | キタサンブラック | ドリームジャーニー | ディープインパクト | エイシンフラッシュ | ディープインパクト | キズナ |
| 馬名 | ライラック | カラテ | ダノンザキッド | ボッケリーニ | イクイノックス | スルーセブンシーズ | プラダリア | ヴェラアズール | ジャスティンパレス | ディープボンド |
| 母 | ヴィーヴァブーケ1勝 | レディーノパンチ未出走 | エピックラヴ輸入 | ポップコーンジャズ1勝 | シャトーブランシュ4勝 | マイティースルー4勝 | シャッセロール3勝 | ヴェラブランカ2勝 | パレスルーマー輸入 | ゼフィランサス3勝 |
| (母の父) | (キングカメハメハ) | (フレンチデピュティ) | (ダンシリ) | (ダンスインザダーク) | (キングヘイロー) | (クロフネ) | (クロフネ) | (クロフネ) | (ロイヤルアンセム) | (キングヘイロー) |
| 毛色 性齢 | 鹿毛 牝4 | 黒鹿毛 牡7 | 鹿毛 牡5 | 栗毛 牡7 | 青鹿毛 牡4 | 鹿毛 牝5 | 鹿毛 牡4 | 青毛 牡6 | 青鹿毛 牡4 | 青鹿毛 牡6 |
| 負担重量 | 56 | 58 | 58 | 58 | 58 | 56 | 58 | 58 | 58 | 58 |
| 騎手 | Mデムーロ | 菅原明 | (替)北村友 | 浜中 | ルメール | (替)池添 | (替)菱田 | (替)松山 | (替)鮫島駿 | 和田竜 |
| 騎乗成績 | 2104 | 6218 | 1201 | 2504 | 5200 | 0000 | 0000 | 1001 | 1010 | 4517 |
| クラス 賞金 | オープン 4850 | オープン 12200 | オープン 14610 | オープン 14300 | オープン 62240 | オープン 4400 | オープン 3100 | オープン 25750 | オープン 19350 | オープン 27600 |
| 総賞金 | 10724 | 25832 | 44286 | 35879 | 重賞入賞 126549 | 重賞入賞 10264 | 12069 | 54968 | 43466 | 64591 |
| 厩舎 | 相沢(東) | 辻野(西) | 安田隆(西) | 池江寿(西) | 木村(東) | 尾関(東) | 池添学(西) | 渡辺(西) | 杉山晴(西) | 大久龍(西) |
| 小木曽大祐 | △ | … | ◬ | … | ◎ | △ | … | … | ▲ | … |
| 久保木正則 | … | ◬ | … | ▲ | ◎ | ◎ | … | △ | △ | △ |
| 黒津紳一 | … | △ | △ | … | ◎ | ◬ | … | … | ▲ | … |
| 郡和之 | … | … | △ | … | ◎ | … | … | △ | ▲ | △ |
| 中西徹 | … | △ | ◬ | △ | ◎ | △ | … | △ | ◎ | … |
| 本紙 | … | … | △ | … | ◎ | … | … | △ | ▲ | △ |
| 馬主名 | 芹澤精一 | 小田切光 | (株)ダノックス | 金子真人HD(株) | (有)シルクレーシ | キャロットF | 名古屋友豊(株) | キャロットF | 三木正浩 | 前田晋二 |
| 生産牧場 | (浦)杵臼牧場 | (新)中地康弘 | (安)ノーザン | (安)ノーザン | (安)ノーザン | (安)ノーザン | (新)オリエン | (白)白老F | (安)ノーザン | (新)村田牧場 |
| 最1800 | 東芝1501① | 中芝1468② | 東芝1443③ | 小芝1455② | 東芝…52① | 中芝…① | …… | 阪ダ1521❸ | …… | …… |
| 高2000 | 阪芝1594⑩ | 東芝1582⑥ | 阪芝1574③ | 阪芝1591① | 東芝…75① | 中…② | 中京芝2027② | 阪ダ2084② | 中…⑨ | 京芝2011① |
| 時2200 | 阪芝2133❷ | 中京芝2155[7] | …… | 中芝2130③ | …… | 中…③ | 阪芝2115③ | 三ダ2114③ | 中芝…① | 阪芝2103④ |
| 計2400 | 東芝2254① | 東芝2244⑧ | …… | 阪芝2247[2] | 東芝…19② | 東…⑨ | 東芝2228⑤ | 東芝2237① | 東…⑨ | 東芝2250⑤ |

3 2 1

| 走 | ① ライラック | ② カラテ | ③ ダノンザキッド | ④ ボッケリーニ | ⑤ イクイノックス | ⑥ スルーセブンシーズ | ⑦ プラダリア | ⑧ ヴェラアズール | ⑨ ジャスティンパレス | ⑩ ディープボンド |
|---|---|---|---|---|---|---|---|---|---|---|
| 1 | 4中①9.10 紫苑 G馬 III齢 3 二〇内2000 434Ⓢ0.1 54戸崎 12ト8番6人 [8][10][6]37.0 中位伸34.6 スタニングロ | 3新⑧9.4 新潟記念 Gハ III手 1 二〇外1589 532Ⓢ0.3 575菅原明 18ト6番10人 [6][7][7]37.2 直抜出33.3 ユーキャンス | 5阪⑥11.20 マイルC G定 I量 2 一六外1327 530Ⓢ0.2 57北村友 17ト3番8人 [6][7][9]36.0 直中伸33.5 セリフォス | 4阪[3]10.10 京都大賞 G別 II定 2 二四外2247 472Ⓢ0.4 57浜中 14ト2番1人 [5][6][7]37.2 一旦先33.8 ヴェラアズー | 2東⑫5.29 ダービー G定 I量 2 二四芝2219 484Ⓜ0.0 57ルメール 18ト18番2人 後方伸33.6 ドウデュース 5ヵ月休放牧 | 3阪②6.19 マーメイ Gハ III手 10 二〇内1596 446Ⓜ1.3 52秋山真 16ト1番2人 [12][14][12]37.3 外回る35.3 ウインマイテ | 5中京⑦9.25 神戸新聞 G馬 II齢 8 二二芝2122 456Ⓢ1.1 56池添 17ト14番2人 ⑦[8][7]35.8 中位儘35.2 ジャスティン | 4阪[3]10.10 京都大賞 G別 II定 1 二四外2243 518Ⓢ0.4 56松山 14ト10番2人 ⑩[11][10]38.0 G前鋭33.2 ボッケリーニ | 5中京⑦9.25 神戸新聞 G馬 II齢 1 二二芝2111 452Ⓢ0.6 56鮫島駿 17ト7番5人 [5][4][3]35.4 好位抜34.4 ヤマニンゼス | 3阪④6.26 宝塚記念 G定 I量 4 二二内2103 502Ⓗ0.6 58和田竜 17ト15番3人 好位粘36.6 タイトルホル 3ヵ月休放牧 |
| 2 | 4阪⑤10.16 秋華 G馬 I齢 10 二〇内1594 432Ⓜ0.8 55Mデムーロ 16ト2番6人 [16][16][16]37.9 殿差詰33.9 スタニングロ | 4東⑨10.30 天皇 G定 I量 6 二〇芝1582 528Ⓗ0.7 58菅原明 15ト2番9人 [7][7][9]36.0 内々回33.4 イクイノック | 香港12.11良 シャティン 香港カップ G I 2 二〇芝2004 521Ⓜ0.7 57北村友 ⑧[9][9] 6人 12ト後方伸 ロマンチック | 5東⑧11.27 ジャパン G定 I量 17 二四芝2257 458Ⓢ2.0 57浜中 18ト18番9人 [6][5][4]36.8 好位下35.9 ヴェラアズー | 4東⑨10.30 天皇 G定 I量 1 二〇芝1575 488Ⓗ0.1 56ルメール 15ト7番1人 [10][10][9]36.2 中位鋭32.7 パンサラッサ | 3新[3]8.20 日本海 3勝 定量 2 二二内2144 454Ⓢ0.0 55戸崎 13ト10番3人 中位伸34.5 ロバートソン 5ヵ月休脚不 | 4阪⑦10.23 菊花 G馬 I齢 7 三〇内3036 458Ⓗ1.2 57池添 18ト3番5人 中位詰37.2 アスクビクタ 3ヵ月休放牧 | 5東⑧11.27 ジャパン G定 I量 1 二四芝2237 518Ⓢ0.1 57ムーア 18ト6番3人 [9][10][10]36.9 イン伸33.7 シャフリヤー | 4阪⑦10.23 菊花 G馬 I齢 3 三〇内3025 452Ⓗ0.1 57鮫島駿 18ト17番4人 [6][6][4]35.9 中位伸36.5 アスクビクタ | 仏国10.2重 パリロンシャン 凱旋門賞 18 二四芝2428 GI Ⓗ7.1 595川田 20トジリ下 アルピニスタ 3ヵ月休放牧 |
| 3 | 5阪❹11.13 エリザベ G定 I量 2 二二内2133 438Ⓜ0.3 54Mデムーロ 18ト15番12人 外伸る35.5 ジェラルディ 4ヵ月半休放牧 | 5東⑧11.27 ジャパン G定 I量 8 二四芝2244 536Ⓢ0.7 57菅原明 18ト11番13人 中位儘34.5 ヴェラアズー 5ヵ月休放牧 | 2中②2.26 中山記念 G別 II定 11 一八内1482 524Ⓢ1.1 57北村友 14ト1番2人 [3][4][5]36.8 好位下36.1 ヒシイグアス | 5中⑧12.25 有馬記念 G定 I量 11 二五内2345 468Ⓢ2.1 57浜中 16ト14番14人 好位下37.5 イクイノック 3ヵ月休放牧 | 5中⑧12.25 有馬記念 G定 I量 1 二五内2324 492Ⓢ0.4 55ルメール 16ト9番1人 [9][6][3]37.1 直抜出35.4 ボルドグフー | 1中[7]1.21 初富士 3勝 ハンデ 1 二〇内2010 444Ⓢ0.2 56バシュロ 14ト6番2人 [8][8][6]38.1 中位差35.1 ルドヴィクス | 1中京[6]1.15 日経新春 Gハ II手 3 二二芝2143 464Ⓢ0.1 56松山 14ト12番4人 [5][8][10]36.9 外伸る34.8 ヴェルトライ | 5中⑧12.25 有馬記念 G定 I量 10 二五内2341 518Ⓢ1.7 57松山 16ト6番4人 [11][11][9]37.4 後方儘36.8 イクイノック | 5中⑧12.25 有馬記念 G定 I量 7 二五内2335 456Ⓢ1.1 55マーカンド 16ト10番7人 先行下36.6 イクイノック 3ヵ月休放牧 | 5中⑧12.25 有馬記念 G定 I量 8 二五内2336 504Ⓢ1.2 57川田 16ト16番8人 先行下36.8 イクイノック 3ヵ月休放牧 |
| 4 | 3中❶3.25 日経賞 G別 II定 4 二五内2383 434Ⓜ1.5 54Mデムーロ 12ト4番3人 ⑫[11][7]39.8 後方詰36.9 タイトルホル | 1新❹5.7 新潟大賞 Gハ III手 1 二〇外2038 534Ⓜ0.1 59菅原明 16ト2番5人 [4][5][5]36.6 好位差36.0 セイウンハー | 2阪④4.2 大阪杯 G定 I量 3 二〇内1574 530Ⓜ0.0 58横山和 16ト13番10人 [4][4][3]36.2 好位伸35.0 ジャックドー | 3中❶3.25 日経賞 G別 II定 2 二五内2381 466Ⓜ1.3 58浜中 12ト6番5人 [7][7][5]38.2 中位伸37.0 タイトルホル | ドバイ3.25良 メイダン ドバイシーマクラ 1 二四芝2256 GI Ⓢ0.7 565ルメール [1][1][1] 1人 10ト楽逃切 ウエストオー | 2中⑤3.11 中山牝馬 Gハ III手 1 一八内1465 448Ⓢ0.2 54ルメール 14ト8番2人 [9][8][5]37.5 中位抜33.8 ストーリア | 1阪②2.12 京都記念 G別 II定 3 二二内2115 466Ⓜ0.6 57池添 13ト8番4人 好位伸34.9 ドウデュース 3ヵ月半休放牧 | ドバイ3.25良 メイダン ドバイワールドC 13 二〇ダ2125 GI Ⓗ9.3 57Cデムーロ [9][6][11] 7人 15トジリ下 ウシュバテソ | 1阪⑫3.19 阪神大賞 G別 II定 1 三〇内3061 472Ⓢ0.3 57ルメール 14ト3番2人 [3][2][2]39.0 直抜出34.2 ボルドグフー | 1阪⑫3.19 阪神大賞 G別 II定 5 三〇内3066 514Ⓢ0.5 58和田竜 14ト13番3人 [2][2][2]38.8 先一息34.7 ジャスティン |
| 5 | 2東⑫5.28 目黒記念 Gハ II手 9 二五芝2314 438Ⓢ0.6 56Mデムーロ 18ト4番5人 [14][13][14]38.1 後方詰34.1 ヒートオンビ | 3阪①6.3 鳴尾記念 G別 III定 9 二〇内1596 538Ⓜ0.5 57菅原明 15ト2番4人 [4][4][5]36.2 決手欠35.8 ボッケリーニ | 香港4.30良 シャティン クイーンエリザベスI G 5 二〇芝2027 534Ⓢ0.8 57ホー [4][4][4] 5人 7ト決手欠 ロマンチック | 3阪①6.3 鳴尾記念 G別 III定 1 二〇内1591 468Ⓜ0.1 57浜中 15ト12番5人 [9][4][3]36.9 中位差35.3 フェーングロ | 3ヵ月休養 仕上がり8分 放牧調整 鉄砲成績 4100 2走目成績 1100 | 3ヵ月半休養 仕上がり9分 放牧調整 鉄砲成績 2121 2走目成績 2101 | 2東⑫5.28 目黒記念 Gハ II手 5 二五芝2311 464Ⓢ0.3 57池添 18ト6番2人 [8][9][7]37.1 中位詰34.3 ヒートオンビ | 3ヵ月休養 仕上がり8分 放牧調整 鉄砲成績 1103 2走目成績 1201 | 1京[4]4.30 天皇賞 G定 I量 1 三二外3161 472Ⓜ0.4 58ルメール 17ト1番2人 [7][7][4]36.6 直抜出34.9 ディープボン | 1京[4]4.30 天皇賞 G定 I量 2 三二外3165 504Ⓜ0.4 58和田竜 17ト7番5人 [4][3][2]36.4 好位伸35.6 ジャスティン |

レコード 2.09.7
タイトルホルダー
58 横山和
22年6月26日

〔今回推定タイム〕
良 2.10秒台
重 2.11秒台

〔成績の見方〕
① 2東⑫5.29
② ダービー G定 I量 1
③ 二四芝2240
④ 502Ⓜ0.0
⑤ 57川田
⑥ 18ト3番3人
⑦ [8][8][8]37.0
⑧ 中位伸33.3
⑨ サトノダイヤ

①場所（馬場状態）月日
②競走名　条件　着順
③距離　時計
④体重　ペース　秒差
⑤負担重量　騎手
⑥頭数　枠順　人気
⑦通過順　前半３Ｆ
⑧短評　後半３Ｆ
⑨１着または２着馬名

※ペースの表記
Ⓢ…スローペース
Ⓜ…平均ペース
Ⓗ…ハイペース

※通過順の○数字は不利を示す。

※後半３Ｆの太字はメンバー中最速であったことを示す。

馬場状態 ❶ ❶ [1] ① ― 不 重 稍 良

| 賞金（万円） | |
|---|---|
| ① | 22000 |
| ② | 8800 |
| ③ | 5500 |
| ④ | 3300 |
| ⑤ | 2200 |

## 穴七番●2023年６月25日・阪神11Ｒ宝塚記念(ＧⅠ、芝2200m内)

### 久保木正則の印

◎⑥スルーセブンシーズ

○⑤イクイノックス

▲④ボッケリーニ

△②カラテ

△⑧ヴェラアズール

△⑨ジャスティンパレス

△⑩ディープボンド

△⑭ブレークアップ

| | | | | | | |
|---|---|---|---|---|---|---|
| 6 ⑪ | ⑫ | 7 ⑬ | ⑭ | ⑮ | 8 ⑯ | ⑰ |
| モーリス | ディープインパクト | ドレフォン | ノヴェリスト | ノーネイネヴァー | ディープブリランテ | ドゥラメンテ |
| ジェラルディーナ | アスクビクターモア | ジオグリフ | ブレークアップ | 外ユニコーンライオン | モズベッロ | ドゥラエレーデ |
| ジェンティルドンナ9勝(ディープインパクト) | カルティカ輸入(レインボウクエスト) | アロマティコ6勝(キングカメハメハ) | リトルジュン0勝(クロフネ) | ムラフカ(ハイシャパラル) | ハーランズルビー輸入(ハーランズホリデイ) | マルケッサ0勝(オルフェーヴル) |
| 牝5 鹿毛 | 牡4 鹿毛 | 牡4 栗毛 | 牡5 栗毛 | 牡7 黒鹿毛 | 牡7 鹿毛 | 牡3 黒鹿毛 |
| 56 | 58 | 58 | 58 | 58 | 58 | 53 |
| 替武豊 | 横山武 | 替岩田望 | 替川田 | 替坂井瑠 | 替角田大河 | 替幸 |
| 0000 | 0001 | 0000 | 0000 | 1207 | 0000 | 0000 |
| オープン 13100 | オープン 12200 | オープン 10300 | オープン 5250 | オープン 9600 | オープン 8400 | オープン 5210 |
| 40790 | 34527 | 重賞入賞 44363 | 17575 | 23287 | 23699 | 11134 |
| 斉藤崇(西) | 田村(東) | 木村(東) | 吉岡(西) | 矢作(西) | 森田(西) | 池添学(西) |
| △<br>○<br>○<br>…<br>○ | ○<br>…<br>△<br>▲<br>▲ | | …<br>△ | △ | | |
| サンデーR | 廣崎利洋HD | サンデーR | 阿部東亜子 | ライオンRH | キャピタル | スリーエイチ |
| 囡ノーザン | 社台ファ | 囡ノーザン | 澗谷川牧場 | 愛デザート | 新村田牧場 | 囡ノーザン |
| 小芝1453①<br>中芝1578②<br>阪芝2122④<br>芸芝2331③ | 東芝1485③<br>中芝2001⑤<br>中芝2118②<br>東芝2222③ | 東芝1481②<br>東芝1583⑨<br>……<br>東芝2229⑦ | ……<br>中芝2017②<br>中芝2114①<br>東芝2260② | 京芝1475②<br>福芝2002①<br>阪芝2113②<br>東芝2253⑥ | 阪芝1460②<br>阪芝1582⑫<br>阪芝2112⑧<br>京芝2264① | 東芝1460④<br>中芝2015①<br>……<br>…… |
| 4中⑦9.25 オールカマーGII別定 1<br>芸外2127<br>464Ⓢ0.2<br>54横山武<br>13ト2ヶ4<br>⑤⑤⑥37.1<br>イン伸35.1<br>ロバートソン | 2東⑫5.29 ダービーGI定量 3<br>芸芝2222<br>472Ⓜ0.3<br>57田辺<br>18ト3ヶ7<br>一旦先35.3<br>ドウデュース<br>3ヵ月半休放牧 | 4東⑨10.30 天皇賞GI定量 9<br>芸芝1583<br>506Ⓗ0.8<br>56福永<br>15ト6ヶ5<br>⑦⑦⑦35.5<br>中位後33.6<br>イクイノック | 4東③10.10 六社3勝ハ定 1<br>芸芝2263<br>498Ⓢ0.0<br>57戸崎<br>10ト3ヶ2<br>③③③37.3<br>G前差34.2<br>マリノアズラ | 4阪③10.10 京都大賞GII別 13<br>芸外2264<br>532Ⓢ2.1<br>56坂井瑠<br>14ト9ヶ10<br>①①①35.8<br>逃一杯36.0<br>Ⓒヴェラアズ | 5中⑧12.26 有馬記念GI定量 8<br>芸内2335<br>488Ⓜ1.5<br>57池添<br>16ト3ヶ14<br>後方詰37.1<br>エフフォーリ<br>1年2ヵ月休脚不 | 2札③8.20 未勝利 1<br>毛ダ1466<br>508Ⓜ0.1<br>54池添<br>12ト7ヶ1<br>三角先37.8<br>シゲルカミカ<br>3ヵ月休放牧 |
| 5阪❹11.13 エリザベG定 1<br>三内2130<br>470Ⓜ0.3<br>56Cデムーロ<br>18ト18ヶ4<br>⑫⑪⑨36.6<br>中位抜35.4<br>ウイ・ライ | 4中⑤9.19 セントラGII馬齢 2<br>三外2118<br>476Ⓢ0.0<br>56田辺<br>13ト7ヶ1<br>③③②35.8<br>直競負35.0<br>ガイアフォー | 香港12.11良 シャティン 香港Gカップ I 6<br>三芝2007<br>499Ⓜ1.0<br>56ビュイック<br>12ト8ヶ4<br>⑧⑧⑧<br>12ト中位詰<br>ロマンチック | 5東②11.6 アルゼンGII別 1<br>芸内2311<br>500Ⓢ0.2<br>54田辺<br>18ト7ヶ6<br>③③③36.9<br>好位抜34.4<br>ハーツイスト | 3福④11.13 福島記念GIII別 1<br>三芝2002<br>530Ⓜ0.3<br>57国分優<br>16ト2ヶ10<br>①①①34.2<br>逃切る36.2<br>Ⓑサトノセシ | 2中②2.26 中山記念GII定 10<br>天内1481<br>488Ⓢ1.0<br>57大野<br>14ト10ヶ11<br>⑭⑫⑫38.7<br>出遅不35.3<br>ヒシイグアス | 5東⑤11.19 東京スポGII馬齢 4<br>天芝1460<br>504Ⓜ0.2<br>55ムーア<br>11ト7ヶ6<br>①①②35.2<br>逃争不35.0<br>ガストリック |
| 5中⑧12.25 有馬記念GI定量 3<br>芸内2331<br>470Ⓢ0.7<br>55Cデムーロ<br>16ト5ヶ3<br>後方伸35.7<br>イクイノック<br>3ヵ月休放牧 | 4阪⑦10.23 菊花賞GI馬齢 1<br>三内3024<br>476Ⓗ0.0<br>57田辺<br>18ト14ヶ2<br>四角先36.9<br>ボルドグフー<br>5ヵ月休放牧 | サウジ2.25良 キングアブドゥル サウジカップ 4<br>天ダ1510<br>GI Ⓗ0.2<br>57ルメール<br>②②② 9<br>13ト二位粘<br>パンサラッサ | 5中⑧12.25 有馬記念GI定量 16<br>芸内2362<br>504Ⓢ3.8<br>57戸崎<br>16ト15ヶ11<br>先行下39.4<br>イクイノック<br>3ヵ月休転厩 | 5東⑧11.27 ジャパンGI定量 16<br>芸芝2253<br>534Ⓢ1.6<br>57国分優<br>18ト9ヶ15<br>①①①36.3<br>逃一杯35.8<br>Ⓑヴェラアズ | 2阪④4.2 大阪杯GI定量 12<br>芸内1582<br>498Ⓜ0.8<br>58西村淳<br>16ト3ヶ16<br>⑮⑭⑭37.3<br>出遅不34.9<br>ジャックドー | 5中⑨12.28 ホープフGI馬齢 1<br>芸内2015<br>508Ⓢ0.0<br>55ムルザバエフ<br>18ト11ヶ14<br>②②②36.3<br>G前差35.0<br>トップナイフ |
| 2阪④4.2 大阪杯GI定量 6<br>芸内1580<br>472Ⓜ0.6<br>56岩田望<br>16ト1ヶ7<br>⑫⑪⑪36.9<br>内突く34.9<br>ジャックドー | 3中❶3.25 日経賞GII別 9<br>芸内2394<br>482Ⓜ2.6<br>58田辺<br>12ト9ヶ1<br>⑨⑨⑨38.7<br>アオル38.2<br>タイトルホル | ドバイ3.25良 メイダン ドバイワールドC 11<br>芸ダ2083<br>GI Ⓗ5.1<br>57ルメール<br>⑧⑧⑬ 5<br>15ト中位下<br>ウシュバテソ | 1阪⑫3.19 阪神大賞GII別 3<br>三内3064<br>494Ⓢ0.3<br>58松山<br>14ト7ヶ5<br>⑤④⑤39.2<br>好位伸34.3<br>ジャスティン | 1阪②2.12 京都記念GII別 7<br>三内2121<br>540Ⓜ1.2<br>57坂井瑠<br>13ト6ヶ5<br>①①①34.6<br>逃一杯35.7<br>Ⓑドウデュー | 1新❹5.7 新潟大賞GIIIハ 4<br>芸内2056<br>575角田大和<br>16ト8ヶ8<br>⑨⑧⑦37.3<br>中位詰37.6<br>カラテ | ドバイ3.25良 メイダン UAEダービー 2<br>九ダ1567<br>GII Ⓗ0.9<br>55Cデムーロ<br>②②② 7<br>13ト二位粘<br>デルマソトガ |
| 香港4.30良 シャティン クイーGンエリI 6<br>三芝2027<br>463Ⓢ0.8<br>555Cデムーロ<br>⑥⑥⑥ 2<br>7ト後方儘<br>ロマンチック | 1京④4.30 天皇賞GI定量 11<br>三外3180<br>482Ⓜ1.9<br>58横山武<br>17ト6ヶ4<br>③⑤⑥35.4<br>好位下36.7<br>ジャスティン | 3ヵ月<br>休養<br>仕上がり8分<br>放牧<br>調整<br>鉄砲成績<br>1002<br>2走目成績<br>1101 | 1京④4.30 天皇賞GI定量 4<br>三外3169<br>496Ⓜ0.8<br>58松山<br>17ト12ヶ7<br>⑨⑨⑥37.0<br>中位伸35.5<br>ジャスティン | 豪州4.8重 ランドウィック クイーンエリザベ 5<br>三芝2083<br>GI Ⓢ0.6<br>59レーン<br>①①① 3<br>11ト逃一杯<br>Ⓑドバイオナ | 3阪①6.3 鳴尾記念GIII別 6<br>三内1594<br>496Ⓜ0.3<br>57幸<br>15ト5ヶ9<br>⑩⑫⑫37.0<br>内突く35.1<br>ボッケリーニ | 2東⑫5.28 ダービーGI定量<br>芸芝落馬<br>512Ⓜ<br>57坂井瑠<br>18ト17ヶ8<br>落<br>(S直後)<br>タスティエー |

| |
|---|
| 6 |
| ドリームジャーニー |
| スルーセブンシーズ 牝5 |
| マイティースルー4勝(クロフネ) |
| 鹿毛 |
| 56 |
| 替池添 0000 |
| オープン 4400 |
| 重賞入賞 10264 |
| 尾関(東) |
| △<br>◎<br>▲<br>…<br>△ |
| キャロットF |
| 囡ノーザン |
| 中芝…①<br>中…②<br>中…③<br>東…⑨ |
| 2中④3.6 湾岸3勝定量 3<br>三外2125<br>452Ⓗ0.1<br>54横山武<br>16ト13ヶ2<br>後方伸35.2<br>キングオブド<br>3ヵ月半休放牧 |

⑨スルーセブンシーズの5走前にあたる2022年3月6日の湾岸S。右の全体馬柱ではスペースの関係で割愛しているが、このあとの本文でも触れているように、ポイントとなるレースなので改めて拡大掲載した。

## 穴七番●2023年6月25日・阪神11R宝塚記念（GⅠ、芝2200m内）

### 最強、そして圧倒的1番人気のイクイノックスを倒し得る馬は……
### 10番人気スルーセブンシーズ◎抜擢のプロセス

上半期を締めくくる宝塚記念は例年、自分の誕生日が近いこともあり相性のよいGⅠ。レース前日に50歳となった2023年は、ワールドベストレースホースランキング1位に君臨する⑤イクイノックスの参戦で大いに盛り上がったが、同馬はドバイ帰りで、22年の有馬記念時の状態にまだ戻っていないように思えた。

それでも一目置かなければいけない存在ではあったが、今回に限っては他馬にもつけ入る隙があるのでは？　そこから予想をスタートさせた。

いろいろ考えてたどり着いた本命は、牝馬の⑥スルーセブンシーズ。

まず注目したのは5走前（22年3月）の湾岸S（3勝クラス）。ここでは3着に敗れているが、勝ったキングオブドラゴンは23年1月の日経新春杯で10番人気ながら2着に好走し、その後もGⅡで見せ場十分のレースを披露している。

さらに6着のビッグリボンがこの前週のマーメイドSを制し、10着だったブレークアップは後にアルゼンチン共和国杯を優勝してこの宝塚記念に駒を進めている。

前走の中山牝馬Sはメンバーに恵まれたとはいえ、レースラップ11秒2の地点を楽に追い上げて後続を突き放し重賞初制覇を飾り、勢いに乗るスルーセブンシーズでも通用すると判断した。

また同馬は、栗東トレセンに入厩して調整されていたため目の前で調子を確認することはできなかっ

| | | |
|---|---|---|
| 1着○⑤イクイノックス | （1番人気） | 単⑤ 130円 |
| 2着◎⑥スルーセブンシーズ | （10番人気） | 複⑤ 110円　⑥ 560円　⑨ 170円 |
| 3着△⑨ジャスティンパレス | （2番人気） | 馬連⑤－⑥ 2340円 |
| | | 馬単⑤→⑥ 2660円 |
| | | 3連複⑤⑥⑨ 4030円 |
| | | 3連単⑤→⑥→⑨1万3630円 |

たが、追い切りでウッドコースの自己ベストタイムを更新し、映像を通してもその動きの良さが目についていた。

さらに、グランプリレースにおける池添謙一騎手の強さも特筆で、スルーセブンシーズの父ドリームジャーニーとのコンビを含む宝塚記念3勝。そして、夏のグランプリに活躍馬を多く輩出するステイゴールド系でもあり、母の父にクロフネを持つクロノジェネシスが20、21年を連覇している（21年3着のレイパパレも母の父クロフネ）。

それと、強力メンバーとわかっていながら、なぜこのレースへ出走したのかという点も実に興味深かった。ここまでにエプソムCやマーメイドSがあり、少し先には七夕賞も待っている。もちろんハンデとの兼ね合いなどもあるだろうが、状態がよいからこその参戦。この裏読みも◎を打つ材料のひとつだった。

道中はイクイノックスの後ろ＝最後方に構えたスルーセブンシーズは、世界ナンバーワンの仕掛けを利用して4コーナーを勢いよく上がっていったが、直線で狭くなり内へ切り返すロスが響いてクビ差の2着。

圧倒的な人気馬が勝利して配当的にはここで取り上げるほどでもなかったが、実力不足と思われた10番人気馬に好走できる根拠を見い出して本命を打てたことは自信になった。単勝（55・7倍）も買っていたので、先頭でゴールしてくれたら最高ではあったが……。

## GⅢ、芝1800m）＝◎⑦シルトホルン（４番人気、２着）

福島 **11** 発走 15：45

第72回 ラジオNIKKEI賞（GⅢ）（3歳・オープン・国際・特指・ハンデ）

| 枠馬番 | 1白 1 | 2 | 2黒 3 | 4 | 3 5 | 6 | 4青 7 | 8 | 5 9 |
|---|---|---|---|---|---|---|---|---|---|
| 父 | ジャスタウェイ | ダノンバラード | ハービンジャー | イスラボニータ | ビーチパトロール | ディープブリランテ | スクリーンヒーロー | スピルバーグ | サトノクラウン |
| 馬名 | コレペティトール | グラニット | スズカハービン | オメガリッチマン | シーウィザード | エルトンバローズ | シルトホルン | セオ | ウヴァロヴァイト |
| 母 | ベガスナイト3勝 | インティワタナ1勝 | スズカローラン4勝 | エルカラファテ0勝 | メリーウェザー0勝 | ショウナンカラット0勝 | シンメイミヤビ0勝 | ルーラ輸入 | エイグレット3勝 |
| (母の父) | (コロナドズクエスト) | (フサイチコンコルド) | (サンデーサイレンス) | (ディープインパクト) | (メジロベイリー) | (ブライアンズタイム) | (ラングフール) | (オアシスドリーム) | (サンデーサイレンス) |
| 毛色 性齢 | 栗毛 牡3 | 鹿毛 牡3 | 栗毛 牡3 | 鹿毛 牡3 | 鹿毛 牡3 | 鹿毛 牡3 | 黒鹿毛 牡3 | 鹿毛 牡3 | 鹿毛 牝3 |
| 負担重量 | 55 | 55 | 54 | 56 B | 55 | 55 | 54 | 56 | 55 |
| 騎手 | 替田辺 | 嶋田 | 替Mデムーロ | 横山典 | 替三浦 | 西村淳 | 大野 | 松若 | 菅原明 |
| 騎乗成績 | 0 0 0 0 | 1 1 1 4 | 0 0 0 0 | 0 0 0 3 | 0 0 0 1 | 2 0 0 0 | 2 2 0 2 | 0 0 1 0 | 1 0 0 0 |
| クラス 賞金 | 2勝 900 | 2勝 1000 | 2勝 900 | 3勝 1200 | 2勝 1000 | 2勝 900 | 2勝 900 | 2勝 900 | 3勝 1600 |
| 総賞金 | 1755 | 2819 | 2211 | 2181 | 3100 | 2040 | 2258 | 2500 | 3093 |
| 厩舎 | 中竹(西) | 大和田(東) | 高橋忠(西) | 安田翔(西) | 鹿戸雄(東) | 杉山晴(西) | 新開(東) | 上村(西) | 萩原(東) |
| 小木曽大祐 | | △ | △ | | | △ | ◬ | | △ |
| 久保木正則 | △ | | | | | ▲ | ◎ | △ | |
| 黒津紳一 | | △ | | | | △ | △ | | ○ |
| 郡和之 | | ○ | | | △ | △ | ▲ | | |
| 中西徹 | △ | | | | | ▲ | | ◬ | |
| 本紙 | | ○ | | | △ | △ | ▲ | | |
| 馬主名 | 加藤誠 | 有ミルファーム | 永井啓弍 | 原禮子 | 岡田牧雄 | 猪熊広次 | ディアレストク | 吉田千津 | 池谷誠一 |
| 生産牧場 | 安社台ファ | 浦猿橋義昭 | 浦辻牧場 | 安社台ファ | 日シンボリ | 浦桑田牧場 | 新飛渡牧場 | 安社台ファ | 安ノーザン |
| 最1400 | | | | 壬芝1114⑨ | | | | | |
| 高1600 | 中京芝1346① | 東芝1336② | | 中芝1352⑦ | 中芝1345⑩ | 京芝[illegible]36① | 東[illegible]② | | 東芝1342⑩ |
| 時1800 | 東芝1476⑦ | 中芝1493❹ | 京芝1465⑥ | 阪芝1471⑥ | 中芝1498❿ | 阪芝[illegible]73② | 東[illegible]⑧ | 京芝1462③ | 東芝1476① |
| 計2000 | | 中芝2029⓬ | 小芝2028② | 中京芝2021⑤ | 中芝2021⑨ | 三芝[illegible]68⑨ | | 阪芝2015④ | |
| | | | | | | **1** | **2** | | |
| 距離別勝利 | 0 1 1 0 1<br>0 0 0 0 0<br>0 1 0 0 1<br>0 1 0 0 1 | 0 1 0 0 1<br>0 0 1 0 0<br>0 0 1 0 0<br>0 3 2 0 1 | 0 2 0 0 0<br>0 2 0 0 0<br>0 0 0 0 0<br>1 4 0 0 4 | 0 1 0 0 1<br>0 1 0 0 0<br>0 0 0 0 0<br>1 2 1 1 1 | 0 2 0 0 1<br>0 0 0 0 0<br>0 0 1 0 0<br>0 3 1 0 1 | 0 0 2 0 0<br>0 3 0 0 3<br>0 0 0 0 0<br>1 0 0 0 0 | 0 1 1 0 1<br>0 0 2 0 0<br>0 0 0 0 0<br>0 4 1 0 4 | 0 2 0 0 1<br>0 2 0 0 0<br>0 1 0 0 1<br>1 2 0 0 0 | 0 1 1 0 1<br>0 1 0 0 1<br>0 0 1 0 0<br>0 0 1 0 0 |
| 地方成績 兄弟馬 | アメリカズカップ | エスティ[illegible]メート | スズカデヴィアス | 初仔 | シゲルタイタン | ドグマ | サンレイミヤビ | ライトサイド | ミトラ |
| 前走4 | 5東④11.13<br>未勝利 1<br>天芝1482<br>472Ⓢ0.2<br>55岩田望<br>12 8 2<br>[4][5][5]37.4<br>中位差34.2<br>リチャ | 6阪⑥12.18<br>朝日FSI G馬齢 10<br>天外1349<br>452Ⓗ1.0<br>55松山<br>17 8 9<br>[3][2][2]34.2<br>先行下37.0<br>ドルチェモア | 2小③2.18<br>未勝利 2<br>亍芝2028<br>466Ⓜ0.1<br>56藤岡佑<br>17 2 3<br>[14][9][8]38.6<br>外伸る36.0<br>ウインスノー | 1中①1.5<br>ジュニア L別定 7<br>天外1352<br>444Ⓜ1.5<br>56横山和<br>13 7 7<br>⑪[7][8]36.4<br>出足悪36.3<br>Bクルゼイロ | 1中⑥1.15<br>京成杯 GⅢ別定 7<br>亍内2031<br>474Ⓢ0.9<br>56三浦<br>9 2 4<br>[3][3][3]38.1<br>好位下35.8<br>ソールオリエ | 1中京⑪2.4<br>未勝利 9<br>三芝2168<br>510Ⓢ1.6<br>56Mデムーロ<br>13 11 2<br>[5][5][5]36.5<br>モタレ35.9<br>アドマイヤイ | 1東⑧2.19<br>1勝 混 4<br>壬芝1332<br>460Ⓜ0.3<br>56大野<br>12 2 5<br>[5][5][4]35.4<br>好位伸34.4<br>ノッキングポ | 6阪⑦12.24<br>未勝利 混 1<br>亍内2015<br>484Ⓢ0.0<br>55岩田望<br>16 11 2<br>[2][1][1]37.6<br>逃切る35.7<br>アイザックバ | 4東③10.10<br>未勝利 牝 1<br>壬芝1349<br>434Ⓜ0.3<br>54横山武<br>14 4 1<br>[5][4][6]35.3<br>中位鋭34.8<br>ウィンターダ |
| 前走3 | 6中京②12.4<br>こうやまき 1勝馬齢 1<br>壬芝1346<br>472Ⓜ0.2<br>55松山<br>12 10 2<br>[8][7][7]36.5<br>中位抜34.6<br>サトノヴィレ | 1中⑥1.15<br>京成杯 GⅢ別定 8<br>亍内2033<br>460Ⓢ1.1<br>56嶋田<br>9 8 6<br>[1][1][1]37.6<br>逃一杯36.5<br>ソールオリエ | 2小⑤2.25<br>未勝利 1<br>亍芝2031<br>464Ⓜ0.1<br>56藤岡佑<br>13 9 3<br>⑩[4][3]37.8<br>早目動36.9<br>ビヨンドザド | 1中⑥1.15<br>京成杯 GⅢ別定 2<br>亍内2026<br>434Ⓢ0.4<br>56石川裕<br>9 3 9<br>[5][5]⑤38.4<br>中位伸35.0<br>Bソールオリ | 2中❽3.19<br>スプリング GⅡ馬齢 10<br>天内1498<br>478Ⓗ0.9<br>56柴田善<br>16 12 12<br>⑯[16][14]38.8<br>出遅不35.7<br>ベラジオオペ | 1阪⑫3.19<br>未勝利 混 2<br>天外1478<br>504Ⓜ0.4<br>56ルメール<br>17 5 2<br>[5][5][4]35.8<br>好位伸34.7<br>ソーダズリン | 2中❽3.19<br>スプリング GⅡ馬齢 9<br>天内1498<br>454Ⓗ0.9<br>56菅原明<br>16 8 10<br>[2][2][2]35.9<br>先行下37.7<br>ベラジオオペ | 1阪⑤2.25<br>すみれ L別定 5<br>亖内2161<br>476Ⓢ0.6<br>56鮫島駿<br>6 4 5<br>[2][2][2]37.9<br>決手欠34.2<br>シャザーン | 5東⑥11.20<br>赤松 1勝牝 3<br>壬芝1369<br>440Ⓢ0.1<br>54横山武<br>6 5 2<br>中位伸33.3<br>ミスヨコハマ<br>3ヵ月休放牧 |
| 前走2 | 1東⑥2.12<br>共同通信杯 GⅢ別定 7<br>天芝1476<br>472Ⓢ0.6<br>56松山<br>12 2 8<br>[7][6][8]36.5<br>中位儘33.7<br>ファントムシ | 2中❽3.19<br>スプリング GⅡ馬齢 4<br>天内1493<br>456Ⓗ0.4<br>56嶋田<br>16 1 13<br>[1][1][1]35.4<br>逃粘る37.6<br>ベラジオオペ | 3中❼4.15<br>山藤 1勝馬齢 1<br>亍内2042<br>460Ⓗ0.0<br>56津村<br>12 1 10<br>[9][10][8]38.3<br>後追込36.7<br>シルバーティ | 2阪①3.25<br>毎日杯 GⅢ別定 6<br>天外1471<br>440Ⓜ0.5<br>56石川裕<br>13 4 10<br>⑨[8][9]36.0<br>直線壁35.2<br>Bシーズンリ | 3中⑤4.8<br>ニュージー GⅡ馬齢 10<br>壬外1345<br>474Ⓜ0.8<br>56武豊<br>16 16 10<br>⑮[16][15]36.5<br>出遅不35.4<br>エエヤン | 2阪⑧4.16<br>未勝利 混 1<br>天外1337<br>508Ⓜ0.2<br>56西村淳<br>18 6 2<br>[6][5][5]35.7<br>好位抜35.1<br>サンライズブ | 2東③4.29<br>1勝 混 2<br>壬芝1323<br>452Ⓜ0.0<br>56大野<br>13 6 3<br>[3][3][2]34.4<br>一旦先34.4<br>ニシノライコ | 3中❶3.25<br>1勝 混 1<br>天内1546<br>474Ⓢ0.0<br>56横山和<br>11 6 3<br>①[1][1]39.9<br>一杯逃35.7<br>レーベンステ | 1東⑤2.11<br>クイーン GⅢ別定 10<br>壬芝1342<br>444Ⓜ1.1<br>54横山武<br>16 5 4<br>[3][3]③34.8<br>直不利35.9<br>ハーパー |
| 前走 | 4ヵ月半<br>休養<br>仕上がり8分<br>放牧<br>調整<br>鉄砲成績<br>0 0 1 0<br>2走目成績<br>1 0 0 0 | 3中❽4.16<br>皐月賞 G定 Ⅰ量 12<br>亍内2029<br>448Ⓗ2.3<br>57嶋田<br>18 13 17<br>[1][1][2]35.1<br>逃一杯39.5<br>ソールオリエ | 1京⑫5.28<br>白百合 L別定 6<br>天外1465<br>448Ⓢ0.5<br>56鮫島駿<br>8 5 5<br>[8][8][6]36.0<br>後方儘34.1<br>バルサムノー | 1京⑤5.6<br>京都新聞 GⅡ馬齢 6<br>三外2145<br>440Ⓢ0.4<br>56横山典<br>12 1 5<br>[8][3][3]39.0<br>早目進34.0<br>Bサトノグラ | 3ヵ月<br>休養<br>仕上がり8分<br>放牧<br>調整<br>鉄砲成績<br>1 0 0 1<br>2走目成績<br>0 0 1 1 | 1京⑤5.6<br>1勝 混 1<br>壬内1336<br>502Ⓢ0.3<br>56西村淳<br>8 6 2<br>[4][2][2]36.0<br>先抜出33.6<br>シルヴァーデ | 2東⑩5.21<br>1勝 混 1<br>壬芝1331<br>458Ⓢ0.3<br>56大野<br>11 6 2<br>[1][1][1]35.8<br>逃切る33.5<br>コンクシェル | 1京⑫5.28<br>白百合 L別定 3<br>天外1462<br>466Ⓢ0.2<br>56松若<br>8 1 2<br>[1][1][1]35.1<br>逃一息34.3<br>バルサムノー | 2東④4.30<br>スイートピー L馬齢 1<br>天芝1476<br>444Ⓢ0.1<br>54菅原明<br>13 13 2<br>[8][8][8]37.0<br>中位差33.2<br>アリスヴェリ |

レコード 1.45.3
アンブラスモア
56 松永幹
98年6月21日

〔今回推定タイム〕
良 1.47秒台
重 1.48秒台

〔成績の見方〕
①2東⑫5.29
②ダービー G定 Ⅰ量 1
③亖芝2240
④502Ⓜ0.0
⑤57川田
⑥18 3 3
⑦[8][8][8]37.0
⑧中位伸33.3
⑨サトノダイヤ

①場所（馬場状態）月日
②競走名　条件　着順
③距離　時計
④体重　ペース　秒差
⑤負担重量　騎手
⑥頭数　枠順　人気
⑦通過順　前半３Ｆ
⑧短評　後半３Ｆ
⑨１着または２着馬名

Ⓢ…スローペース
Ⓜ…平均ペース
Ⓗ…ハイペース

※通過順の○数字は不利を示す。

## 穴八番●2023年7月2日・福島11RラジオNIKKEI賞(3歳

### 久保木正則の印

◎⑦シルトホルン

○⑭レーベンスティール

▲⑥エルトンバローズ

△⑬アイスグリーン

△①コレペティトール

△⑧セオ

△⑪アグラシアド

△⑯マイネルモーント

| 16 桃 8 | 15 | 14 橙 7 | 13 | 12 6 | 11 | 10 黄 |
|---|---|---|---|---|---|---|
| ゴールドシップ<br>マイネルモーント<br>ゲッカコウ4勝<br>(ロージズインメイ)<br>芦毛 牡3 | ロードカナロア<br>エマヌエーレ<br>エマノン4勝<br>(ハーツクライ)<br>鹿毛 牡3 | リアルスティール<br>レーベンスティール<br>トウカイライフ3勝<br>(トウカイテイオー)<br>鹿毛 牡3 | モーリス<br>アイスグリーン<br>グリューネワルト2勝<br>(スペシャルウィーク)<br>青鹿毛 牡3 | ヤマカツエース<br>ダイシンヤマト<br>ダイシンパーティー1勝<br>(ブライアンズタイム)<br>栗毛 牡3 | リアルスティール<br>アグラシアド<br>サラシー輸入<br>(テオフィロ)<br>鹿毛 牝3 | モーリス<br>バルサムノート<br>エピセアローム4勝<br>(ダイワメジャー)<br>黒鹿毛 牡3 |
| 55 | 54 | 56 | 56 | 53 | 54 | 57 |
| (替)石川裕 | (替)石橋脩 | (替)戸崎 | 幸 | 吉田豊 | 津村 | (替)松岡 |
| 0 0 0 0 | 0 0 0 0 | 0 1 0 0 | 1 1 0 0 | 1 2 1 2 | 1 0 1 0 | 0 0 0 0 |
| 2勝 900<br>1810 | 1勝 400<br>1644 | 2勝 900<br>1890 | 2勝 900<br>地元馬主 2805 | 1勝 400<br>1383 | 2勝 900<br>地元馬主 2557 | 3勝 1600<br>3404 |
| 高木登(東) | 平田(西) | 田中博(東) | 池添学(西) | 戸田(東) | 中村(西) | 高野(西) |
| ◎<br>△<br>…<br>…<br>◎<br>… | …<br>…<br>…<br>…<br>△<br>… | ○<br>○<br>◎<br>◎<br>○<br>◎ | …<br>△<br>△<br>△<br>△<br>△ | …<br>…<br>…<br>…<br>…<br>… | ▲<br>△<br>△<br>△<br>△<br>△ | …<br>…<br>▲<br>…<br>…<br>… |
| ラフィアン | 丸山担 | キャロットF | (有)シルクレーシ | 大八木信行 | ライオンRH | 吉田勝己 |
| [新]ビッグレ | [安]ノーザン | [日]広富牧場 | [安]ノーザン | [日]中原牧場 | [ひ]矢野牧場 | [安]ノーザン |
| ……<br>……<br>東芝1455①<br>中芝2012① | ……<br>新芝1346①<br>阪芝1470⑤<br>…… | 3<br>東[illegible]① | ……<br>新芝1364⑤<br>京芝1460②<br>小芝2008[1] | ……<br>東芝1330⑧<br>……<br>…… | ……<br>……<br>東芝1477③<br>中京芝2019② | ……<br>東芝1332②<br>京芝1460①<br>中芝2000⑤ |
| 0 2 0 0 1<br>0 2 0 0 1<br>0 0 0 0 0<br>0 0 0 0 0 | 0 0 1 0 0<br>0 1 0 0 1<br>0 0 1 0 0<br>0 2 2 0 2 | 0 2 0 0 2<br>0 2 0 0 2<br>0 0 0 0 0<br>0 0 0 0 0 | 0 2 0 0 1<br>0 1 0 0 1<br>0 0 0 0 0<br>0 1 2 0 1 | 0 0 1 0 0<br>0 0 2 0 0<br>0 0 1 0 0<br>0 0 2 0 0 | 0 2 0 0 1<br>0 1 0 0 0<br>0 1 0 0 1<br>0 2 0 0 2 | 0 2 0 0 2<br>0 0 1 0 0<br>0 0 1 0 0<br>0 1 0 0 0 |
| 初仔 | エマロア | 3月8日生 | ディアンドル | ダイシンハンター | レンヌメファ | シトラスノート |
| 4中② 9.11<br>未勝利 2<br>宇内2039<br>444Ⓢ0.1<br>54Mデムーロ<br>9ト8ト1人<br>後方伸34.7<br>ファイナルヒ<br>3ヵ月休放牧 | 1中京⑨ 1.28<br>白梅 1勝 馬齢 5<br>天芝1350<br>506Ⓢ1.7<br>56和田竜<br>7ト2ト4人<br>⑤[3][4]35.9<br>太め残35.5<br>カルロヴェロ | 5東④ 11.13<br>新馬 2<br>天芝1508<br>480Ⓢ0.0<br>55マーカンド<br>9ト6ト2人<br>[5][3][4]40.0<br>直競負33.2<br>ソールオリエ | 3新⑥ 8.28<br>新潟2歳 G III 馬齢 5<br>天外1364<br>482Ⓢ0.5<br>54坂井瑠<br>11ト10ト1人<br>先一息33.9<br>キタウイング<br>5ヵ月半休脚不 | 2中③ 3.4<br>未勝利 混 1<br>天外1344<br>478Ⓗ0.1<br>56吉田豊<br>16ト5ト2人<br>[7][7][6]35.5<br>中位差35.1<br>ハルオーブ | 1中京⑦ 1.21<br>未勝利 牝 馬齢 2<br>宇芝2019<br>468Ⓜ0.0<br>54福永<br>11ト2ト2人<br>[5][5][5]36.9<br>中位伸35.2<br>マテンロウア | 5中① 12.3<br>葉牡丹 1勝 馬齢 5<br>宇内2000<br>490Ⓜ0.9<br>55レーン<br>18ト10ト4人<br>[7][4][4]35.8<br>外回る35.7<br>ミッキーカプ |
| 5中② 12.4<br>未勝利 混 1<br>宇内2012<br>440Ⓜ0.6<br>55Mデムーロ<br>16ト13ト1人<br>[5][4][2]36.5<br>直抜出35.3<br>アマイ | 1阪③ 2.18<br>つばき 1勝 馬齢 2<br>天外1473<br>496Ⓢ0.3<br>56和田竜<br>12ト3ト10人<br>[1][1][1]35.8<br>逃粘る34.1<br>ロードデルレ | 5中③ 12.10<br>未勝利 混 1<br>天内1484<br>478Ⓜ0.6<br>55マーカンド<br>16ト2ト1人<br>直抜出35.6<br>サルヴァトー<br>3ヵ月半休放牧 | 2小[2] 2.12<br>あすなろ 1勝 馬齢 1<br>宇芝2008<br>486Ⓢ0.0<br>56幸<br>14ト12ト1人<br>[8][2][2]36.6<br>直差返35.6<br>プレイヴロッ | 2東③ 4.29<br>1勝 混 8<br>天芝1330<br>486Ⓜ0.7<br>56吉田豊<br>13ト8ト8人<br>⑬⑬⑫35.6<br>出遅不34.2<br>ニシノライコ | 1小⑧ 2.5<br>未勝利 牝 馬齢 1<br>天芝1490<br>470Ⓢ0.0<br>54北村友<br>14ト3ト1人<br>[5][5][4]37.3<br>イン伸35.6<br>サトノキャサ | 1東⑧ 2.19<br>1勝 混 2<br>天芝1332<br>496Ⓜ0.3<br>56モレイラ<br>12ト10ト2人<br>[4][4][4]35.2<br>好位伸34.5<br>ノッキングポ |
| 1中① 1.5<br>1勝 混 …<br>宇内取消<br>………<br>56Mデムーロ<br>9ト6ト<br>右前肢挫創<br>アヴニールド<br>5ヵ月半休外傷 | 2阪① 3.25<br>毎日杯 G III 別定 5<br>天外1470<br>484Ⓜ0.4<br>56和田竜<br>13ト10ト9人<br>[3][3][3]35.5<br>好位儘35.7<br>シーズンリッ | 3中❶ 3.25<br>1勝 混 2<br>天内1546<br>480Ⓢ0.0<br>56戸崎<br>11ト9ト1人<br>[2][2][2]40.0<br>直競負35.7<br>セオ | 2中❽ 3.19<br>スプリング G II 馬齢 10<br>天内1498<br>480Ⓗ0.9<br>56西村淳<br>16ト9ト5人<br>[9][10][10]37.6<br>中位儘36.4<br>ベラジオオペ | 2東⑩ 5.21<br>1勝 混 3<br>天芝1340<br>492Ⓢ0.9<br>56吉田豊<br>11ト8ト6人<br>[7][6][8]36.6<br>後方詰33.7<br>シルトホルン | 3中❷ 3.26<br>ミモザ 1勝 牝 1<br>宇内2069<br>474Ⓗ0.0<br>54津村<br>11ト11ト3人<br>[9][6][2]37.6<br>徐々進39.2<br>イージーオン | 2中京[4] 3.19<br>Fウォー 1勝 馬齢 3<br>天芝1363<br>490Ⓢ0.1<br>56吉田隼<br>8ト2ト1人<br>③③③37.4<br>前塞る34.3<br>ティニア |
| 3東⑥ 6.18<br>1勝 混 1<br>天芝1455<br>444Ⓜ0.1<br>55Mデムーロ<br>15ト6ト4人<br>[6][6][6]35.7<br>中位差34.3<br>トラマンダー | 3ヵ月<br>休養<br>仕上がり8分<br>放牧<br>調整<br>鉄砲成績<br>0 0 1 0<br>2走目成績<br>1 0 0 0 | 2東⑧ 5.14<br>1勝 混 1<br>天芝1474<br>476Ⓢ0.8<br>56レーン<br>13ト3ト1人<br>[3][3][3]36.3<br>先抜出33.0<br>ワイドアラジ | 1京⑫ 5.28<br>白百合 L 別定 2<br>天外1460<br>474Ⓢ0.0<br>56幸<br>8ト7ト4人<br>[3][3]③35.5<br>一旦先34.0<br>バルサムノー | 3東[4] 6.11<br>1勝 混 2<br>天芝1350<br>488Ⓢ0.1<br>55吉田豊<br>13ト9ト1人<br>[7][7][7]37.2<br>中位伸33.8<br>マルチャン | 2東④ 4.30<br>スイートピー L 馬齢 3<br>天芝1477<br>470Ⓢ0.1<br>54津村<br>13ト7ト3人<br>[9][8][9]37.1<br>中位伸33.1<br>ウヴァロヴァ | 1京⑫ 5.28<br>白百合 L 別定 1<br>天外1460<br>494Ⓢ0.0<br>56西村淳<br>8ト8ト3人<br>[6][6][6]35.7<br>中位差33.6<br>アイスグリー |

## 穴八番●2023年7月2日・福島11RラジオNIKKEI賞（3歳GⅢ、芝1800m）

### 難解な3歳ハンデ重賞で印上位（▲◎○）3頭がワンツースリー

### 馬連6460円、3連複4690円、3連単5万60円！

このレースは▲⑥エルトンバローズ→◎⑦シルトホルン→○⑭レーベンスティールで決まったが、1、2着馬は調教の動きがよく、どちらかを本命にしようと考えていた。

最終的にシルトホルンを上に取ったのは、好位から安定したレース運びができる点。当レースはコース形態もあってか、過去の傾向から逃げ、先行型が強く、それに合致するのがこちらだった。

そして、父のスクリーンヒーローは2007年のラジオNIKKEI賞で14番人気ながら2着に好走。また、上位3頭はすべて1勝クラスを勝ち上がっての参戦だったが、シルトホルンは2頭より1～2キロ軽い54キロで出走できた点も魅力だった。

ハナを主張する②グラニットの2番手からレースを進めたシルトホルンは、4コーナーを抜群の手応えで進出する。このとき、「勝てるかも！」と心でつぶやきドキドキしたが、エルトンバローズにねじ伏せられてしまった。

それでもレーベンスティールの追撃をハナ差しのいで2着を確保し予想的中。◎○の3連複2頭軸流しを買い、馬券でも儲かった。

▲◎馬は、オープン勝ちがある⑩バルサムノートや⑨ウヴァロヴァイトより人気を集め（3、4番人気）、しっかり結果を残すのだからお客さんたちの競馬力に改めて感心した。特に福島のファンは日本でいちばん馬券が上手といわれている。それが証明されたレースだったかもしれない。

1着▲⑥エルトンバローズ （3番人気）
2着◎⑦シルトホルン （4番人気）
3着○⑭レーベンスティール（1番人気）

単⑥ 830 円
複⑥ 210 円 ⑦ 330 円 ⑭ 130 円
馬連⑥－⑦ 6460 円
馬単⑥→⑦1万 3170 円
3連複⑥⑦⑭ 4690 円
3連単⑥→⑦→⑭5万 60 円

先行勢が有利というレース傾向通りに、先行4番手の⑥エルトンバローズ、3番手の⑦シルトホルンのワンツーに。3、4番人気の決着で馬連6460 円は好配当といっていい。大外から追い込んだ⑭レーベンスティールは2着にハナ差届かなかった。

| | | | | | | |
|---|---|---|---|---|---|---|
| ⑥エルトンバ栗CW良 | 6F84.4 | 68.1 | 52.3 | 36.9 | 11.6⑧馬なり先 |
| 14栗ＣＷ良加藤祥 | 7F97.0 | 65.4 | 50.6 | 36.2 | 11.4⑤馬なり遅 |
| 21栗ＣＷ良西村淳 | 6F81.5 | 66.2 | 51.6 | 37.0 | 10.9⑦一杯追先 |
| 28栗坂助手 566 420 129馬なり | | | | | |
| ↗ ２週前はＧＩ馬と併せて、先週も意欲的。万全。【A】 | | | | | |
| ⑦シルトホル美W稍 | 6F86.0 | 70.0 | 55.1 | 39.9 | 12.0⑥馬なり併 |
| 15美ＤＷ稍大　野 | 6F87.0 | 70.4 | 55.0 | 39.8 | 12.3⑧馬なり |
| 21美ＤＷ稍大　野 | | 68.1 | 52.6 | 38.2 | 11.7④馬なり併 |
| 25美ＤＷ稍上野翔 | | 70.7 | 55.5 | 40.8 | 13.0⑧馬なり |
| 28美ＤＷ稍大　野 | 6F83.8 | 67.6 | 52.7 | 37.8 | 11.3⑥馬なり併 |
| （古３勝ロジティナ強めの内を追走併入） | | | | | |
| ↗ 促さずとも速いラップを刻める。充実一途で注目。【A】 | | | | | |

⑥エルトンバローズと⑦シルトホルンの調教。前者は1週前（6月 21 日）の栗東ＣＷでの6F 81.5—10.9 が秀逸。後者はレース当週（6月 28 日）の美浦ＤＷでの6F 83.8—11.3（馬なり）に注目。また両方とも､レースで騎乗するジョッキーが追い切っているのも好印象だ。

| 枠馬番 | 白1 1 | 黒2 2 | 黒2 3 | 赤3 4 | 赤3 5 | 青4 6 | 青4 7 | 黄5 8 | 黄5 9 |
|---|---|---|---|---|---|---|---|---|---|
| 父 | サトノダイヤモンド | サクソンウォリアー | ロードカナロア | ビーチパトロール | キズナ | ガンランナー | ブラックタイド | ロゴタイプ | マジェスティックウォリアー |
| 馬名 | エリザベスベイ | スカイラー | カフェクリア | オズモポリタン | サンマルリアン | ブレードランナー | カヤドーブラック | ロゴナンバーワン | ルレーブアマゾン |
| 母（母の父） | ミスティックリップス輸入（ジェネラス） | トレジャリング輸入（ハヴァナゴールド） | ラフレーズカフェ4勝（マンハッタンカフェ） | ケージーハッピー3勝（ジェイドロバリー） | デイドリーム1勝（アドマイヤムーン） | バンボッシュ輸入（タピット） | ミニレイスター公営（シニスターミニスター） | トーコーディオーネ公営（エンパイアメーカー） | マリノアマゾネス0勝（マンハッタンカフェ） |
| 性齢・毛色 | 牝3 鹿毛 | 牝3 栗毛 | 牝3 黒鹿毛 | 牝3 青鹿毛 | 牝3 鹿毛 | 牝3 黒鹿毛 | 牝3 黒鹿毛 | 牝3 鹿毛 | 牝3 黒鹿毛 |
| 負担重量 | ☆53 | 54 | 54 | 54 | ☆53 | △52 | 54 | 54 | △52 |
| 騎手 | (替)角田大和 | 戸崎 | (替)田辺 | (替)内田博 | 永野 | (替)原 | (替)木幡巧 | 柴田善 | (替)小林脩 |
| 騎乗成績 | 0 0 0 0 | 0 0 0 1 | 0 0 0 0 | 0 0 1 3 | 0 0 0 3 | 0 0 0 0 | 0 0 0 0 | 0 0 1 1 | 0 0 0 0 |
| クラス賞金 | 0 | 0 | 0 | 0 | 0 | 0 | 0 | 0 | 0 |
| 総賞金 | [illegible] 0 | 193 | 160 | 363 | 153 | 291 | 110 | 278 | 0 |
| 厩舎 | 中舘(東) | 国枝(東) | 堀(東) | 本間(東) | 和田勇(東) | 尾関(東) | 黒岩(東) | 小野次(東) | 村田(東) |
| 小木曽大祐 | … | ○ | ⟁ | ▲ | △ | … | … | △ | … |
| 久保木正則 | … | △ | ⟁ | ○ | ▲ | … | … | △ | … |
| 黒津紳一 | … | △ | ▲ | ◎ | ○ | … | … | ⟁ | … |
| 郡和之 | … | … | … | ○ | △ | … | △ | ⟁ | ◎ |
| 中西徹 | … | ◎ | △ | ▲ | △ | … | … | ⟁ | … |
| 本紙 | … | ○ | ⟁ | ◎ | △ | … | △ | △ | … |
| 馬主名 | (有)シルクレーシ | エムズR | 西川光一 | 琴浦諒 | 相馬勇 | 田頭勇貴 | 黒澤尚 | (有)イーデン産業 | (株)クラウン |
| 生産牧場 | (安)ノーザン | (安)ノーザン | (浦)太陽牧場 | (ひ)松本牧場 | (平)高橋啓 | (日)浜本牧場 | (新)浜口牧場 | (安)ゼットS | (新)カミイス |
| 最高時計 1400 | 東芝1432⑬ | …… | 東芝1221⑩ | 三ダ1161⑭ | 東[illegible]④ | …… | …… | …… | 東ダ1277⑨ |
| 最高時計 1600 | …… | 東ダ1390④ | 中芝1373③ | 東ダ1384③ | 中[illegible]⑫ | 東ダ1387❽ | 東ダ1446⑮ | 東ダ1369❹ | 東芝1346⑪ |
| 最高時計 1700 | …… | …… | …… | …… | [illegible] | 福ダ1490④ | …… | 福ダ1469❸ | …… |
| 最高時計 1800 | …… | 福芝1501⑦ | …… | 中ダ1564③ | [illegible] | 新ダ1562④ | 中ダ1582⑦ | 中ダ1550❼ | …… |
| 距離別勝利 千七百以下 | 0 0 0 0 0 | 0 0 0 0 0 | 0 0 0 0 0 | 0 0 0 0 0 | 0 0 0 0 0 | 0 0 0 0 0 | 0 0 0 0 0 | 0 0 0 0 0 | 0 0 0 0 0 |
| 千八〜二千 | 0 0 0 0 0 | 0 0 0 0 0 | 0 0 0 0 0 | 0 0 0 0 0 | 0 0 0 0 0 | 0 0 0 0 0 | 0 0 0 0 0 | 0 0 0 0 0 | 0 0 0 0 0 |
| 二千一〜二千四 | 0 0 0 0 0 | 0 0 0 0 0 | 0 0 1 0 0 | 0 1 1 0 0 | 0 0 0 0 0 | 0 1 0 0 0 | 0 0 0 0 0 | 0 0 1 0 1 | 0 0 0 0 0 |
| 二千五以上 | 0 0 1 0 0 | 0 1 2 0 0 | 0 0 0 1 0 | 0 3 4 1 0 | 0 0 2 1 0 | 0 3 4 0 2 | 3 1 1 0 0 | 0 3 1 0 0 | 0 0 1 1 0 |
| 地方成績・兄弟馬 | 2月7日生 | カワ | 2月19日生 | ヤマタケクララ | オーシーズウォーム | ヴィーナスアイランド | (公)イエローキャブ | 初仔 | 3月12日生 |
| 前走3 | 《普通》父方 芝◎中〜長 ダ△<br>母方 芝△万能 ダ○ | 3東⑥6.19<br>新馬 4<br>千六芝1363<br>450Ⓢ0.2<br>54三浦<br>16ト6ス2人<br>一瞬鋭34.5<br>マイネルケレ<br>10ヵ月休骨折 | フィオーレカフェ⓪<br>ミーティアカフェ⓪<br>カフェクリスタ⓪<br>カフェグランデ現 | 3中③4.1<br>未勝利牝馬 8<br>千八ダ1570<br>488Ⓜ1.8<br>54内田博<br>14ト3ス4人<br>⑤③④38.2<br>不利重40.7<br>コロンビアテ | 5中⑧12.25<br>新馬(混) 5<br>千六外1376<br>442Ⓜ1.6<br>53永野<br>16ト14ス11人<br>②22 36.3<br>外回る36.8<br>ペリファーニ | 1福①4.8<br>未勝利牝馬 4<br>千七ダ1490<br>446Ⓜ0.9<br>54丹内<br>15ト6ス5人<br>744 37.8<br>好位儘39.8<br>ヴィラーゴス | 1東④2.5<br>未勝利 5<br>二一ダ2162<br>464Ⓜ1.2<br>54杉原<br>16ト12ス15人<br>688 39.2<br>中位詰38.4<br>マオノアラシ | 3中⑤4.8<br>未勝利 10<br>千八ダ1564<br>434Ⓜ1.2<br>54横山和<br>15ト9ス7人<br>556 38.2<br>好位下40.2<br>マンノライト | 初仔<br>[illegible]ヒシガーネット<br>[illegible]ヒシソロモン<br>[illegible]ヒシタイフーン |
| 前走2 | ミスティックグロウ③<br>ハーメティキスト現<br>チュウワノキセキ現<br>ラジエル現 | 1福⑥4.23<br>未勝利牝馬 7<br>千八芝1501<br>456Ⓢ0.6<br>53横山琉<br>16ト2ス2人<br>676 37.1<br>中位儘35.2<br>アマイ | 1中⑤1.14<br>新馬(混) 3<br>千六外1373<br>466Ⓢ0.5<br>54石橋脩<br>16ト2ス10人<br>逃粘る35.9<br>ポルカリズム<br>4ヵ月半休放牧 | 1新①4.29<br>未勝利牝馬 4<br>千八ダ1566<br>482Ⓜ0.6<br>54菱田<br>14ト12ス3人<br>⑦87 38.0<br>発馬躓39.6<br>ノーブルマル | 1中⑥1.15<br>未勝利(混) 12<br>千六外1374<br>440Ⓜ1.9<br>53永野<br>16ト1ス11人<br>逃一杯38.2<br>エエヤン<br>5ヵ月休放牧 | 1福⑤4.22<br>未勝利牝馬 7<br>千七ダ1498<br>446Ⓜ1.3<br>54丹内<br>14ト9ス3人<br>⑬⑨⑥39.3<br>中位儘38.6<br>ペイシャアン | 2東①4.22<br>未勝利(混) 8<br>二一ダ2156<br>458Ⓗ1.7<br>53永野<br>15ト9ス10人<br>547 38.1<br>好位下40.8<br>Ⓒサロンドブ | 3東❹6.11<br>未勝利牝馬 4<br>千六ダ1369<br>424Ⓗ0.7<br>54柴田善<br>15ト10ス7人<br>555 35.2<br>好位儘36.7<br>プチボヌール | 2東③4.29<br>未勝利牝馬 9<br>千四ダ1277<br>476Ⓗ1.4<br>54大野<br>16ト2ス9人<br>⑮⑭⑬37.5<br>後方詰38.2<br>アンジュール |
| 前走 | 2東①4.22<br>未勝利 13<br>千六芝1432<br>404Ⓢ8.0<br>54津村<br>13ト3ス9人<br>離殿儘39.6<br>エンデミズム<br>3ヵ月休放牧 | 3東⑧6.25<br>未勝利牝馬 4<br>千六ダ1390<br>462Ⓗ0.5<br>54戸崎<br>16ト5ス3人<br>433 35.1<br>好位儘38.9<br>シルバーニー | 3東②6.4<br>未勝利 10<br>千四芝1221<br>466Ⓜ0.9<br>54浜中<br>18ト5ス3人<br>…77 36.3<br>中位下34.8<br>グランドカリ | 2東⑨5.20<br>未勝利牝馬 3<br>千六ダ1384<br>490Ⓗ0.0<br>54菱田<br>16ト11ス2人<br>333 35.4<br>先粘る37.6<br>シルヴァティ | 3東⑤6.17<br>未勝利牝馬 4<br>千四ダ1263<br>430Ⓜ0.8<br>53永野<br>16ト15ス7人<br>⑥44 36.8<br>好位儘36.8<br>オリビアジュ | 3東❷6.4<br>未勝利牝馬 8<br>千六ダ1387<br>442Ⓗ1.4<br>54丹内<br>16ト1ス9人<br>⑫⑪⑫35.9<br>出遅不38.3<br>グレイウェザ | 3東❷6.4<br>未勝利 5<br>二一ダ2136<br>452Ⓜ1.5<br>53永野<br>15ト9ス6人<br>222 37.3<br>先一息39.1<br>ディズレーリ | 2福❶7.1<br>未勝利牝馬 3<br>千七ダ1469<br>424Ⓜ0.6<br>54柴田善<br>15ト9ス6人<br>222 36.7<br>先粘る37.9<br>イサチルキュ | 2東⑦5.13<br>未勝利 11<br>千六芝1346<br>470Ⓜ1.4<br>54大野<br>18ト8ス15人<br>487 35.1<br>中位下35.9<br>マルディラン |
| 福島ダ | 0 0 0 0 0 | 0 0 0 0 0 | 0 0 0 0 0 | 0 0 0 0 0 | 0 0 0 0 0 | 0 0 0 0 0 | 0 0 0 0 0 | 0 0 0 0 0 | 0 0 0 0 0 |
| 右芝 | 0 0 0 0 0 | 0 0 0 0 0 | 0 0 0 0 0 | 0 0 0 0 0 | 0 0 0 0 0 | 0 0 0 0 0 | 0 0 0 0 0 | 0 0 0 0 0 | 0 0 0 0 0 |
| 右ダート | 0 0 0 0 0 | 0 0 0 0 0 | 0 0 0 1 0 | 0 1 1 0 0 | 0 0 0 0 0 | 0 0 1 0 0 | 0 0 0 0 0 | 0 0 1 0 1 | 0 0 0 0 0 |
| 左ダート・左芝 | 1 0 0 0 0 | 1 1 0 1 0 | 1 0 0 0 0 | 4 2 1 1 0 | 0 1 0 2 0 | 0 4 3 0 2 | 0 4 1 0 0 | 0 1 3 0 0 | 1 1 0 0 0 |
| →ダ重 勝利 | ○0 0 0 0 | ○0 0 0 0 | ○0 0 0 0 | ○0 0 0 0 | ○0 0 0 0 | ○0 0 0 1 | ○0 0 0 1 | ○0 0 1 2 | ○0 0 0 0 |

福島 2
発走 10:45

3歳未勝利（牝馬）（指定）
ダ1700

レコード 1.43.1 ビルジキール 54戸崎

| 賞金（万円） | |
|---|---|
| ① | 550 |
| ② | 220 |
| ③ | 140 |
| ④ | 83 |
| ⑤ | 55 |

## 穴九番●2023年７月15日・福島２R（３歳未勝利、ダ1700m）

### 久保木正則の印

◎⑭ベルシャンソン
〇④オズモポリタン
▲⑤サンマルリアン
△③カフェクリア
△②スカイラー
△⑧ロゴナンバーワン
△⑩シズカノウミ
△⑬クレイプマートル

| ⑮ 桃8 | ⑭ 桃8 | ⑬ 橙7 | ⑫ 橙7 | ⑪ 緑6 | ⑩ 緑6 |
|---|---|---|---|---|---|
| レインボーライン<br>ウワサノアノコ<br>アノネノネ未登録<br>（キングズベスト）<br>牝3 鹿毛 | イスラボニータ<br>ベルシャンソン<br>キョウエイハッラッ1勝<br>（オペラハウス）<br>牝3 栗毛 | ジョーカプチーノ<br>クレイプマートル<br>パドブレ2勝<br>（ホワイトマズル）<br>牝3 鹿毛 | サトノダイヤモンド<br>ウォーカーカップ<br>エンシェントヒル7勝<br>（エンドスウィープ）<br>牝3 鹿毛 | ドゥラメンテ<br>エドノアンジェラス<br>ヴィヴァシャスヴィヴィアン輸入<br>（ディストーティドヒューマー）<br>牝3 鹿毛 | アポロキングダム<br>シズカノウミ<br>スズカノジェリコ0勝<br>（スズカマンボ）<br>牝3 栗毛 |
| 54 | ▲51 | 54 | 54 | ★50 | 54 |
| 替菊沢<br>0000 | 替水沼<br>0000 | 江田照<br>0001 | 替丸山<br>0000 | 替小林美<br>0000 | 大野<br>0210 |
| 0 | 0 | 0 | 0 | 0 | 0 |
| 0 | 0 | 323 | 0 | 0 | 998 |
| 石栗東 | 西田東 | 中川東 | 伊藤大東 | 相沢東 | 松山将東 |
| …… | △ | ◉ | …… | …… | △ |
| …… | ◎ | △ | …… | …… | △ |
| …… | △ | …… | …… | …… | △ |
| …… | △ | …… | …… | …… | ▲ |
| …… | …… | △ | …… | …… | ○ |
| …… | …… | …… | …… | …… | ▲ |
| 栗山道郎 | 有ノルマンディ | 有ミルファーム | 吉田和美 | 遠藤喜松 | プレミアムRH |
| 浦カケハム | ひ岡田スタ | 浦ミルF | 安ノーザン | ひフジワラ | 平オークツ |
| 3<br>中ダ1553⑧ | 1<br>中ダ2043⑯ | 東ダ1263❻<br>中芝1354⑨<br>東芝1497⑬ | 中ダ1584⑬ | 中ダ2008⑮ | 東ダ1257❸<br>福ダ1468❷ |
| 00000<br>00000<br>00000<br>02000 | 00000<br>00000<br>00000<br>01000 | 00000<br>00000<br>00010<br>01340 | 00000<br>00000<br>00000<br>01100 | 00000<br>00000<br>00000<br>02000 | 00000<br>00121<br>00010<br>00040 |
| 3月27日生 | 2月13日生 | ネクストストーリー | 2月2日生 | 5月9日生 | スリーシャトー |
| 初仔<br>プレフェリート<br>サトノグリッター<br>カースソーサラー | 父方：芝◎短〜中 ダ○<br>母方：芝○中〜長 ダ○<br>《早熟》 | 2帳④3.19<br>Fウォー1勝馬齢 8<br>天芝1386<br>512Ⓢ2.4<br>54杉原<br>8ト3ﾆ7人<br>⑦⑥⑤37.7<br>出遅不36.3<br>ティニア | フルヴィエール⓪<br>コルコバード⑤<br>リカピトス④<br>エンシェントアイル⓪ | サトノロブロイ②<br>パーリオミノル③<br>サトノフェイバー③<br>サトノルフィアン現 | 3東❷6.4<br>未勝利 3<br>西ダ1257<br>450Ⓗ0.3<br>54大野<br>16ト16ﾆ8人<br>⑥⑥⑥35.5<br>中位伸38.0<br>ケイツードラ |
| 1小②1.15<br>未勝利 10<br>天芝1518<br>420Ⓗ2.6<br>54黛<br>14ト7ﾆ13人<br>⑬⑬⑫37.7<br>出遅不38.2<br>ホウオウスー | リッカルド⑥<br>グリニッチヴィレジ現<br>クリュティエ②<br>アレッサンドロ⓪ | 3東❶6.3<br>未勝利牝馬 6<br>西ダ1263<br>520Ⓜ1.2<br>54杉原<br>16ト2ﾆ8人<br>⑭⑬⑫37.7<br>出遅不36.2<br>カフェブルー | 2中③3.4<br>未勝利牝馬 13<br>天ダ1584<br>428Ⓗ2.6<br>54岩田康<br>16ト16ﾆ12人<br>⑮⑭⑬39.1<br>出足悪41.6<br>ルルシュシュ | 5東⑥11.20<br>新馬混 8<br>三芝2061<br>528Ⓢ2.3<br>54石川裕<br>9ト1ﾆ9人<br>⑧⑧⑧39.5<br>馬若く36.1<br>マジカルワー | 3東⑤6.17<br>未勝利牝馬 2<br>西ダ1262<br>452Ⓜ0.7<br>54大野<br>16ト16ﾆ5人<br>⑧⑦⑦37.2<br>中位伸36.5<br>オリビアジュ |
| 2中❽3.19<br>未勝利牝馬 8<br>天ダ1553<br>414Ⓜ2.4<br>52小林凌大<br>16ト11ﾆ15人<br>出遅不39.0<br>スウィーヴェ<br>4ヵ月休放牧 | 1中⑤1.14<br>新馬牝馬 16<br>天ダ2043<br>476Ⓜ6.4<br>52小林脩<br>16ト2ﾆ10人<br>心細動44.7<br>エントラップ<br>6ヵ月休放牧 | 3東⑦6.24<br>未勝利 4<br>三ダ1203<br>524Ⓢ0.8<br>54江田照<br>16ト10ﾆ7人<br>…⑥⑥37.6<br>中位詰36.5<br>メモリーダラ | 2東⑦5.13<br>未勝利牝馬 …<br>天ダ落馬<br>426Ⓗ…<br>54杉原<br>16ト9ﾆ15人<br>落……<br>（S直後）<br>イノセンス | 5中③12.10<br>未勝利 15<br>天ダ2008<br>530Ⓜ6.3<br>54石川裕<br>15ト12ﾆ6人<br>後方儘43.5<br>ベルウッドグ<br>7ヵ月休放牧 | 2福❶7.1<br>未勝利牝馬 2<br>毛ダ1468<br>452Ⓜ0.5<br>54大野<br>15ト2ﾆ5人<br>③④③36.9<br>先行伸37.6<br>イサチルキュ |
| 00000<br>00000<br>00000<br>00110 | 00000<br>00000<br>00000<br>00100 | 00000<br>00000<br>00010<br>42020 | 00000<br>00000<br>00000<br>01100 | 00000<br>00000<br>00000<br>10100 | 00000<br>01201<br>01000<br>01300 |
| ○0001 | ○0000 | ○0001 | ○0000 | ○0000 | ○0111 |

## 穴九番●2023年7月15日・福島2R（3歳未勝利、ダ1700m）

### 前走ビリ馬を本命に抜擢した根拠は……
### 7番人気の◎激勝！そして2着は8番人気▲で馬連万馬券!!

毎週の調教で目についた馬を書き記すノートがあり、そこに3週連続で登場したのがベルシャンソン（左ページの写真）。新馬戦で▲と高い評価をしていたが、残念ながら心房細動によりタイムオーバーを喫してしまう。

今回はそれ以来のレースであったが、立て直しに成功して中間は好調教を連発していた。6月28日にウッドコースで1F11秒1、7月5日にも同11秒1と、デビュー前より楽に1秒以上もタイムを詰めていて、牝馬とは思えない力強い動き。初戦は度外視して本命にする価値がある。そう思わせる絶好の気配だった。

実戦でも調教の良さが結びつき、ベルシャンソンは完勝するのだが、前売りの段階でかなりの人気を集めていた。最終的には7番人気の単勝14・2倍で決着したが、二ケタ人気を想定していた自分としては腑に落ちず、馬連1160倍は的中したものの、何か釈然としない心持ちになった。

当たって文句をいっては、競馬の神様に叱られそうだが、たまにはこのような的中もあるのが競馬というものだろう。

**好球必打**

久保木 正則

**福島2R　ベルシャンソン**

新馬戦は心房細動でタイムオーバーを喫したが、立て直した中間の動きが良い。要注意。

1着◎⑭ベルシャンソン（7番人気）
2着▲⑤サンマルリアン（8番人気）
3着　⑮ウワサノアノコ（15 番人気）

単⑭ 1420 円
複⑭ 670 円　⑤ 440 円　⑮ 7440 円
馬連⑤－⑭1万 6050 円
馬単⑭→⑤2万 2990 円
3連複⑤⑭⑮ 70 万 830 円
3連単⑭→⑤→⑮ 265 万 2230 円

| | | | | | | | |
|---|---|---|---|---|---|---|---|
| ⑭ベルシャン美W稍 | | | 68.6 | 53.0 | 38.3 | 12.1④強めに併 |
| 28美DW稍助 | 手 | 6F84.5 | 67.9 | 52.4 | 37.4 | 11.0⑦馬なり先 |
| 2美DW稍助 | 手 | | | 54.6 | 39.9 | 12.9⑤馬なり |
| 5美DW稍水 | 沼 | 6F84.6 | 67.8 | 52.2 | 37.2 | 11.1⑥馬なり先 |
| 12美DW稍助 | 手 | 6F86.6 | 69.6 | 54.2 | 39.0 | 11.9⑨馬なり併 |

（3歳未勝利クーラント馬なりの外で先行併入）
↗ 先週は格上に余力残しで追走先着。一変あっても。【B】

## ◎③ボルドグフーシュ（６番人気、２着）

**中山 11** 発走 15：25 定量 芝内2500

| 馬番 | 枠 | 馬名 | 父 | 母（成績） | 母の父 | 性齢 | 毛色 | 負担重量 | 騎手 | 騎乗成績 | クラス 賞金 | 総賞金 | 厩舎 |
|---|---|---|---|---|---|---|---|---|---|---|---|---|---|
| 1 | 白1 | アカイイト | キズナ | ウアジェト 2勝 | （シンボリクリスエス） | 牝5 | 青鹿毛 | 55 | 幸 | 1 0 1 5 | オープン 7650 | 23002 | 中竹（西） |
| 2 | 白1 | イズジョーノキセキ | エピファネイア | キングダンサー 1勝 | （キングカメハメハ） | 牝5 | 鹿毛 | 55 | （替）岩田康 | 3 3 1 4 | オープン 5150 | 16224 | 石坂公（西） |
| 3 | 黒2 | ボルドグフーシュ | スクリーンヒーロー | ボルドグザグ 輸入 | （レイマン） | 牡3 | 栗毛 | 55 | （替）福永 | 0 0 0 0 | オープン 4500 | 12984 | 宮本（西） |
| 4 | 黒2 | アリストテレス | エピファネイア | ブルーダイアモンド 0勝 | （ディープインパクト） | 牡5 | 鹿毛 | 57 B | （替）武豊 | 0 0 0 3 | オープン 8350 | 22223 | 音無（西） |
| 5 | 赤3 | ジェラルディーナ | モーリス | ジェンティルドンナ 9勝 | （ディープインパクト） | 牝4 | 鹿毛 | 55 | Cデムーロ | 1 0 0 0 | オープン 13100 | 29896 | 斉藤崇（西） |
| 6 | 赤3 | ヴェラアズール | エイシンフラッシュ | ヴェラブランカ 2勝 | （クロフネ） | 牡5 | 青毛 | 57 | （替）松山 | 1 0 0 0 | オープン 25750 | 54968 | 渡辺（西） |
| 7 | 青4 | エフフォーリア | エピファネイア | ケイティーズハート 3勝 | （ハーツクライ） | 牡4 | 鹿毛 | 57 B | 横山武 | 6 1 0 2 | オープン 34800 | 73663 | 鹿戸雄（東） |
| 8 | 青4 | ウインマイティー | ゴールドシップ | アオバコリン 公営 | （カコイーシーズ） | 牝5 | 芦毛 | 55 B | 和田竜 | 1 0 2 4 | オープン 4000 | 13003 | 五十嵐（西） |
| 9 | 黄5 | イクイノックス | キタサンブラック | シャトーブランシュ 4勝 | （キングヘイロー） | 牡3 | 青鹿毛 | 55 | ルメール | 3 2 0 0 | オープン 19300 | 40324 | 木村（東） |
| 10 | 黄5 | ジャスティンパレス | ディープインパクト | パレスルーマー 輸入 | （ロイヤルアンセム） | 牡3 | 青鹿毛 | 55 | （替）マーカンド | 0 0 0 0 | オープン 5000 | 14310 | 杉山晴（西） |

| 馬番 | 小木曽大祐 | 久保木正則 | 黒津紳一 | 郡和之 | 中西徹 | 本紙 |
|---|---|---|---|---|---|---|
| 1 | … | … | … | … | … | … |
| 2 | … | … | … | … | … | … |
| 3 | △ | ◎ | ▲ | △ | △ | △ |
| 4 | … | … | … | … | … | … |
| 5 | △ | ▲ | △ | ▲ | △ | ▲ |
| 6 | △ | ◬ | ◬ | ◬ | ◬ | ◬ |
| 7 | △ | … | △ | △ | … | △ |
| 8 | … | … | … | … | … | … |
| 9 | ◬ | ○ | ○ | ○ | ○ | ○ |
| 10 | ▲ | △ | △ | … | ◎ | … |

| 馬番 | 馬主名 | 生産牧場 | 最高着順 1800 | 2000 | 2400 | 2500 | 距離別勝利 二二〇〇以下 | 二二〇〇〜二八〇〇 | 二八〇〇以上 | 地方成績・兄弟馬 |
|---|---|---|---|---|---|---|---|---|---|---|
| 1 | 岡浩二 | 浦辻牧場 | 東芝1455⑩ | 中京芝1578③ | 亖芝2121① | 中芝2331⑦ | 1 4 0 0 0 / 1 3 0 0 0 | 0 2 0 0 0 | 3 10 1 1 1 | イチバンヤリ |
| 2 | 泉一郎 | ひ沖田哲夫 | 東芝1445① | 阪芝1585② | 亖芝2125⑤ | …… | 0 4 1 0 0 / 0 4 0 0 0 | 0 2 0 0 0 | 2 4 5 0 0 | アイスブラスト |
| 3 | （有）社台RH | 社台ファ | …… | [illegible]③ | [illegible]① | [illegible]② | 2 1 0 0 0 / 1 0 0 0 0 | 2 1 0 0 0 | 0 2 0 0 0 | コンボルド |
| 4 | 近藤英子 | 安ノーザン | 阪芝1480② | 新芝1597① | 阪芝2245② | 中芝2330⑥ | 2 1 1 0 0 / 3 3 0 0 0 | 0 0 0 0 0 | 7 1 0 0 2 | カタリーナ |
| 5 | サンデーR | 安ノーザン | 小[illegible]① | [illegible]② | [illegible]④ | …… | 2 4 0 0 0 / 0 1 1 0 0 | 0 1 1 0 0 | 1 2 3 0 0 | モアナアネラ |
| 6 | キャロットF | 白白老F | 阪ダ1521❸ | 阪ダ2084② | 東芝2237① | 中芝2332③ | 4 2 0 0 0 / 0 4 0 0 0 | 3 2 0 0 1 | 1 6 0 0 0 | テイクザヘルム |
| 7 | キャロットF | 安ノーザン | 東芝1476① | 東芝1579① | 東芝2225② | 中芝2320① | 1 5 0 0 1 / 1 0 0 0 0 | 0 0 0 0 0 | 1 1 0 0 0 | ヴァンガーズハート |
| 8 | （株）ウイン | 新コスモヴ | 函芝1484⑧ | 阪芝1583① | 東芝2246③ | …… | 0 3 1 0 0 / 0 1 0 0 0 | 2 0 0 0 0 | 3 5 2 0 0 | リアルフェイス |
| 9 | （有）シルクレーシ | 安ノーザン | 東[illegible]62① | 東芝[illegible]75① | 東芝[illegible]19② | …… | 0 3 0 0 0 / 1 1 0 0 0 | 0 0 0 0 0 | 0 0 0 0 0 | 3月23日生 |
| 10 | 三木正浩 | 安ノーザン | …… | 中芝2005⑨ | 東芝2232⑨ | 京芝3025③ | 1 2 0 0 0 / 0 1 0 0 0 | 1 0 0 0 0 | 1 1 0 0 0 | アイアンバローズ |

（最高着順欄の大きな数字：⑨ 1、⑤ 3、③ 2）

| 馬番 | 前走4 | 前走3 | 前走2 | 前走1 |
|---|---|---|---|---|
| 1 | 2阪④4.3 大阪杯G I定量 10 / 二千内1592 / 514Ⓜ0.8 / 55幸 / 16ト5ゞ4人 / 13 11 10 36.8 / 外回る35.5 / ポタジェ | 2東⑧5.15 ヴィクトリアG I定量 8 / 千六芝1328 / 512Ⓜ0.6 / 55幸 / 18ト14ゞ12人 / 後方詰33.1 / ソダシ / 5ヵ月休放牧 | 4東④10.15 府中牝馬GII別定 10 / 千八芝1455 / 528Ⓜ1.0 / 56幸 / 15ト15ゞ8人 / ⑭ 13 12 36.2 / 後方儘34.4 / イズジョーノ | 5阪④11.13 エリザベG I定量 4 / 二二内2137 / 524Ⓜ0.7 / 56幸 / 18ト14ゞ11人 / 18 18 15 37.3 / 外伸る35.7 / ジェラルディ |
| 2 | 2阪⑨4.23 難波3勝定量 7 / 千八外1454 / 466Ⓢ0.7 / 55川田 / 7ト6ゞ1人 / 3 3 3 35.8 / 中位下34.2 / サターン | 3阪①6.18 垂水3勝ハンデ 1 / 千八外1466 / 460Ⓢ0.0 / 54和田竜 / 12ト7ゞ3人 / 中位差33.7 / ノースザワー / 4ヵ月休放牧 | 4東④10.15 府中牝馬GII別定 1 / 千八芝1445 / 466Ⓜ0.0 / 54岩田康 / 15ト6ゞ12人 / 9 11 12 35.8 / G前鋭33.3 / ソダシ | 5阪④11.13 エリザベG I定量 10 / 二二内2145 / 470Ⓜ1.5 / 56ルメール / 18ト7ゞ10人 / 12 13 13 36.6 / 後方儘36.7 / ジェラルディ |
| 3 | 3中京①5.7 京都新聞GII馬齢 3 / 二二芝2098 / 484Ⓜ0.3 / 56松田 / 12ト9ゞ5人 / ⑫ 12 12 35.4 / 殿り伸35.0 / アスクワイル | 4中京②6.5 一宮2勝定量 1 / 二二芝2116 / 490Ⓢ0.3 / 53松山 / 8ト7ゞ1人 / 後追鋭34.8 / タガノカイ / 3ヵ月半休放牧 | 5中京⑦9.25 神戸新聞GII馬齢 3 / 二二芝2118 / 496Ⓢ0.7 / 56吉田隼 / 17ト2ゞ4人 / 15 13 16 36.7 / 外伸る34.3 / ジャスティン | 4阪⑦10.23 菊花賞G I馬齢 2 / 三千内3024 / 496Ⓗ0.0 / 57吉田隼 / 18ト4ゞ7人 / ⑬ 10 4 36.7 / 後方伸36.3 / アスクビクタ |
| 4 | 5東⑧11.28 ジャパンG I定量 9 / 二四芝2258 / 480Ⓢ1.1 / 57横山武 / 18ト9ゞ4人 / 1 2 2 37.0 / 先行下35.3 / コントレイル | 5中⑧12.26 有馬記念G I定量 6 / 二五内2330 / 474Ⓜ1.0 / 57武豊 / 16ト11ゞ9人 / 後方詰36.4 / エフフォーリ / 5ヵ月休外傷 | 2東⑫5.29 目黒記念GIIハンデ 17 / 二五芝2332 / 488Ⓢ1.1 / 575武豊 / 18ト15ゞ5人 / 後方儘34.7 / ボッケリーニ / 4ヵ月休放牧 | 4阪③10.10 京都大賞GII別定 11 / 二四外2256 / 478Ⓢ1.3 / 56鮫島駿 / 14ト3ゞ4人 / 5 4 4 37.3 / 中位下34.9 / ヴェラアズー |
| 5 | 4中京①6.4 鳴尾記念GIII別定 2 / 二千芝1578 / 452Ⓢ0.1 / 54福永 / 10ト9ゞ4人 / 7 7 7 37.5 / 後方伸33.6 / ヴェルトライ | 4小②8.14 小倉記念GIIIハンデ 3 / 二千芝1582 / 458Ⓜ0.8 / 54福永 / 15ト4ゞ1人 / 9 11 9 35.3 / 中位伸35.0 / マリアエレー | 4中⑦9.25 オールカマーGII別定 1 / 二二外2127 / 464Ⓢ0.2 / 54横山武 / 13ト2ゞ5人 / 5 5 6 37.1 / イン伸35.1 / ロバートソン | 5阪④11.13 エリザベG I定量 1 / 二二内2130 / 470Ⓜ0.3 / 56Cデムーロ / 18ト18ゞ4人 / 12 11 9 36.6 / 中位抜35.4 / ウイ・ライ |
| 6 | 2東⑦5.14 緑風3勝定量 3 / 二四芝2244 / 512Ⓢ0.1 / 57戸崎 / 12ト11ゞ4人 / 11 11 11 38.0 / 後方伸33.8 / アルビージャ | 3東③6.11 ジューン3勝ハンデ 1 / 二四芝2257 / 510Ⓢ0.3 / 56ルメール / 15ト9ゞ1人 / 中位鋭33.9 / ブレークアッ / 4ヵ月休放牧 | 4阪③10.10 京都大賞GII別定 1 / 二四外2243 / 518Ⓢ0.4 / 56松山 / 14ト10ゞ2人 / ⑩ 11 10 38.0 / G前鋭33.2 / ボッケリーニ | 5東⑧11.27 ジャパンG I定量 1 / 二四芝2237 / 518Ⓢ0.1 / 57ムーア / 18ト6ゞ3人 / 9 10 10 36.9 / イン伸33.7 / シャフリヤー |
| 7 | 5中⑧12.26 有馬記念G I定量 1 / 二五内2320 / 516Ⓜ0.1 / 55横山武 / 16ト10ゞ1人 / 中位差35.9 / ディープボン / 3ヵ月休放牧 | 2阪④4.3 大阪杯G I定量 9 / 二千内1591 / 522Ⓜ0.7 / 57横山武 / 16ト6ゞ1人 / 中位儘35.5 / ポタジェ / 3ヵ月休放牧 | 3阪④6.26 宝塚記念G I定量 6 / 二二内2106 / 520Ⓗ0.9 / 58横山武 / 17ト4ゞ1人 / ⑧ 8 10 35.1 / 中位詰36.2 / Bタイトルホ | 6ヵ月休養 / 仕上がり8分 / ツメ不安 / 放牧 / 鉄砲成績 3 0 0 2 / 2走目成績 3 0 0 0 |
| 8 | 2東⑥5.8 メトロポL別定 4 / 二四芝2264 / 480Ⓢ0.5 / 54吉田隼 / 10ト3ゞ4人 / ① 1 1 37.0 / 逃一息35.4 / Bヴァイスメ | 3阪②6.19 マーメイGIIIハンデ 1 / 二千内1583 / 484Ⓜ0.3 / 54和田竜 / 16ト7ゞ10人 / 好位抜34.9 / Bマリアエレ / 3ヵ月半休放牧 | 4阪③10.10 京都大賞GII別定 3 / 二四外2249 / 486Ⓢ0.6 / 54和田竜 / 14ト11ゞ3人 / 7 8 7 37.5 / 中位伸34.0 / Bヴェラアズ | 5阪④11.13 エリザベG I定量 16 / 二二内2158 / 494Ⓜ2.8 / 56和田竜 / 18ト17ゞ7人 / 3 3 2 35.8 / 好位下38.8 / Bジェラルデ |
| 9 | 5東⑤11.20 東京スポGII馬齢 1 / 千八芝1462 / 482Ⓢ0.4 / 55ルメール / 12ト1ゞ1人 / 後追鋭32.9 / アサヒ / 5ヵ月休放牧 | 3中⑧4.17 皐月賞G I定量 2 / 二千内1598 / 492Ⓜ0.1 / 57ルメール / 18ト18ゞ3人 / 5 4 3 36.4 / 一旦先34.6 / ジオグリフ | 2東⑫5.29 ダービーG I定量 2 / 二四芝2219 / 484Ⓜ0.0 / 57ルメール / 18ト18ゞ2人 / 後方伸33.6 / ドウデュース / 5ヵ月休放牧 | 4東⑨10.30 天皇賞G I定量 1 / 二千芝1575 / 488Ⓗ0.1 / 56ルメール / 15ト7ゞ1人 / 10 10 9 36.2 / 中位鋭32.7 / パンサラッサ |
| 10 | 3中⑧4.17 皐月賞G I定量 9 / 二千内2005 / 458Ⓜ0.8 / 57Mデムーロ / 18ト10ゞ9人 / ⑰ 14 12 37.6 / 後方詰34.5 / ジオグリフ | 2東⑫5.29 ダービーG I定量 9 / 二四芝2232 / 448Ⓜ1.3 / 57Mデムーロ / 18ト9ゞ10人 / 中位儘35.4 / ドウデュース / 4ヵ月休放牧 | 5中京⑦9.25 神戸新聞GII馬齢 1 / 二二芝2111 / 452Ⓢ0.6 / 56鮫島駿 / 17ト7ゞ5人 / 5 4 3 35.4 / 好位抜34.4 / ヤマニンゼス | 4阪⑦10.23 菊花賞G I馬齢 3 / 三千内3025 / 452Ⓗ0.1 / 57鮫島駿 / 18ト17ゞ4人 / 6 6 4 35.9 / 中位伸36.5 / アスクビクタ |

レコード 2.29.5 ゼンノロブロイ 57ペリエ 04年12月26日

推定タイム 良 2.31秒台 重 2.32秒台

| 賞金（万円） | |
|---|---|
| ① | 40000 |
| ② | 16000 |
| ③ | 10000 |
| ④ | 6000 |
| ⑤ | 4000 |

馬場状態 不 重 稍 良

負担重量右と、成績欄1着馬または2着馬名左のBはブリンカー、Cはチークピーシズ着用を示す。

## 穴十番●2022年12月25日・中山11Ｒ有馬記念（ＧⅠ、芝2500m）＝

### 久保木正則の印

◎③ボルドグフーシュ
〇⑨イクイノックス
▲⑤ジェラルディーナ
△⑥ヴェラアズール
△⑩ジャスティンパレス
△⑬タイトルホルダー
△⑮ブレークアップ
△⑯ディープボンド

| 16 桃8 | 15 | 14 橙7 | 13 | 12 緑6 | 11 |
|---|---|---|---|---|---|
| キズナ<br>ディープボンド<br>ゼフィランサス3勝<br>（キングヘイロー）<br>牡5 青鹿毛 | ノヴェリスト<br>ブレークアップ<br>リトルジュン0勝<br>（クロフネ）<br>牡4 栗毛 | キングカメハメハ<br>ボッケリーニ<br>ポップコーンジャズ1勝<br>（ダンスインザダーク）<br>牡6 栗毛 | ドゥラメンテ<br>タイトルホルダー<br>メーヴェ5勝<br>（モティヴェイター）<br>牡4 鹿毛 | ディープインパクト<br>ポタジェ<br>ジンジャーパンチ輸入<br>（オーサムアゲイン）<br>牡5 鹿毛 | ノヴェリスト<br>ラストドラフト<br>マルセリーナ4勝<br>（ディープインパクト）<br>牡6 黒鹿毛 |
| 57 | 57 | 57 | 57 | 57 | 57 |
| 川田 | 替戸崎 | 浜中 | 横山和 | 吉田隼 | 三浦 |
| 0001 | 1200 | 1403 | 3002 | 1014 | 0118 |
| オープン 23200 | オープン 5250 | オープン 10800 | オープン 35250 | オープン 14600 | オープン 4250 |
| 55019 | 12561 | 28802 | 79311 | 36282 | 14544 |
| 大久龍 西 | 黒岩 東 | 池江寿 西 | 栗田徹 東 | 友道 西 | 戸田 東 |
| …〇…<br>…△…<br>………<br>…△…<br>…△…<br>…△… | ………<br>…△…<br>………<br>………<br>…△…<br>……… | ………<br>………<br>………<br>………<br>………<br>……… | …◎…<br>…△…<br>…◎…<br>…◎…<br>…▲…<br>…◎… | ………<br>………<br>………<br>………<br>………<br>……… | ………<br>………<br>………<br>………<br>………<br>……… |
| 前田晋二 | 阿部東亜子 | 金子真人HD㈱ | 山田弘 | 金子真人HD㈱ | ㈲社台RH |
| 新村田牧場 | 浦谷川牧場 | 安ノーザン | ひ岡田スタ | 安ノーザン | 白社台ファ |
| ……<br>京芝2011①<br>東芝2250⑤<br>中芝2321② | ……<br>中京芝2017②<br>東芝2260②<br>東芝2311① | 小芝1455②<br>新芝1596⑤<br>阪芝2247②<br>東芝2321① | 東芝1477②<br>中芝2011②<br>東芝2231⑥<br>中芝2325⑤ | 東芝1446⑥<br>小芝1578①<br>三芝2115⑪<br>…… | 東芝1461⑬<br>東芝1583②<br>三芝2136⑩<br>東芝2313⑤ |
| 41000<br>40001<br>01000<br>63000 | 50001<br>21001<br>30002<br>42000 | 14101<br>25001<br>10100<br>13300 | 42001<br>02000<br>00000<br>41001 | 06000<br>04000<br>02000<br>24000 | 02000<br>12001<br>20000<br>59004 |
| ダンケシェーン | ルナビス | ラブリーデイ | メロディーレーン | ルージュバック | ヒートオンビート |
| 2阪⑫ 5.1<br>天皇賞 GⅠ 定量 2<br>三芝3173<br>504Ⓜ1.1<br>58和田竜<br>18ト18ス1人<br>④④③37.9<br>盛返す37.1<br>タイトルホル | 3中京② 5.8<br>三方ヶ原 3勝ハンデ 11<br>三芝2114<br>488Ⓗ2.4<br>55斎藤<br>14ト9ス5人<br>②②②33.6<br>先一杯37.9<br>プリマヴィス | 3中① 3.26<br>日経賞 GⅡ 別定 2<br>云内2355<br>466Ⓢ0.1<br>56浜中<br>15ト6ス4人<br>③③④38.2<br>イン伸34.6<br>タイトルホル | 2阪⑫ 5.1<br>天皇賞 GⅠ 定量 1<br>三芝3162<br>474Ⓜ1.1<br>58横山和<br>18ト16ス2人<br>①①①36.5<br>逃切る36.4<br>ディープボン | 2阪④ 4.3<br>大阪杯 GⅠ 定量 1<br>二内1584<br>468Ⓜ0.1<br>57吉田隼<br>16ト8ス8人<br>好位差35.3<br>レイパパレ<br>3ヵ月休放牧 | 1新② 5.8<br>新潟大賞 GⅢ ハンデ 7<br>二外1583<br>470Ⓜ0.6<br>56三浦<br>15ト6ス8人<br>⑭⑭④36.9<br>接触34.5<br>レッドガラン |
| 3阪④ 6.26<br>宝塚記念 GⅠ 定量 4<br>三内2103<br>502Ⓗ0.6<br>58和田竜<br>17ト15ス3人<br>好位粘36.6<br>タイトルホル<br>3ヵ月休放牧 | 3東③ 6.11<br>ジューンS 3勝ハンデ 2<br>四芝2260<br>492Ⓢ0.3<br>55戸崎<br>15ト12ス6人<br>逃粘る34.6<br>ヴェラアズー<br>4ヵ月休放牧 | 2東⑫ 5.29<br>目黒記念 GⅡ ハンデ 1<br>五芝2321<br>464Ⓢ0.1<br>57.5浜中<br>18ト2ス2人<br>好位抜34.4<br>マイネルウィ<br>4ヵ月休放牧 | 3阪④ 6.26<br>宝塚記念 GⅠ 定量 1<br>三内2097<br>476Ⓗ0.3<br>58横山和<br>17ト6ス2人<br>先抜出36.1<br>ヒシイグアス<br>3ヵ月休放牧 | 3阪④ 6.26<br>宝塚記念 GⅠ 定量 11<br>三内2115<br>464Ⓗ1.8<br>58吉田隼<br>17ト18ス8人<br>後方儘36.9<br>タイトルホル<br>3ヵ月半休放牧 | 2東⑫ 5.29<br>目黒記念 GⅡ ハンデ 5<br>五芝2323<br>462Ⓢ0.2<br>56三浦<br>18ト12ス15人<br>中位詰34.1<br>ボッケリーニ<br>4ヵ月半休放牧 |
| 仏国 10.2 重<br>パリロンシャン<br>凱旋門賞 18<br>四芝2428<br>GⅠ Ⓗ7.1<br>59.5川田<br>④⑤⑭ 10人<br>20ト ジリ下<br>アルピニスタ | 4東③ 10.10<br>六社 3勝定量 1<br>四芝2263<br>498Ⓢ0.0<br>57戸崎<br>10ト3ス2人<br>③③③37.3<br>G前差34.2<br>マリノアズラ | 4阪③ 10.10<br>京都大賞 GⅡ 別定 2<br>四外2247<br>472Ⓢ0.4<br>57浜中<br>14ト2ス1人<br>⑤⑥⑦37.2<br>一旦先33.8<br>ヴェラアズー | 仏国 10.2 重<br>パリロンシャン<br>凱旋門賞 11<br>四芝2381<br>GⅠ Ⓗ2.4<br>59.5横山和<br>①①① 1人<br>20ト 逃一杯<br>アルピニスタ | 4東② 10.9<br>毎日王冠 GⅡ 別定 6<br>八芝1446<br>466Ⓜ0.5<br>58吉田隼<br>10ト6ス7人<br>④③⑤35.0<br>中位儘34.5<br>サリオス | 4東⑤ 10.16<br>オクトーバーS L 別定 2<br>二芝1583<br>468Ⓜ0.2<br>58三浦<br>16ト8ス6人<br>①①①37.8<br>後方伸34.1<br>ゴールドスミ |
| 3ヵ月<br>休養<br>仕上がり8分<br>放牧<br>調整<br>鉄砲成績<br>2212<br>2走目成績<br>1103 | 5東② 11.6<br>アルゼンチン GⅡ ハンデ 1<br>五芝2311<br>500Ⓢ0.2<br>54田辺<br>18ト7ス6人<br>③③③36.9<br>好位抜34.4<br>ハーツイスト | 5東⑧ 11.27<br>ジャパン GⅠ 定量 17<br>四芝2257<br>458Ⓢ2.0<br>57浜中<br>18ト18ス9人<br>⑥⑤④36.8<br>好位下35.9<br>ヴェラアズー | 3ヵ月<br>休養<br>仕上がり9分<br>放牧<br>調整<br>鉄砲成績<br>2002<br>2走目成績<br>2100 | 4東⑨ 10.30<br>天皇賞 GⅠ 定量 13<br>二芝1584<br>468Ⓗ0.9<br>58吉田隼<br>15ト4ス8人<br>⑫⑪⑪36.8<br>後方儘33.4<br>イクイノック | 5東② 11.6<br>アルゼンチン GⅡ ハンデ 5<br>五芝2313<br>468Ⓢ0.2<br>56三浦<br>18ト11ス4人<br>①①①37.9<br>中位詰33.7<br>ブレークアッ |

## 穴十番●2022年12月25日・中山11R有馬記念（GⅠ、芝2500m）

### 久保木流の有馬記念必勝法!?
### 波乱の主役たちは、いずれも〝ズ〟が高かった

おまけではあるが、有馬記念で狙うべき穴馬について触れておきたい。

あれは2018年のグランプリ。3歳馬ブラストワンピースを本命にすべく根拠を探していたが、これという決め手を見つけられず何度もレースを見直した。

すると、忘れかけていた走法の特徴に改めて気づく。それは〝頭の高さ〟。目から鱗が落ちた瞬間、過去に人気薄で激走した馬たちが走馬灯のように脳内を駆け抜けた。

・1992年　メジロパーマー（15番人気1着）
・2001年　アメリカンボス（13番人気2着）
　　　　　トゥザヴィクトリー（6番人気3着）
・2007年　マツリダゴッホ（9番人気1着）
・2010年　トゥザグローリー（14番人気3着、翌年も9番人気3着）
・2014年　トゥザワールド（9番人気2着）

これを切り口に◎を打ったブラストワンピースが歴戦の古馬たちを打ち破ると、私の有馬記念における最大のテーマは、頭が高い走りをする馬を探すことになり、ここ2年の本命馬は

・2021年　ディープボンド（5番人気2着）
・2022年　ボルドグフーシュ（6番人気2着）

と、大穴というほどではないがしっかり結果を残してくれている。なぜ頭の高い馬が有馬記念で好走するのかは捜査中だが、1年の総決算で迷ったときはぜひ参考にしてもらいたい。

| | |
|---|---|
| 1着○⑨イクイノックス（1番人気） | 単⑨ 230 円 |
| 2着◎③ボルドグフーシュ（6番人気） | 複⑨ 120 円　③ 270 円　⑤ 200 円 |
| 3着▲⑤ジェラルディーナ（3番人気） | 馬連③－⑨ 1320 円 |
| | 馬単⑨→③ 1770 円 |
| | 3連複③⑤⑨ 2520 円 |
| | 3連単⑨→③→⑤ 9740 円 |

2018 年 12 月 23 日・有馬記念予想◎ハービンジャーとその日の「好球必打」。

中山 11 発走 15：25

| 枠馬番 | 1白① | 2白② | 2黒③ | 2黒④ | 3赤⑤ | 3赤⑥ | 4青⑦ | 4青⑧ |
|---|---|---|---|---|---|---|---|---|
| 父 | ステイゴールド | ディープスカイ | ハービンジャー | ディープインパクト | ステイゴールド | ディープインパクト | ネオユニヴァース | ハービンジャー |
| 馬名 | オジュウチョウサン | クリンチャー | モズカッチャン | マカヒキ | パフォーマプロミス | サトノダイヤモンド | サウンズオブアース | ブラストワンピース |
| 性齢 | 牡7 | 牡4 | 牝4 | 牡5 | 牡6 | 牡5 | 牡7 | 牡3 |
| 母 | シャドウシルエット未出走 | ザフェイツ1勝 | サイトディーラー未登録 | ウィキウィキ1勝 | アイルビーバウンド2勝 | マルペンサ輸入 | ファーストバイオリン輸入 | ツルマルワンピース3勝 |
| 母の父 | （シンボリクリスエス） | （ブライアンズタイム） | （キングカメハメハ） | （フレンチデピュティ） | （タニノギムレット） | （オーペン） | （ディキシーランドバンド） | （キングカメハメハ） |
| 毛色 | 鹿毛 | 鹿毛 | 黒鹿毛 | 鹿毛 | 栗毛 | 鹿毛 | 黒鹿毛 | 鹿毛 |
| 負担重量 | 57 | 57 | 55 | 57 | 57 | 57 | 57 | 55 |
| 騎手 | 武豊 | (替)福永 | Mデムーロ | (替)岩田 | (替)Cデムーロ | (替)アヴドゥラ | (替)藤岡佑 | 池添 |
| 騎乗成績 | 2000 | 0000 | 1032 | 0000 | 0000 | 0000 | 0102 | 4002 |
| 条件 賞金 | 1600万 1100 | オープン 3400 | オープン 5075 | オープン 9650 | オープン 7950 | オープン 20150 | オープン 16275 | オープン 4850 |
| 総賞金 | 55899 | 中山入厩 21226 | 中山入厩 28837 | 中山入厩 49268 | 中山入厩 20936 | 中山入厩 86512 | 中山入厩 48150 | 13514 |
| 厩舎 | 和田郎(北) | 宮本(栗) | 鮫島(栗) | 友道(栗) | 藤原英(栗) | 池江寿(栗) | 藤岡健(栗) | 大竹(南) |
| 小木曽大祐 | | △ | ◉ | | | | | △ |
| 久保木正則 | | ▲ | △ | | | | | ◎ |
| 黒津紳一 | | | | | ⟁ | △ | | △ |
| 郡和之 | | | ○ | | ▲ | | | △ |
| 桧原正行 | | | △ | | △ | | | ▲ |
| 本紙飯田 | | | △ | | | △ | | ▲ |
| 馬主名 | ㈱チョウサン | 前田幸治 | ㈱キャピタル | 金子真人HD㈱ | サンデーR | ㈱サトミホース | 吉田照哉 | ㈲シルクレーシ |
| 生産牧場 | 平坂東牧場 | 新平山牧場 | 日目黒牧場 | 安ノーザン | 安ノーザン | 安ノーザン | 千社台ファ | 安ノーザン |
| 最高着順 1800 | 東芝1543① | …… | 阪芝1462⑦ | 東芝1459⑥ | 東芝1463① | 京芝1469① | 東芝1454⑨ | 阪芝1465① |
| 最高着順 2000 | 東芝2029⑧ | 中芝1581④ | 京芝2004❸ | 東芝1577⑦ | 函芝1598⑥ | 中芝1583③ | 札芝2007④ | 新芝1575① |
| 最高着順 2400 | 東芝2250① | 東芝2281⑬ | 東芝2244② | 東芝2240① | 東芝2251② | 東芝2219⑥ | 京芝2238② | 東芝2238⑤ |
| 最高着順 2500 | 芝2423⑪ | 芝3040③ | …… | …… | 東芝2298③ | 中芝2326① | 中芝2305④ | 芝3065④ |
| 距離別勝利 千二以下 | 20000 | 21000 | 13000 | 23000 | 43002 | 53001 | 02000 | 13000 |
| 千六～千八 | 00000 | 10000 | 10000 | 02000 | 20000 | 10000 | 71002 | 00000 |
| 二千～二千二 | 00000 | 20000 | 13000 | 10000 | 20001 | 12000 | 01000 | 00000 |
| 二千五以上 | 02000 | 42000 | 22000 | 24000 | 22000 | 41000 | 135004 | 20000 |
| 地方成績 兄弟馬 | 障害20戦12勝 ケイアイチョウサン | ワキノブレイブ | モズリュウオウ | ウリウリ | サルタート | リナーテ | クロイツェル | ヴィクトリアピース |

**好球必打**

久保木 正則

**中山11R　ブラストワンピース**

　平成最後のグランプリを迎えたが、波乱の記憶は4年メジロパーマー。世相を反映したのが13年のアメリカンボスで、この時の③着トゥザヴィクトリーは産駒のトゥザグローリーとトゥザワールドも激走。あとは19年のマツリダゴッホ。この馬たちの共通点は頭の高い走法。

　ブ"ラスト"ワンピースは『ズ』の高さなら現役屈指で、平成有馬のトレンドを継承。初めての中山は心配なく、同馬とすれば馬体をすっきり見せ、ようやく競走馬として完成の域へ歩み出した。2度の敗戦は共にGIだが、どちらも上手に乗れたとはいえないレースだし、完成度でも上位馬と差があったことを加味すれば負けて強し。活躍が目立つ3歳世代のトップと判断して中心視。

## ■「日刊競馬」をコンビニプリントで購入する方法

「日刊競馬」は東日本エリアの専門紙。西日本の方にはなかなか入手が難しいが、オススメはコンビニプリントでの購入だ。希望する方のために、下記に手順を記しておく。

**【セブンイレブン】**

①店舗のマルチコピー機で「プリント」を選択
②「コンテンツプリント」を選択
③「e プリントサービス」を選択
④左上の「競馬」を含むボタンを選択
⑤「中央競馬新聞」を選択
⑥「日刊競馬」を選択
⑦「商品種別」を選択
⑧「商品」を選択
⑨内容を確認し、次へ進む
⑩料金を投入し、プリントスタート

**【ファミリーマート・ローソン】**

①店舗のマルチコピー機で、右下の青枠ボタンを選択
②「e プリントサービス」を選択
③「競馬、競輪、ボート、オート、宝くじ」を選択
④「中央競馬新聞」か「地方競馬新聞」(「日刊競馬」では公営競馬版も発行している)を選択
⑤「最新版」か「バックナンバー」を選択
⑥「日刊競馬」を選択
⑦「レース別版」か「レース別ローカル版」を選択
⑧購入する新聞を選択
⑨内容を確認して購入ボタンを押す
⑩料金を投入し「プリント開始」で新聞をプリント

お問い合わせはｅプリントサービス 03・5830・1808 まで
その他、ネット新聞なども発行している。詳細は「日刊競馬新聞社公式ウェブサイト」まで

第2章

# 久保木流！
# 穴予想ファクター30

ひとくちに「競馬」というのは簡単だが、その背景には星の数ほどの予想ファクターが散りばめられている。この章では、オーソドックスなものから少しマニアックなものまで、それぞれの見解や活用法を、自分の経験を元に解説していきたい。

## その1【血統】皆が見る「父」より、「母」を見よ！

現在、競馬ファンが重要視しているファクターのひとつが血統かと思う。メディアで活躍している予想家の中には「血統予想」を売りに高い支持を受けている方もいるが、ひねくれ者の私には、血統通りに馬が走ったら苦労はしないという考えが根底にある。

そう思うようになったのは、競馬を始めたころに活躍していたトシグリーンの存在。同馬の父は1976年の菊花賞馬で天皇賞・春も勝ったステイヤーのグリーングラス。その産駒トシグリーンが京王杯（現・京成杯）AHを10番人気で快勝し、1200mのCBC賞も勝つシーンを見て、「血統は鵜呑みにしてはいかん」という結論に至った。

最近では、香港スプリントを勝ったロードカナロアから、ジャパンCを世界レコード勝ちするアーモンドアイが誕生したり、ブリーダーズCスプリントなどダートの本場アメリカの短距離で活躍したドレフォン産駒のジオグリフが皐月賞を勝ったりと、父の成績からは想像できない走りを見せる馬も現れている。

だからといって、もちろん血統をないがしろにしているわけではなく、私は母方に重きを置いている。

実際、先述の2頭は種牡馬だけ見れば距離に限界を感じるが、どちらも母は中距離で活躍していたから、こういう馬たちに出会うたびに、**「血統予想で重要なのは母系」**という思いが強くなる。

だから、新馬戦では兄弟や近親馬のデビュー戦を調べるし、コース替わりや距離変更の場合も同様。2019年4月21日の未勝利戦では、好走例があまりない「ダート→芝替わり」のマーヴェラスクイン（8番人気2着）に本命を打ったが、それまでのレースぶりと母のラズベリータイムが初めての芝で2着（6番人気）だったことが、その根拠となった。


牝系をたどって見つけた穴馬を▲に止めて悔しい思いをしたのが、14年の朝日杯FSだ。14番人気で2着に好走したアルマワイオリは、1992年の阪神3歳牝馬S（現・阪神ジュヴェナイルF）を9番人気で勝利したスエヒロジョウオーの孫。同じ舞台の2歳GⅠで波乱を演出した血統なら……とそこまではよかったが、気性の難しさがネックで◎を打つことができず、一生忘れることのできないレースとなってしまった。

血統は父系がクローズアップされがちで、特にダートは適性の高い種牡馬が広く知れ渡り、オルフェーヴルのダート替わりなどは馬券的な旨みがあまりない。好配当ゲットの近道は、母系を極めることだと思う。

## その2【馬体】「芝→ダ」など、コース替わりで一変する馬を見抜く！

馬体の良し悪しをどう判断して的中馬券に結びつけるかは後で触れることとして、ここでは馬の体型からわかる距離やコースの適性を自分なりに解説したい。

まず距離適性を探るうえでよくいわれるのが、スプリンターとステイヤーの違い。

これは人間の陸上選手を思い浮かべてもらうとわかりやすい。100m走の選手は筋肉質で実が詰まった分厚(ぶあつ)い体をしている場合が多い。一方、ほとんどのマラソンランナーは体脂肪が少ない痩せ型で、スラッとした体型をしている。

このことを馬に当てはめて適距離を判断するのはあながち間違いではなく、スピード馬は寸が詰まって胸前やトモの筋肉が発達し、横に幅があって丸みのある体が特徴。

まず頭に浮かぶのは、560キロを超える巨体を武器に1995年のスプリンターズSを制したヒシアケボノで、最近なら2016年の高松宮記念をレコードで圧勝したビッグアーサー。19年のスプリンターズSを勝利したタワーオブロンドンは、筋肉量が多くても柔軟性に富んでいた分、瞬発力も兼ね備えていた。

逆にステイヤーは胴と脚が長めでスッキリとした体型が多く、菊花賞や天皇賞・春の連覇などGIを7勝したキタサンブラックがその典型。同馬は栗東所属ながら東京競馬場でデビューしたが、初めてパドックで見たその姿は〝キュウリに割り箸〟。そこから驚異的な進化を遂げ、当時より26キロの馬体増で登場したジャパンCのパドックを目の当たりにしたときは、サラブレッドの成長力に唖然とした。

また、18年菊花賞3着で翌年のダイヤモンドSを制したユーキャンスマイルも、母の父ダンスインザダークに似て背中の長い造りをした馬。長距離馬の馬体的な特徴は長方形といっていいだろう。

それと、もうひとつ。馬体から適性を見極めやすいのがダートだ。

これは2つのポイントから探ることができるのだが、まずは体型。

**馬の蹄と脚を結ぶ「つなぎ」と呼ばれる部分が立ち気味で、腰の位置が高い馬はダートが得意**だと私は考えている。

ダート馬は歩き方にも特徴があり、一般的には「肩の出方や脚さばきが硬い」といわれている。

それを、もっとわかりやすい言葉で表現できないかと思案していたのだが、GI馬を手がけたこともある腕利きのベテラン厩務員から、**「前脚が突っ張り気味に地面へ着く馬はダート、たぐって歩く馬は芝」**という話を聞いたときに、目から鱗(うろこ)が落ちた思いがした。

このありがたい言葉をもらった後、ある新馬戦のパドックで、「この馬はダート馬だ」と思ったのがマドラスチェックだ。

20年TCK女王盃勝ちを含め、長く牝馬のダート路線を引っ張ったカナダ産まれの栗毛馬は、芝のデ

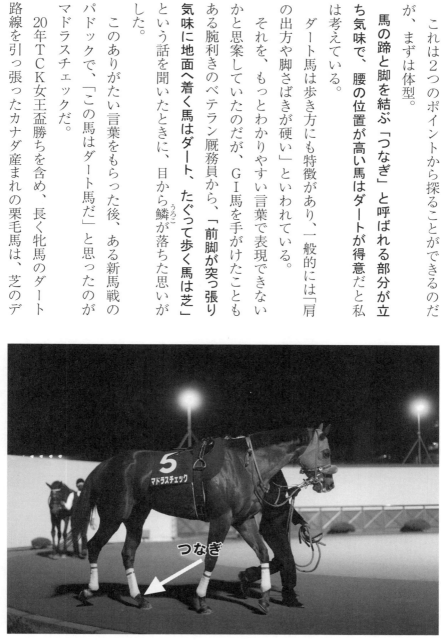

ビュー戦を逃げ切り、その後も芝のレースを2戦するのだが、新馬勝ちの翌週、「ダートのほうがよくない？」と調教助手へ話すと、「能力が高いので芝でも勝ちましたが、ダートなら相当な馬になりますよ」との返事。

実際に4戦目から路線変更をして先述の活躍へとつながっていくのだが、マドラスチェックが歩様からダート適性を探る自信を確信に変えてくれた。

馬体を含め、歩き方など目に見えるものは距離の延長や短縮、あるいは芝からダートなどレース条件が変わるときに役立つファクター。もちろん、ここで触れたことがすべて当てはまるわけではないが、ダート替わりに関しては自分なりに自信があるし、ここでは書き切れないほどの好配当を獲ってきた。もし、未勝利戦の初ダート馬に私が◎を打っていたら信じて買ってほしい。そして皆さんが芝のレースでパドックを見るときは脚元を凝視して、いつかダートで一変する馬を探してもらいたい。

## その3【走法】コース適性を分ける「ピッチ走法」と「ストライド走法」

前項の馬体と同様に、走り方でもサラブレッドの適性をある程度は探ることができる。競走馬はピッチ走法とストライド走法に分けられるが、一目瞭然でその違いに気づくレースがある。

アストンマーチャン（ピッチ走法）とウオッカ（ストライド走法）が残り100mから馬体を併せて叩き合った2006年の阪神ジュベナイルFがそれで、3歳でスプリンターズSを制した前者に対し、後者は64年ぶりの牝馬によるダービー制覇という偉業を成し遂げる。それぞれが進んだ道を見ただけでも、走法による適性の違いが手に取るようにわかる。

ピッチ走法は歩幅こそ小さいが脚の回転量が多く、トップスピードへ到達する速さが魅力。完歩が小さいから小回りのコーナーでもスピードは落ちにくいが、よい脚が長続きしないのが弱点。

阪神ＪＦでのアストンマーチャンがまさにこれで、ギアチェンジの速さで一旦は先頭に立つのだが、ラスト２Ｆ11秒２↓11秒９とラップ落ちして差されてしまう。同馬は３歳時に重賞を２勝するが、直線が短い中山（スプリンターズＳ）と阪神の内回り（フィリーズＲ）という点が、ピッチ走法の特徴を表している。

対するストライド走法は一完歩が大きく加速するのに時間を要するが、トップスピードに乗ると、それを長く持続できるため幅広い距離に対応できる。

阪神ＪＦのウオッカは直線の入り口でアストンマーチャンとほぼ同じ位置にいたが、ギアチェンジの速さで一度は離されてしまう。しかし勢いがついてからの走りは素晴らしく、一歩ごとにフォームが大きくなっていくストライド走法の特質がよくわかるレースだった。

ただ、ストライド走法は器用さに欠け、進路変更が苦手というタイプが多く、ウオッカがアストンマーチャンに置かれた要因のひとつがそれであり、コースの広さと長い直線で弱点を補えたから東京競馬場でＧⅠを６勝できたのだろう。

さらに、この走法は他馬に走りを併せてしまうと、良さが活きないという点もあり、**ルメール騎手が時折、条件戦で見せる意表を突いた逃げは、ストライド走法の馬を自分のリズムでのびのび走らせるため**ともいわれている。

また、ストライド走法は下級条件馬に対しては「大跳び」と呼び方が変わり、切れる脚が使えないからダートに適性があるといわれているが、私はこれに関しては半信半疑だ。というのも、大跳びの馬は歩幅の広さで距離を稼ぐのであって、力が必要なダートだと完歩が小さくなり、その良さが半減してしまうから。ダート替わりなら、距離に限界はあってもピッチ走法のほうがオススメ。

もちろん、走法がすべて距離適性に結びつくとは限らない。ドリームジャーニーのようにピッチ走法ながら1600~2500mのGⅠを勝利した馬もいる。

だが、このドリームジャーニー、GⅠ3勝を含む全9勝のうち阪神芝外回り2400mの神戸新聞杯以外は、すべて小回りコース（新潟内回り、中山、小倉、阪神内回り）で、東京競馬場では5戦して3着が一度あるだけ。**ピッチ走法は長い直線の追い比べは不向き**、ということはほぼ間違いないだろう。

## その4【調教】パターンの変化が馬券の買い消しにつながる！

競馬は公営ギャンブルの中で唯一、生き物が賭けの対象になっている競技。馬券を的中させるために競走馬の体調を知ることは重要で、その手がかりとなる調教に重きを置いて予想する方も多いだろう。専門紙の時計班として活動している私も、もちろんそのひとり。

私がトラックマンになったころよりも速い時計を出す厩舎が大幅に減り、新聞に載る追い切りタイムだけで比較するのが難しい現在、調教を分析するうえで大事なのは厩舎や各馬のパターン、特徴を把握することだ。

関東では、藤沢和雄厩舎の流れを汲む宗像、鹿戸、古賀慎、蛯名正厩舎の調教時計が遅いというのはよく知られている。他にもそれぞれ微妙な違いはあるが、**水、木曜日に時計的な強めの追い切りを消化し、日曜日に週中よりも遅めの調教を行なう**のが今の主流だ。

このパターンを頭に入れて調教欄を見ていくと、水→日→水→日曜日と時計を出している馬なのに、次の日曜日は時計が抜けている、ということがあったりする。

これは仕上がりが進み、週に一本の追い切りで大丈夫と厩舎が判断した場合が多いのだが、少し疲れが出たから緩めたということもある。無論、水曜日の追い切りが丸1週間ないというのはアクシデントの証拠。これは熱発というパターンが多い。

また、いつもはコース（美浦ならDW）で追い切りを行なう厩舎の馬が、坂路で追ったりす

## ●調教で目立った時計を出さない例

| | | | | | |
|---|---|---|---|---|---|
| ⑯レアジーニアス　美坂　助手 | | 59.1 | 43.8 | 14.9 | 馬なり |
| 22美DW稍助　手 | | 56.1 | 40.3 | 12.4⑦ | 馬なり |
| 25美DW稍助　手 | 72.9 | 56.4 | 39.7 | 11.3⑧ | G前強 |
| 28美DW稍小林脩 | 67.5 | 51.7 | 37.7 | 11.8③ | 強めに |
| 6美DW稍助　手 | 74.5 | 57.7 | 41.4 | 11.8⑨ | 馬なり |

⊟ 直前は息を確かめるように直線重点。力強い走り。【B】

▲奥平厩舎

| | | | | | | |
|---|---|---|---|---|---|---|
| ⑧パープルト美W稍　最高 | | 68.6 | 53.4 | 39.2 | 12.7⑨ | 強めに遅 |
| 14美DW稍助　手 | | 69.1 | 53.1 | 38.3 | 12.4⑧ | 一杯追併 |
| 21美DW稍助　手 | 6F85.2 | 68.6 | 53.4 | 39.2 | 12.7⑨ | 強めに遅 |
| 28美DW稍助　手 | 6F87.4 | 70.5 | 54.5 | 39.2 | 12.7⑧ | 強めに遅 |
| 2美DW稍助　手 | | | 54.6 | 38.8 | 11.9⑥ | 馬なり |
| 6美DW稍菅原明 | | 70.1 | 54.1 | 38.6 | 11.8③ | 馬なり併 |

（新馬ミルミル馬なりの内を追走併入）

☆ 集中力課題だが終いの伸びはまずまず。態勢整う。【C】

▲宗像厩舎

## ●調教で時計をしっかり出す例

| | | | | | | |
|---|---|---|---|---|---|---|
| ⑩ミシシッピ美W稍 | | 70.3 | 54.8 | 38.8 | 11.4⑤ | 馬なり先 |
| 15美DW稍柴田大 | 6F83.8 | 67.7 | 53.0 | 38.5 | 12.2⑧ | 馬なり |
| 21美DW稍柴田大 | 6F80.6 | 64.7 | 50.4 | 36.6 | 11.3⑤ | 一杯追先 |
| 28美DW稍柴田大 | 6F81.2 | 65.8 | 51.1 | 37.1 | 11.4④ | 馬なり |

↗ リフレッシュして加減なく調整。回転の速い走り。【A】

▲畠山厩舎

| | | | | | | |
|---|---|---|---|---|---|---|
| ⑧マスクオー美W稍 | 6F83.2 | 67.2 | 51.5 | 36.6 | 11.5⑥ | 馬なり併 |
| 22美DW稍石橋脩 | 6F82.9 | 66.4 | 51.9 | 38.0 | 12.3⑦ | 馬なり併 |
| 28美DW稍石橋脩 | 6F81.3 | 65.9 | 51.3 | 37.1 | 12.0⑧ | 馬なり先 |
| 5美DW稍助　手 | 6F82.6 | 66.5 | 52.0 | 37.8 | 11.9④ | 馬なり先 |

（古1勝ゲットアップ一杯の内で先行半馬身先着）

⊟ 少し切れ不足も動きに重さなし。好気配を保つ。【B】

▲牧厩舎

ると、何かしら不安を抱えているのでは？　と疑ったほうがいい。

自分の中では国枝、手塚、堀のリーディング上位厩舎がその対象で、国枝厩舎のアーモンドアイのようにツメの不安で坂路主体の調整だったにも関わらず、馬が強いので秋華賞を鮮やかに勝利して牝馬三冠達成！　ということもあるが、たいていは人気ほど走れない。

最近の例では、２０２３年１月の白富士Ｓで骨折による休養から１年７カ月ぶりの復帰を果たしたサトノフラッグ。ソエに悩まされた３歳の春先は坂路主体で調整されていたが、能力の高さで１勝クラス→弥生賞を連勝。その後、脚元が固まってからはウッドコースでの追い切りが中心となったが、復帰初戦の白富士Ｓ前は坂路のみだった。

メンバー中ただ１頭の重賞勝ち馬で、長期休養明けの馬がブランクを感じさせない走りを見せることが当たり前になった現在の状況から取捨に迷う存在だが……。坂路のみの調整内容から、まだ状態はよくないと判断できれば、軽視も可能だった（結果は跛行（はこう）のため競走中止→引退）。

ちなみに、同馬は菊花賞３着の後に出走したＡＪＣＣも坂路だけの追い切りで挑み、２番人気の支持を受けながら11着に敗れている。

ただ、近年は夏になると馬への負担を減らすため坂路追いを多めに取り入れる厩舎が増えているので、この時季はあまり気にしなくてもいいだろう。

そして、馬単位の比較でまず注目したいのがタイムの出し方。これはレース間隔とのバランスが大事で、例えばいつもはウッドコースの５Ｆ68秒くらいの時計で追われる馬が、中２週で66秒という数字を出した場合は状態が上向いていると判断できる。一方、ローテーションにゆとりがあるにも関わらず、普段よりタイムが遅いのはその逆といえる。

また、調教における自己ベストタイム更新は好調のバロメーターであり、**坂路追いからコース追いに変えてきた馬は、脚元や気性面の不安がなくなった**と捉えている。

これは併せ馬にも当てはまり、**それまで単走で追われていた馬が併せ馬をできるようになったのは、精神面と体質が強化された証拠**だと考えている。

実は、実際の調教課程でこの判断基準が間違っていないと教えてくれた馬がいる。

それは、阪神GIを3勝したタイトルホルダーだ。

同馬は3歳のダービーまでは気持ちが乗りすぎる面があり、レース週の追い切りで併せ馬を行なったのはデビュー戦の前のみだったが、ひと夏でパワーアップしたセントライト記念の最終調整で1F10秒9の猛時計を叩き出す。

残念ながら、このトライアルは直線で進路を確保できず13着に敗れたが、長距離輸送を考慮して坂路追いで挑んだ菊花賞前の最終追い切りでは、併せ馬を敢行してGI制覇を達成。あの10秒9がフロックでなかったことを証明する。

そして4歳になり、古馬2、3勝級とのスパーリングを当たり前のように消化できるようになると本格化し、22年の天皇賞・春と宝塚記念を圧勝したことは皆さんの記憶にも新しいところだろう。

だがその後、タフなレースになった凱旋門賞から帰国後に出走した有馬記念までの調整には少し物足りなさを感じた。早めにトレセンへ帰厩して本数は十分にこなしたが、春は5F64～65秒台を1本はマークしていた馬が、この中間は66秒9が最速。

レース週の併せ馬は2頭を追走して優勢の走りを見せたが、併せた相手は2歳の新馬と未勝利クラス。GIホースだけに、動きはそれなりによく見せたものの、その中身に疑問を感じて一時は無印も考えた。結局、マイペースの逃げが濃厚なので△の評価。……結果は9着に終わるのだが、同馬が本調子ではないという自分の判断が正しかったと確認することができた。

翌年、タイトルホルダーは日経賞で復活を遂げ、春の天皇賞で1番人気に支持されるが、まさかの競走中止。日経賞の後も調教時計は出ていたし、動きが悪いとも思わなかったが、返し馬で入念に体をほぐしていたあたり、目に見えない反動があったのかもしれない。

タイトルホルダーの調教過程を見てわかるように、それまでのパターンを知れば人気馬を消すことも可能になる。しかし、競馬新聞に掲載されているのは、前走時の最終追い切りと今回のレースまでの調教時計だけ。

では、どうしたら……と思われるかもしれないが、弊紙「日刊競馬」紙上には、数字だけではつかみ切れない動きの変化などが調教欄にメモとして掲載されている。それでも足りないという方には（他社の宣伝になるが）、競馬ブック社の「競馬ブックＷＥＢ」がオススメ。これは私も利用している有料サービスだが、各馬の調教履歴はもちろん、競馬のありとあらゆる情報が網羅されていて便利。これにレーシングビューワーで映像を確認すれば、まさに鬼に金棒。

馬券代はちょっと減るかもしれないが、調教を勉強して馬券で儲ければ利用料金は取り返せる。パターンの変化に気づき、それが当たり外れにつながったときの爽快感を皆さんにも味わってほしい。

## その5【気性】〝ピン・パー馬〟の馬券的な扱いは……

日本競馬の勢力地図を塗り替えたサンデーサイレンス。初年度産駒から多くの活躍馬を輩出し、ディープインパクトやステイゴールドなどを経て、その血は国内に留まらず世界中に広がっている。

サンデーサイレンス系の特長は、良くも悪くもその気性。性格の激しさが暴力的ですらあるレースでの強さを生み、ときには信じられないようなポカを犯すのだが、ファンはその危うさに魅力を感じ、特にステイゴールドやその子孫は一部の層から高い支持を集めている。

しかし、予想をしたり馬券を買ったりする立場からすると、〝アテにならない〟気性の馬は扱いに困る。真っ先に名前が浮かぶのはゴールドシップだが、この手の馬とうまくつき合っていくには思い切りが大事で、**買うなら1着固定だけ。そうでなければ馬券からは外す。**

実際に、ゴールドシップは凡走が目立ち始めてからも常に1～2番人気に推されたが、3歳以降は2着が1回、3着が2回しかない〝ピンかパー〟（勝つか着外）の走りを繰り返していた。

最近ではメイケイエールもこれに当てはまるが、こちらはもっと極端で、デビューしてから2、3着が一度もなく（ゆえに私の印は▲がほとんどだが）、1番人気で出走した2022年のスプリンターズSは中2週が気になり無印にして成功（馬券は不的中だったが）。条件馬でもこのタイプを見かけるが、下級条件のレースほど、このような馬は馬券から切るべきと考える

でも、気性の難しい馬だからこそ狙えるタイミングがある。それは距離を短縮してきたときだ。

ゴールドシップのような〝ズルい〟性格は除くが、先ほど挙げたメイケイエールがマイルのチューリップ賞を勝ちながら、3歳の秋以降はスプリント路線で活躍していることがその典型例といえる（23年

は久々にマイルの安田記念に出走するも15着に大敗）。

**調教駆けする馬も、気難しい（前向きすぎる）場合が多く、このタイプも距離を縮めてきたときが狙い目。**

現在、美浦の土田稔厩舎にオンマガトオル（牝）という1勝馬が在籍しているが、この馬は初出走が3歳の6月とかなり遅れたにも関わらず、デビュー前に坂路で52秒6という好時計をマークしていた。

しかし、初戦はスタートが悪くて力を出せず14着。2戦目（このときの最終追い切りでは51秒3にタイムを短縮）は福島ダート1700mで9着。続く3戦目は新潟の芝外回り1600mという適性のない条件に出走して10着と、結果を出せないまま未勝利戦が終わってしまう。

調教だけ走れば、と期待していた陣営は登録抹消をせず、9月の中山でダート1200mの1勝クラスに格上挑戦。すると、持ち前のスピードをようやく発揮することができたオンマガトオルは2着に好走した（8番人気）。この条件替わりを待っていた各社の坂路担当トラックマンはこの日、スキップをしながら競馬場を後にしたとか……。

馬の性格を把握するのは難しいが、馬柱に「折り合い欠く」や「引っかかる」、「気性難」といったレース短評が入っている馬の短距離戦出走は馬券の買い時。これは競馬新聞を見れば一目瞭然だから、ビギナーにも理解してもらえるはずだ。

●距離短縮が成功したオンマガトオル

| 日 | 場 | コース | クラス | 人気 | 着順 |
|---|---|---|---|---|---|
| 22.6.12 | 東京 | ダ 1400 | 未勝利 | 8 | 14 |
| 22.7.10 | 福島 | ダ 1700 | 未勝利 | 5 | 9 |
| 22.8.20 | 新潟 | 芝 1600 | 未勝利 | 6 | 10 |
| 22.9.10 | 中山 | ダ 1200 | 1勝クラス | 8 | 2 |
| 22.9.17 | 中山 | ダ 1200 | 1勝クラス | 1 | 1 |
| 22.12.24 | 中山 | ダ 1200 | 1勝クラス | 1 | 4 |

## その6【パドック①】イレ込んでいても買える！　では、買えないケースとは!?

競馬と聞いてまず頭に浮かぶのは白熱したレースだが、それと同じくらい重要でおもしろいのがパドック。サラブレッドを間近でじっくり見ることができるし、馬券的中へのヒントもたくさん隠されている。また、普段はあまり注目を浴びることがない調教助手や厩務員にとっては見せ場でもある。

私は仕事、プライベートを問わず、競馬場へ出かけたときは必ずパドックに足を運ぶ。予想や馬券の成果は芳しくないが、競馬マスコミの末端に身を置く者として、「パドックはどこを見ればいいのか？」という質問をよく受ける。

そんなときは、「馬の全体を見た直感を信じるのが一番。あとは目が合ったとか、かわいいとか、それで十分」と答えるが、これでは話が広がらないので、グリーンチャンネルの解説者らしく専門的なことに触れていく。

まずパドックの基本は、競馬新聞の馬柱に例えると「ヨコ＝出走馬同士」の比較ではなく、**「タテ＝競走生活を送る中で、どう変化してきたか」**を知ること。これは調教と似ているところがあり、その馬がいつもどのような周回をしているのかを把握しておく必要がある。

その中で、馬体が大きくなってきたとか、トモの甘さが解消してきたといった〝違い〟に気がつくと好配当を獲れたりする。しかし、毎週すべてのパドックを競馬場やテレビで観察するのは至難の業。だから、質問には先述のような返答をする。私自身、予備知識がない地方競馬で重視するのが雰囲気と直感だから。

「いやいや、それでもパドックは絶対に見るぞ」という方がまず迷うのは〝イレ込み〟かと思われる。

うるさい周回をしている馬がレースで好走する場合も多く、馬券から切って失敗したという経験を私もしているが、**いつもイレ込む馬はイレ込んでいい**というのが持論。

これを実証してくれた2018年のダービー馬ワグネリアンは、キャリアを重ねるごとにパドックでうるさくなりながらも東京スポーツ杯2歳Sまで3連勝。だが、弥生賞でかなりイレ込み連勝がストップすると、皐月賞に向けて陣営はよそ行きのソフトな仕上げを施し、その効果でパドックは落ち着いて周回できたものの7着（1番人気）に敗れてしまう。

そこから一転、イレ込みを覚悟で〝攻めの調整〟を敢行したダービーでは、チャカチャカとうるさい周回がパドックで見られた。結果、福永祐一騎手に悲願のダービー制覇を届けるのだが、私は調教の内容を本来の形に戻したことで◎を打てたし（5番人気）、パドックでチャカチャカする様子を見て自信を深めた会心のダービーだった。

ただ、イレ込みに2つの〝おまけ〟がある場合は、気持ちが必要以上も高ぶっていると用心しなければならない。

まずは**大幅な馬体減**。10キロ以上も体重が減って力んでいる馬は輸送やパドックへ到着する間に何かあったと思ったほうがいい。

そしてもうひとつが**発汗**。暑い時季ならともかく、冬場に腹帯のあたりから滝のような汗をかいている馬は体調に問題ありと疑うべきだろう。イレ込んでいるうえにこれらの症状が出ている馬、特にそれが上位人気に推されているのであれば、馬券から切るのもありだ。

## その7【パドック②】ただし〝白い汗〟は吉兆と思うべし！

引き続きパドックでの様子からわかる体調の良し悪しについて触れていこう。

前項の流れを汲んでまずは発汗から。これは人間に当てはめてもいいのだが、気温が上がれば汗をかくのは当たり前で、夏の開催で汗をかいている馬は割り引く必要がない。逆に皮膚が濡れてもいないような馬には注意しなければならない。

そして、冬場にダラダラと滝のような汗をかいている馬は好調とはいえない。精神的に苦しい状態にあると思える。

また発汗といえば、泡のような〝白い汗〟がゼッケンの周りに付着している馬を皆さんも見たことがあるはず。あの汗を目にすると、「調子が悪いのでは？」と疑いたくなるが、実はこれ、サラブレッドの汗に含まれているラセリン（糖タンパク質の一種）がゼッケンなどに擦れて発生するもの。ラセリンは洗剤などの成分でもある界面活性剤と似た性質を持っている。

人間と違い、体全体を毛で覆われている馬は汗を体表面に広げにくいのだが、ラセリンが被毛の表面張力を弱めることで汗の広がりを助け、効率よく熱を放散できる仕組みになっている。

ゼッケンの下に付着している白いものの正体は⁉ 実はラセリンという糖タンパク質の一種だった。

厩舎関係者によると、あの汗は**体調がよい証拠**でもあるとのこと。もし、「白い汗をかいているから状態が悪い」というパドック解説者がいたら、すぐに音声を消したほうがいい。

夏の発汗とは対照的に、寒い季節の馬たちは毛足が長い〝冬毛〟を身にまとう。皮膚感が厚く、毛ヅヤも冴えないので状態の判断に迷うこともあるが、冬毛は調子が悪いから生えるのではなく、寒さから身を守るために生え替わる毛なのであまり気にしなくてもいい。

特に牝馬は毛量が多く、ときにぬいぐるみかと思う馬もいるが、2019年のカーバンクルS→オーシャンSを中山で連勝したモズスーパーフレアは、モコモコの体つきでパドックを周回しながらも圧倒的なスピードを見せつけた。そしてこの時季は汗をかきにくいので、10キロ程度の体重増も気にする必要はない。

またこの季節、パドックを観察していると冬毛を刈っている馬を多く見かける。肌が露わになり、こちらの背筋がゾクッとしたりもするが、これは主に2つの理由がある。

まずは見た目の問題。先ほども触れたが、人馬の晴れ舞台に長い毛がボサボサの体で出走しては〝走る芸術品〟も形無しになってしまう。

そしてこちらが重要なのだが、冬毛のままだと体を洗ったときに根元までしっかり拭くことができず、残った水分が冷めて熱発してしまうことがあり、それを予防するために毛を刈るのだとか。人間も冬場の風呂上がりは湯冷めをしないようにしっかりと体を拭くが、見た目は寒々しくても、十分な手入れをするために大切な作業なのである。

私の中でパドックは重要項目のひとつであり、ゆえに文章も長くなってしまったが、白い汗や冬毛を刈ることに関しては疑問を感じていた。そこで厩舎関係者に取材をして、「なるほど！」と思える回答をかなり前にもらうことはできていたのだが、披露をする場がなく、ここで皆さんに伝えることができてうれしい。

そして、競馬場だけでなくテレビでもよいのでパドックを見てほしい。自分の眼で選んだ馬が的中馬券を届けてくれる快感はきっと癖になるはずだ。

## その8【馬具】初ブリンカー、チークピーシーズ……で、馬が一変する!?

サラブレッドの能力向上に欠かせない馬具。視野を制限することで走ることに集中させるブリンカーや、操縦性を高めるためのハミと鼻革などその種類は多岐に渡り、馬具の進歩が近代競馬発展の一助になっているといっても過言ではない。

ただ、馬具への興味はひとそれぞれで、トラックマンでもしっかり見ている人からそうではない者まで千差万別。個人的には会社の色が影響していると思っていて、先輩の教育で感心するほどしっかりチェックしている「勝馬」のトラックマンたちに対し、細かいことは気にしない社風の弊社は馬具に興味を示す人間はあまりいない。

私は初めて装着したブリンカーやチークピーシーズこそ気にしているが、一概にブリンカーといっても深さに差があったり、鼻革もクロス鼻革やメキシカン鼻革など種類が多かったりで（これはハミにも当てはまるのだが）、細部まで確認はできていない。

本来なら全馬の変化をチェックするのが理想でも、それは不可能というのが正直なところ。調教やパドックで馬の動きや雰囲気を見る時間は限られているから、装備よりそちらに重点を置いている。

現在、馬具に関してＪＲＡから正式に発表されているのはブリンカーのみだが、香港競馬を主催する香港ジョッキークラブではブリンカーはもちろんのこと、チークピーシーズやパシュファイヤー、さらにはクロス鼻革といった口周りの馬具までホームページなどで確認することができる。

ここまで親切だと馬装の変化に気づきやすいが、日本の競馬では専門紙の馬柱にブリンカー（Ｂ）やチークピーシーズ（Ｃ）などが掲載されている程度。この現状に不満はないが、ファンサービスの一環として、もう少し情報を発信してくれてもいいのに……とは思う。

ちなみに、チークピーシーズもＪＲＡが発表すべきではという話を耳にするが、しない理由のひとつは、レースの直前まで陣営に選択の時間を与えるため。ブリンカーの装着は木曜日の出馬投票時に申請すると取り下げはできないが、似た効果があ

モミアゲのようにも見えるボア状のチークピーシーズを装着し、左右を見にくくして前方に意識を集中させる。

るチークピーシーズまで同じようにしてしまうと、レースまでに試して装着するかどうかを決める猶予がなくなってしまう。

２０２１年のフェブラリーSで悲願のGⅠ初制覇を達成したカフェファラオは当時、この馬具を着けるかレースの直前に決めるという話もあった（結局は週の半ばに調教師から装着するというコメントが発表された）。ブリンカーとの差別化を図るためと思ってもらいたい。


このように馬具の変更は馬に変化をもたらし、それを知れば馬券的中につながることも事実。パシュファイヤーを装着し、手綱も工夫したメイケイエールが22年シルクロードSで一発回答したことは記憶に新しいが、このくらいの著名馬なら週半ばの報道で情報を得ることができる。

では、下級条件馬はどうしたらいいのか……となるが、そこはぜひ、出走全馬の厩舎コメントが掲載されている専門紙を活用していただきたい。

その中に、**「馬具を工夫する」といったものがある馬は馬券に絡めて損はないはず。**文字数の関係で簡素なコメントとなる場合も多くなるが、「ハミを替える」という馬がいたら眼をつぶって一票を投じてもらいたい。私も相手に入れるようにしている。

自分自身はファンの皆さんが馬具について深く知る必要はあまりないという気持ちでいるが、厩舎のコメントを始め、発信される情報には注意が必要。せっかく高いお金を出して買った新聞は隅々までしっかり目を通してもらいたい。どこかにお宝が眠っている……かもしれないから。

## その9【騎手】穴党秘蔵のジョッキーとは!?

レースで勝利するための比重は、「人の技量3に対して馬の力が7」というのを聞いたことがある方も多いと思う。

騎手は強い馬に乗れば勝つ確率が高くなるというのは自明の理だが、騎乗馬の質に恵まれていたわけではないスポット参戦の地方競馬ジョッキーが結果を出し、JRAへの移籍を可能にした事実を近年、目の当たりにして、この比率は少し違うのでは？　という思いを抱くようになった。

現在は、短期免許で来日する外国人ジョッキーが当たり前のように勝ち星を量産する時代。それなりに質のよい馬に騎乗しているとはいえ、慣れない競馬場で初めて乗る馬を勝利へ導く姿を見せつけられると、騎手の占める割合は高くなっていると考えざるを得ない。

しかし穴馬券が好きな私は、誰が乗っているかということにあまり興味はない。というか、気にしていたら人気薄の馬に本命は打てない。もちろん、相手の本線はリーディング上位が乗る有力馬になるが、騎手を重視するポイントはその馬に合うかどうか。

これに最も当てはまっているのが**木幡巧也**騎手で、先行タイプに騎乗したときの木幡巧騎手は成績がよく、3～4コーナー5番手以内だと単勝回収率が100％超え。特にダートでは同182％、複勝率32・5％と高い実績を残している（データは2016年～23年7月8日）。

レース運びが積極的で、バテそうな馬を頑張らせるというのが彼に対するイメージだったが、この数字を改めて見て、それは間違いではなかったと確信した。特に下級条件では頼りになる存在だ。

もうひとつ、騎手で馬券につながるのが連続騎乗。ワンアンドオンリーをコンビ4戦目でダービー馬へと導くなど、手の内に入れた馬で変幻自在のレースを見せてくれる横山典弘騎手が続けて同じ馬に乗るときはどんな競馬をするか非常に楽しみではあるが、息子の**横山和生**騎手はその血を濃く受け継いでいて、継続騎乗の際は注意が必要。

苦い思い出ではあるが、忘れもしないのが２０２１年のマーチＳ。厳密には連続ではないのだが、14番人気のオメガレインボーは２走前の門司Ｓで和生騎手と初コンビを組み、このときは好位からレースを進めて7着。続くポラリスＳは古川吉洋騎手が騎乗、距離を１４００ｍに短縮して差す競馬を試みるも7着だったが上がり最速をマークした。

そしてマーチＳでは再び和生騎手が騎乗するのだが、レースの形が極端に異なった近2走とジョッキーのタイプから決め打ちしてくると読んだ私は、オメガレインボーに◎を打ち3連複を購入。結果は3着に2分の1馬身差及ばずの4着で悶絶！　……だが、この人馬はその後、コースやペースに合せた自在な競馬でダートのオープンクラスを好走する。

また、未勝利戦ではあるが、23年1月9日の３Ｒを勝った15番人気のポンサンは、初騎乗でポジションを取るレースを試みて馬の前進気勢をつかむと、次走では一転、それを終いの爆発力に転化させる和生騎手らしいレースで馬連20万円超の大波乱を演出（単勝１８６・３倍！）。

この馬を管理する小西一男調教師は和生騎手の義理の父でもある。すべてに気がついて、こんな馬券を獲ってこそ真の穴党だよな……という気持ちにさせられるレースだった。

ＧＩを始め、クラスが高いレースにはリーディング上位のジョッキーが騎乗するから、騎手に注目することはあまり意味がない。**ジョッキーを知って馬券が獲れるのは未勝利戦や1勝クラス**と考える。

そして、**人気騎手はこのクラスで軽視することが上手につき合う方法。**単勝オッズを見ていると、ルメール騎手と戸崎騎手は名前だけで売れる傾向にある。しかし、いくら腕達者でも10の力の馬から100の能力を引き出すことはできない。単純に前走の着順や着差を確認するだけでもいい、必要以上に支持されているな……と思ったら、馬券から切ることが肝心だ。

## その10【調教師】ダートが強い、押せ押せローテで走らせる、芝2600mのプロなど多士済々

競走馬は調教師が選別して稽古を積むというのが、中央競馬の基本的な流れ。最近はセリ会場で牧場関係者から馬主を紹介されて預かることがあったり、クラブ馬主の場合は、「この馬をお願いします」というパターンもあったりするようだが、形式はどうであれ、馬の仕入れは経営者である調教師がその責任を負っている。

だからだろうか、トレセンで馬の様子を見ていると、調教師の好みが馬体に現れていることが多々ある。今、美浦トレセンでわかりやすいのが**高木登**調教師で、管理馬のほとんどは筋肉量が多く大きなフットワークでコースを駆けるダート向きの馬。それは成績にも表れていて、2007年の開業から積み上げた平地340勝のうち、芝113勝に対してダートは227勝とダブルスコア(23年7月9日終了時点、以降も同じ)。

ここには、芝からダート替わりで挙げた24勝も含まれているが、2022年の東京大賞典(大井)↓2023年の川崎記念(川崎)↓ドバイWCを連勝したウシュバテソーロは、5歳の4月にダートへ路線変更して素質が開花。高木厩舎の特長を体現する存在として厩舎を牽引している。

逆にこれと対照的なのが**友道康夫**調教師で、通算成績は芝４９４勝vsダート１８２勝と勝ち星に大きな差が開いている。重賞も芝が58勝なのに対し、ダートは開業から20年目で手にしたジュンライトボルトのシリウスSとチャンピオンズCの２勝だけ。ここまで極端な成績だと、馬券的な妙味にはありつけないかもしれないが、ジュンライトボルトのダート適性を見抜いた眼は評価すべきで、今後も砂の大物を輩出する可能性は高い。

その他で特徴的なのが**矢作芳人**調教師。GⅠ級の馬を除くとレース選択が実におもしろい厩舎だが、中でも連闘では55勝を挙げ複勝率25・7％。出走数が６１５ということを考えると好成績で、モズアスコットがこのローテーションで18年の安田記念を制覇したことも納得である。

また、中１～２週は勝率が11％超え、中１週の単勝回収率１０５％という数字が示すように〝押せ押せ〟の臨戦が狙い目。逆に半年以上の休み明けは勝率４・６％、複勝率17・１％と、どのレース間隔よりも成績が悪く、休養明け５戦目の単勝回収率が１７０％と高いところを見ても、使い込んでよくなる傾向がわかる。実際、矢作厩舎の馬は凡走が続いても一変することが多く、順調にレースを消化している馬は成績が平凡でもマークする必要がある。

躍進が目立つ若手では、今さら語るまでもないが、**中内田充正**調教師が３６１勝のうち川田将雅騎手で１６２勝。現役最強コンビといえるだろう。

そして21年開業の**辻野泰之**調教師は中～長距離馬を育てる技術に長けていて、通算63勝中２０００ｍを超える距離で20勝。21年の東京新聞杯を勝ちマイル路線で活躍していたカラテが、翌22年の新潟記念を制したのも厩舎の力があってこそだろう。中でも2200m【6・2・1・17】、2600m【4・1・0・5】と非根幹距離の成績が抜群で、北海道を始めローカル場に設定されている2600mは黙って辻野厩舎を買っておけば当たるのかもしれない。

トラックマン（私だけかもしれないが）はこのようなデータをあまり気にせず、「この厩舎はこの条件が得意」と認識している程度だが、少し調べただけでも傾向が顕著に表われている。

ここで取り上げたのはほんの一例だが、ターゲットなどの競馬予想ソフトで研究してもおもしろいし、データ本も出版されているはず。調教師の好みを知ることで競馬の楽しみはさらに広がるだろう。

## その11【生産者・馬主】チーム・ノースブリッジって、知ってますか？

予想や馬券を購入するときに、その馬の生産牧場や馬主を根拠にすることはまずない。

一大勢力であるノーザンファーム生産馬や、系列のクラブ馬に印を打つことが多くなるのは必然だが、判官贔屓の私は小さな牧場の生産馬や個人馬主さんを応援したいのが正直なところ。穴馬券が好きな要因のひとつは、この性格なのかもしれない。

近年の中央競馬は外厩であらかた馬をつくり、総仕上げをトレセンで行なうのが主流だが、牧場での様子を知ることができないこの流れはトラックマンとして歓迎とはいえず、放牧先での情報を得る目的で馬を持たずに大手クラブへ入会しているという人もいるくらい。トレセンに出入りしていても、入ってくる情報はファンの皆さんとそれほどの差はないのだ。

そんな世の中にあって、トレセンや競馬場に在厩したまま好成績を残している希有な馬がいる。あの

2023年AJCCを制したノースブリッジ。

ディープインパクトがその代表例だが、現役では2022年のエプソムCと23年のAJCCを勝ったノースブリッジ（生産・村田牧場、馬主・井山登氏、美浦・奥村武厩舎）。

同馬は2戦目の葉牡丹賞を勝利してから後、放牧へは出ていないのだが、手元に置いておくことでオフの時間や調教量を落としているときにもいろいろと教えることできるのだという。

在厩すれば外厩へ出すより預託料は高くなるが、それを理解してくれる度量の大きいオーナーと、それに応えるために頑張る馬や厩舎関係者。そして主戦ジョッキーであり、この馬のために美浦へ足繁く通う岩田康成騎手の〝チーム・ノースブリッジ〟は、トレセンの情報を伝える立場からすると馬券を離れて応援したくなる存在だ。

これから先、ノースブリッジがGⅠでも活躍すれば、こうした調整法を取り入れる調教師が増えるかもしれない。トラックマンにとって、それは何よりのやり甲斐となる。ちなみに、馬主の井山登さんはとても人柄がいい、と知り合いの馬主さんから聞いたことがある。ますます応援したくなる。

## その12【競馬業界人の予想】弊社、他社オススメのトラックマン

毎週の新聞作成段階において、一緒に仕事をしているトラックマンがどんな印を打つのかを知ることは基本的にできない。フタを開けてのお楽しみ……となるのだが、私は他人の予想にはさほど興味がなく、刷り上がった新聞でまず気にするのは予想欄の模様。これは買いたい！　と思う穴馬に何人もが◎を付けているとガクッとなる。

それは、その人が云々ではなく、「人気薄にいくつも本命が並んでいて当たるほど、都合よくコトが進むわけがない」という、ひねくれた考えが心の底にあるから。結果、すべてではないにしろ、外れの場合が圧倒的に多い。とどのつまり、自分にセンスがないだけの話なのだが……、

だからといって、弊紙の他のトラックマンの予想をまったく参考にしないということはなく、自分がノーマークでも厩舎担当者が重い印を打っている馬は買い目に入れたりする。細かな例は省くが、厩舎の話を印に反映させることが多い（と個人的に思っている）**藤本貴久TM、沢田美紀TM、山口瞬TM**の◎○▲がそれで、中でも沢田TMの鈴木伸尋厩舎は要チェック。「日刊競馬」を手にしたときは、ぜひ頼りにしてほしい。

また、トラックマンの特権を利用して他紙をいただくことがあるのだが、穴予想が売りの「競馬エイト」**野田慶一郎TM**と**沢田知希TM**の印には必ず眼を通す。特にこちらの沢田TMは第3場でも予想を

**スタッフ予想**

| 枠 | 馬番 | 馬名 | 脚質 | 能力指数 | 藤本 | 沢田 | 宮崎弘 | 山口瞬 | 廣中 | (編)樋口 | (編)小松 |
|---|---|---|---|---|---|---|---|---|---|---|---|
| 1 | 1 | オマツリオ | □↑□□ | 65 | △ | △ | △ | △ | ▲ | △ | … |
| 2 | 2 | ジャスパー | □□↑□ | 56 | … | … | … | … | △ | … | △ |
| 2 | 3 | ペリエール | □□↑□ | 66 | ◎ | ◎ | ○ | △ | ◎ | ○ | ▲ |
| 3 | 4 | ラフエイジ | □↑□□ | 47 | … | … | △ | △ | … | … | … |
| 3 | 5 | ワールズコ | □↑□□ | 47 | ▲ | △ | △ | △ | △ | △ | … |
| 4 | 6 | アイファー | □□□↑ | 48 | … | … | … | … | … | … | △ |
| 4 | 7 | サンライズ | □↑□□ | 48 | … | △ | … | ◎ | △ | … | △ |
| 5 | 8 | カレンアル | □□↑□ | 46 | … | … | … | … | … | △ | △ |
| 5 | 9 | グレートサ | □□↑□ | 60 | △ | ▲ | ▲ | △ | ○ | ▲ | △ |
| 6 | 10 | ニシキギミ | □↑□□ | 48 | … | … | … | … | … | … | … |
| 6 | 11 | ニシノカシ | ↑□□□ | 48 | … | △ | … | … | △ | … | … |
| 7 | 12 | ヘンリー | □↑□□ | 48 | △ | △ | △ | ▲ | … | △ | ◎ |
| 7 | 13 | ブライアン | □↑□□ | 48 | ○ | ○ | ◎ | ○ | △ | ◎ | ○ |
| 8 | 14 | ハードワイ | □↑□□ | 46 | … | … | △ | … | … | △ | … |
| 8 | 15 | メイショウ | □□↑□ | 39 | △ | … | … | … | … | … | … |

私が注目している同僚のトラックマン（藤本、沢田、山口TM）の印は〈スタッフ予想〉のコーナーで。

しているので、ローカル開催の馬券を買うときにはその本命馬を相手本線にするなど、ファン目線でアテにしている。

そして予想理論という点で勉強になるのが「競馬ブック」の**吉岡哲哉TM**。吉岡TMは本紙予想を担当しているので人気サイドの印構成となり、私とは趣味嗜好こそ合わないが、本命に至る話は理路整然としていて納得させられる。

ただ、そんな吉岡TMとごく稀に◎が重なることがあり、2021年11月7日の東京7Rでは12番人気のタイキザモーメントが2人の本命。このときは直線で伸び切れず8着に敗れたが、中京へ遠征した次走で10番人気ながら2着と好走。レースが終わった後に、「この前、走れよな……」とぼやき合ってしまった。

新聞業界以外では、フジテレビONEで放送されている「競馬予想TV！」を見るのも楽しみのひとつ。予想を生業（なりわい）としていることに変わりはなくても、ひとつの切り口から深く追求している予想家さんたちの話は、自分には気がつかないことも多く、出演者同士がバトルになったりする真剣さもおもしろい。

さて、自分の印はというと、これは数年前まで弊紙に連載されていた〝競馬人情〟というコラムに書かれていたのだが、作者の吉川良さんと知り合いで「日刊競馬」の読者でもある女性が、**「久保木記者だけが△を付けている馬の複勝を買っている」**と話している場面があり、それから自分でも気をつけてきたのだが、これがけっこう当たる。ポツン◎でないのが残念だが、複勝でも10倍以上が期待できる馬がほとんどなので、少し遊んでみてほしい。

取材で得た情報に自身の経験や知識を織り交ぜたトラックマンの印は、1週間の集大成でもある。自分と相性のよい人を見つけて参考にしてもらえればと思う。私の中では、「久保木が◎付けているから相手に入れてみよう」という使い方をされるのが理想で、その馬券が的中したならトラックマン冥利に尽きるというもの。しかも万馬券だったなら最高だ。

## その13【芝・ダート】芝→ダートより、ダート→芝のほうが妙味あり！

私が競馬を始めたころのダートは、芝で伸び悩んだ馬が新天地を求める場というイメージ。クロフネのように使いたいレースへ出走できず、仕方がないので走らせたら想像をはるかに越える適性を見せた馬もいるが、ＪＲＡのダート黎明期に活躍したナリタハヤブサがまず頭に浮かぶ。このころは能力の高さであっさりダートをこなす馬が多かった。

しかし、地方競馬との交流重賞が整備され、アサティスやサウスヴィグラス、そして最近ではヘニーヒューズなど適性がわかりやすい種牡馬が登場すると、早くからダート路線をターゲットにする傾向が強くなる。

さらに、中央と地方の3歳ダートクラシック路線の改革が発表され、世界最高賞金のサウジカップをパンサラッサが勝利したことで、この流れはますます加速することだろう。

とはいえ、「ダート馬だと思うけど、馬主の要望」で芝から下ろす場合もあり、そのような馬はダート替わりが狙い目で、参考になるのはやはり血統。ダート種牡馬の仔なら黙って買うのも悪くない。

ただ、**これが通用するのは未勝利、1勝クラスまで。**というのも、ダートをこなすタフさは経験で培われることが多く、砂を被ることに慣れる必要もある。3勝クラスやオープン馬は若い頃から厳しいレースで身に付けた底力があり、そこに未経験の馬が入って通用するほど現在のダート競馬は甘くない。

もちろん、ダート4戦目で2022年のチャンピオンズCを勝ったジュンライトボルトのような馬もいるが、後のGI馬もダート初戦はオープン特別で2着がやっと。そしてこの信念を貫き、血統や馬体から適性はあると思ったソダシも、2番人気だったチャンピオンズCは自信の無印（12着）で、一度経験したフェブラリーS（4番人気3着）は▲の評価。ダート競馬に対する自分の考えが間違いでないと自信を深めさせてくれた。

それでは逆のダート→芝はどうかというと、これは有無をいわずに買うことがオススメ。この場合は馬体に弱いところがあるのでダートを使ってきたが、脚元が固まったから芝へ……というのがほとんど。22年のジャパンCを勝利したヴェラアズールが代表的な存在で、芝路線を重視するＪＲＡではダート→芝より数が少ない分、配当的な妙味が期待できる。馬券のツボは「ダートから芝替わり」と考える。

## その14【距離】１４００ｍを巡るオイシイ話

リピーターが強いレースは？　と聞かれて、皆さんはどれを思い浮かべるだろうか。

私の場合は中山記念（GⅡ、中山芝1800m）と阪神カップ（GⅡ、阪神芝1400m）だが、賛同してくれる人は多いはず。非根幹距離というのがその共通点だ。

根幹距離というのは400mの倍数で、JRAの平地GⅠ24レースのうち19レースがこれに該当するいわば〝王道〟。非根幹距離はそのトライアル・レースに設定されているが、これを得意とする馬が多々いて、特に芝、ダートとも1400mはスペシャリストが誕生しやすい。

この距離で儲けさせてもらったのがウィンドライジズ。オープン馬ではなかったが、全38戦中23戦が1400mで、その成績は【3・5・2・13】。複勝率は43・5％を誇り、平均5・4番人気だから、この距離では頼りになった。

著名な馬では2022年の阪急杯とスワンS、さらには阪神カップと〝千四三冠〟を達成したダイアトニックや、8勝のうち5勝をダート1400mで挙げているレモンポップが有名。ただ、後者に関しては23年のフェブラリーSで距離が1F長いと判断して軽視したら圧勝されるという苦い経験をした。

また、条件クラスではあるが、ダート1400mと高い関連性のある距離が同1700m。これまた、どちらも非根幹距離だが、**1400mで好走実績のある馬が、ローカル競馬場の1700mへ出走してきた場合、あるいはその逆の1700m→1400mの場合、変わり身を見せる**ことがある。

これは1400mをこなすスピードが先行有利の小回りコースで生きたり、短い直線で追い込み切れなかった馬が1400mの速い流れでその決め手を発揮できたりということが要因と思われるが、これを頭に入れておくと思わぬ好配当にありつけるかもしれない。

## その15【馬場状態】芝の荒れてきた馬場、ダートの泥んこ馬場

もしも、競馬に関することで希望を叶えてあげるといわれたら、1年を通して晴れの良馬場で開催してほしいと神様にお願いする。週の半ばから土日の天気予報を気にしつつ予想をするが、雨が降るか降らないかの二者択一が当たらないこともある。ただ、それを恨みに思うことはない。自然の前で人間は無力だとわかっている。

馬場状態とひと口にいっても、芝は開催日ごとで雨により影響の違いがある。

もちろん雨量にもよるが、普通の雨なら、開幕から2週目あたりまではそれほど気にしない。しかし、開催が進んで馬場が痛み、芝が剥がれた箇所に雨が降るとそこを避ける騎手が増えてくる。内を開ける傾向が出てきた場合、私は枠が決まる前に予想が終わっているのでどうしようもないが、気にかけてほしいのは枠順だ。

馬の隊列を見ると外が有利と思えるが、実は逆で、外枠の馬は馬群の外々を走らされてしまい、特に小回りコースでは3~4コーナーのロスが大きくなり、直線が短いのでそれを挽回できないままレースが終わってしまう。理想は**3~6枠の中間枠**だと考える。

ダートも同じ重、不良だとしてもやはり違いがある。脚抜きのよい馬場は時計が速く先行有利になるのは当然だが、いちばん走りやすくタイムが出るのは稍重から重の間くらいだ。

田んぼのように水が浮き、バシャバシャと蹄音が聞こえるような馬場はそれより少し時計がかかり、意外と差し、追い込みが届いたりする。「前に行かないと……」という心理が、ジョッキーに働いて知

らず知らずのうちにペースが速くなるのだろう。

近年は週半ばの作業内容や含水率、そしてクッション値など馬場に関する情報がＪＲＡから発表されるようになり、安心して馬券を買えるようになったが、私自身、注意しているのは**冬場の凍結防止剤**。これに水分が加わると、少し力が必要な馬場になる。

馬場状態を含め、その他は参考にする程度。理由は後の項で触れるが、レースはジョッキーと馬に任せるしかないのだ。

## その16【トラックバイアス】問題は、ジョッキーがそれをつかんでいるかだ

よく使われる、「トラックバイアス」という言葉。馬場の傾向を知ることが競馬を予想するうえで重要とされているが、ちょっと考えてもらいたいことがある。レースに乗るのはあなた？　いや、そうではないでしょう。

トラックバイアスを考えることも必要だが、大事なのは、これを頭に入れて乗っている騎手を知ること。こちらがいろいろ知恵を絞ってもレースをするのはジョッキーなのだから、馬場状態を細かく知ってもあまり意味がないと思っている。

馬場の管理生育技術が飛躍的な進歩を遂げた現在の芝コースは、雨が降ると話は違ってくるが、日程が進んで見た目が悪くなっても、乾いていればインが有利だと考える。

それでも開催末のころには３～４コーナーで内を開けるジョッキーが増え、それをあざ笑うかのようにポカッと開いたコースの内めから抜けてくる馬がいる。そのジョッキーを記憶しておこう。

そう考えてまず頭に浮かぶのは**ルメール**騎手だが、同騎手は普段から外を回らないレーススタイルで、これが悪化した馬場で威力を発揮する。

印象的だったのは、2022年のキーンランドC。ルメール騎手が騎乗したヴェントヴォーチェはスタートが悪く後方からの競馬になったが、3コーナー付近から荒れて皆が避けたラチ沿いへ誘導して、出遅れの不利を挽回した。4コーナーでは他馬が外々へ進路を取る一方、内をすくって抜け出し快勝。これは開催が進んだ小回りコースの手本のような騎乗だった。

その他では**横山武史**騎手もインへ突っ込んでいくイメージだが、同騎手は持ち前の積極的なレースぶりに、先行有利な現代競馬の流れが追い風となって台頭。それに他の裏をかく進路取りが重なれば、今の好成績も納得できる。エフフォーリアで制した皐月賞の手綱さばきは見事だった。

また、若手で注目しているのが**菅原明良**騎手。雨が降ってコース取りが難しい22年2月13日の小倉競馬にスポット参戦した同騎手は、芝で6戦し1勝（11番人気）・2着2回（13、8番人気）。馬場がギリギリよい内から3～5頭分に進路を取った騎乗は、ローカルの福島で勝てるコースを知っていた大西直宏元騎手を彷彿とさせたが、それは素晴らしく、悪い馬場で頼りになるジョッキーとして私の中にインプットされている。

ただこの日、唯一の1番人気だった10R太宰府特別（フィアスプライド）は5着に敗れたのだが、これは狙った進路を取れなかっただけ。後日、彼と仲がよいトラックマンにこの日の話をしたところ、本人も勝てるコースはわかっていて、フィアスプライドだけはやはり思った競馬ができなかったとのこと。

この年の夏、菅原明騎手は開催最終日の新潟記念を勝つが、こちらも馬場を考慮に入れた無駄がない最高の騎乗だった。

トラックバイアスを考えるうえでしてはいけないのが、レースを見た目だけで判断すること。例えば、逃げ先行馬が残るレースばかり続いたとして、それがスローペースの前残りなら、馬場ではなくペースの影響が大きい。

逆に、人気薄の馬がハイペースで飛ばしたのに、なぜか粘って好配当！　そんな結果が多いなら、それはトラックバイアスによるところだろう。

また、レースによって馬場傾向がコロコロ変わると話す人もいるが、天候の目まぐるしい変化でもない限り、それはあり得ない。ペースやラップの上がり地点など、内容を精査することが肝要だ。

スタートが切られてしまえば、その後、私たちはどうすることもできない。馬場傾向の把握は、馬券的中における運が占める割合を少しでも低くするための大事な要素だが、それは騎手も含めて初めて成立する。**イレギュラーな状況下でどのような騎乗をするか。**そこにポイントを置いて予想することが真のトラックバイアスだ。

## その17【季節成績】夏馬・冬馬……バカにできない穴の要素がコレ

トラックマンとして美浦へ通うようになってからのつき合いが、実は花粉症。プロ野球のオープン戦が佳境となり、クラシックのトライアルが始まる春の中山開催は心が躍る時季だが、鼻は詰まるし眼もかゆく、1年で最も苦手な季節。

サラブレッドの敵は暑さになるが、調べてみると時季によって調子の良し悪しがわかりやすい馬もい

**●1番人気イルーシヴパンサーを無印（2022年6月5日・安田記念）**

| 枠馬番 | ①白1 | ②白1 | ③黒2 | ④黒2 | ⑤赤3 | ⑥赤3 | ⑦青4 | ⑧青4 | ⑨黄5 | ⑩黄5 |
|---|---|---|---|---|---|---|---|---|---|---|
| 東京11 発走 15：40 | アメリカンフェロー<br>㊋カフェファラオ<br>メアリズフォリーズ（モアザンレディ）<br>牡5 鹿毛 | ディープインパクト<br>ヴァンドギャルド<br>スキア輸入（モティヴェイター）<br>牡6 鹿毛 | ポイントオブエントリー<br>㊋ロータスランド<br>リトルミスマフェット（スキャットダディ）<br>牝5 鹿毛 | ジャスタウェイ<br>ダノンザキッド<br>エピックラヴ輸入（ダンシリ）<br>牡4 鹿毛 | キングカメハメハ<br>ホウオウアマゾン<br>ヒカルアマランサス4勝（アグネスタキオン）<br>牡4 栗毛 | トゥザグローリー<br>カラテ<br>レディーノパンチ未出走（フレンチデピュティ）<br>牡6 黒鹿毛 | キズナ<br>ファインルージュ<br>パシオンルージュ3勝（ボストンハーバー）<br>牝4 鹿毛 | ハーツクライ<br>イルーシヴパンサー<br>イルーシヴキャット2勝（キングカメハメハ）<br>牡4 黒鹿毛 | キングマン<br>㊋シュネルマイスター<br>セリエンホルデ（ソルジャーホロウ）<br>牡4 鹿毛 | キングカメハメハ<br>エアロロノア<br>エアワンピース4勝（ロックオブジブラルタル）<br>牡5 鹿毛 |
| 負担重量 | 58 | 58 | 56 | 58 | 58 | 58 | 56 | 58 | 58 | 58 |
| 騎手 | 福永 | ㊟岩田望 | ㊟Mデムーロ | 川田 | 坂井瑠 | 菅原明 | ㊟武豊 | 田辺 | ルメール | 幸 |
| 騎乗成績 | 1000 | 1011 | 0000 | 2023 | 0212 | 4214 | 0000 | 4000 | 3101 | 1001 |
| クラス 賞金 | オープン 16150 | オープン 9470 | オープン 10150 | オープン 5500 | オープン 6200 | オープン 7900 | オープン 9300 | オープン 4450 | オープン 13200 | オープン 5200 |
| 総賞金 | 32879 | 29280 | 21996 | 16793 | 15757 | 17111 | 21914 | 10612 | 30270 | 11815 |
| 厩舎 | 堀㊟東 | 藤原英㊟西 | 辻野㊟西 | 安田隆㊟西 | 矢作㊟西 | 辻野㊟西 | 木村㊟東 | 久保田㊟東 | 手塚㊟東 | 笹田㊟西 |
| 小木曽大祐 | | △ | △ | | | ◉ | | △ | ○ | |
| 久保木正則 | ◎ | ◬ | ▲ | △ | | △ | | | △ | |
| 黒津紳一 | | | | △ | △ | | △ | ▲ | ○ | |
| 郡和之 | | | △ | | | | △ | ◎ | ○ | |
| 中西徹 | | ◬ | △ | △ | | | ▲ | ◎ | △ | |
| 本紙飯田 | | | | ◬ | △ | | △ | ▲ | ○ | |
| 馬主名 | 西川光一 | ㈲社台RH | ㈱小林英一HD | ㈱ダノックス | 小笹芳央 | 小田切光 | 六井元一 | 草間庸文 | サンデーR | ラッキーF |
| 生産牧場 | 米Pポンパ | 國社台ファ | 米Aソウン | 安ノーザン | 安ノーザン | 新中地康弘 | 安ノーザン | 安追分F | 胆ノーザン | 國社台ファ |
| 最高時計 1400 | …… | …… | 阪芝1197① | …… | 阪芝1206② | …… | 東芝1233[1] | …… | 芸芝1305① | …… |
| 最高時計 1600 | 東ダ1338❶ | 阪芝1325⑥ | 新芝1327① | 阪芝1328③ | 阪芝1324② | 中芝1322⑤ | 阪芝1312③ | 東[illegible]① | 東芝1316① | 阪芝1316⑤ |
| 最高時計 1800 | 韓ダ1502⑥ | 東芝1455⑧ | 小芝1466⑤ | 東芝1475① | …… | 中芝1468② | …… | 東[illegible]① | 東芝1448① | 阪芝1457① |
| 最高時計 2000 | 函芝1594⑨ | 中芝2022⑥ | …… | 中芝2023③ | …… | 福芝2013⑨ | 中芝1582① | 東[illegible]② | 中芝2022② | 京芝2041[3] |
| 距離別勝利 千六百以下 | 02404 | 01404 | 01414 | 03000 | 00303 | 01505 | 01111 | 01404 | 01212 | 02404 |
| 千七〜千九 | 00000 | 01000 | 01121 | 00000 | 00313 | 01101 | 01212 | 01101 | 01101 | 01000 |
| 二千〜二千二 | 00000 | 03101 | 00000 | 01101 | 00010 | 00101 | 00101 | 00000 | 00101 | 03101 |
| 二千三以上 | 04101 | 03707 | 01303 | 02101 | 00404 | 114606 | 10000 | 02000 | 01000 | 01505 |

8

る。これに気がつくと思わぬ好配当を手にしたり、あるいは人気馬を切ったりと馬券作戦で大いに役立つ。

最近の活躍馬で**冬馬だと思うのがイルーシヴパンサー**で、同馬は夏の新潟でデビュー勝ちこそしているが、本格化は3歳の秋から。年を越して4歳になり、2022年東京新聞杯の前に調教で迫力満点の動きを見せ◎を打ったが、こちらの想像を超える豪脚で重賞初制覇。

この走りが評価され、安田記念では1番人気に支持されるが、暑くなり始めの時季ということもあってか、東京新聞杯のころよりも明らかに動きが悪いと判断して無印に（8着）。続く真夏の関屋記念でもまだ本来の気配にはなく、自信のヌケにしたが、3番人気ながらさらに着順を下げ11着に敗れた。

そこから立て直しを図ったイルーシヴパンサーは、正月の京都金杯に向け12月10日から調教タイムを出し始めるが、年初の素晴らしい動きを見ている身としてはまだ物足りなくこのレースも無印。しかし、この判断は的外れで、岩田望来騎手の好リードに導かれたイルーシヴパンサーは復活を遂げ、厳寒期の重賞2勝目を挙げた。

このようなオープン馬だけではなく、条件クラスでも凡走続きの馬が得意な季節に変わり身を見せることが多々ある。

23年の2月4日はそんな馬たちが活躍した1日で、まず東京では2勝クラスの山梨テレビ杯を、9番人気のファロロジーが快勝。

戸崎圭太騎手が騎乗していたにも関わらず人気を下げていたのは、成績が伸び悩んでいたからなのだが、調べて直すと22年、このレースの前に行なわれた3歳牝馬限定1勝クラスの春菜賞で8番人気の低評価を覆すレース（2着）をしていた。

そこからちょうど1年後の同じ東京芝１４００mで再び穴馬券を提供してくれたのだが、終わってからでは後の祭り……である。

もっと悔しかったのは、続く中京のアルデバランSで10番人気ながら2着に頑張ったホウオウルバン。この馬に関しては21年の有馬記念当日から翌年の3月にかけて3連勝していたことを知っていたが、オープン昇級後はクラスの壁にハネ返され、陽気がよくなったことも重なってか凡走を繰り返す。

しかし、22年のことを思い出し、寒さが本格化してきた前走の師走Sで本命にしたのだが、ここは見せ場止まりの7着という結果に。その内容を精査し、やはりオープンでは力が足りないと判断した私はこのアルデバランSでヌケにしたのだが、それを見透かしたような走りを見せつけられ撃沈。予想の根拠として重要視している**「季節成績がよい馬」**を軽視した自分が情けなくなった。

条件クラスのレースは、競走馬のトレンドによって多少の違いはあるものの、基本的には毎年、同じ番組構成になっている。1勝、2勝クラスの平場でも、前年と同じ週に同じ舞台のレースが組まれている場合が多く、そこで好走した馬がまた次の年に出走してきたら要注意だ。

競馬新聞は過去5走しか掲載できずカバーし切れないが、JRAのホームページなら無料でその馬の全成績を調べることができるので活用してほしい。

また、リピーターが強い重賞はコース形態や距離の他、その季節に体調がよくなることも大きな要因。少し手間はかかるものの、季節成績は調べて損がないファクターだ。

## その18【展開】エッ、騎手は専門紙の展開予想に左右されていた!?

出走馬がアイウエオ順に並んだ枠順確定前の馬柱を目の前にして、「さあ、予想するぞ!」となって最初にするのが逃げ馬を探すこと。そこからレースの流れを考えるのだが、これがまあ当たらない。もしかしたら、勝ち馬を見つけるより難しいかも……。

生き物であるレースのカギを握っているのは、やはり**逃げ、先行馬で、ポイントはそれらにどんな騎手が乗っているか。**

この脚質に若手が騎乗している場合は一所懸命さもあってペースが速くなりやすい。2023年3月4日の阪神12R(芝1200m)では、逃げると思われた★永島まなみ騎手騎乗の1番人気ウインバグ

**●2023年7月2日・ラジオＮＩＫＫＥＩ賞の「レース展開」（日刊競馬）**

レース展開
外 ↑ 内
逃げ ②
好位 ⑧⑦ ⑮⑬ ⑭⑥ ⑫⑩⑨
中団 ⑤① ⑯④ ⑪
後方 ③
ハイペース
【前で戦いたい馬は多いが、ハナ主張は2グラニット。流れは平均から速め。外枠14レーベンスティールはどう立ち回るか】


この通り、②グラニットが逃げ、⑦シルトホルンが2番手。⑥エルトンバローズが4番手から3番手を追走する展開に。②は直線失速したものの、先行した④1着、⑦2着で決着。人気の⑭レーベンスティールは後方（この展開予想よりさらに後方。1角11番手）から足を伸ばすも、ハナ差届かずの3着（1章に詳細）。

ースに☆松本大輝騎手のジャスパークローネが競りかけて前半3F33秒0のハイペース。その直後には▲今村聖奈騎手のメイショウエニシアが控え、ヤングジョッキーたちの闘争心あふれる走りがレースをおもしろくしてくれた（先行馬総崩れで、勝ったのは6番手で回っていた9番人気シゲルカチョウ。ウインバグースは11着に大敗）。

ただ、未勝利戦ではあまり展開を気にする必要はない。というのも、デビュー戦で出遅れた馬が2戦目はスタートを互角に出る場合が多く、レースぶりが一変するから。

そして実戦のサンプルがない新馬戦では、**ゲート練習が速い**という厩舎コメントの馬に要注意。初めてのレースで無理をさせたくない新馬戦は、距離を問わずペースが落ち着きやすく、発馬が上手で先行できる馬はそれだけで有利なのだ。

実は、各競馬場の調整ルームやジョッキールーム（開催中の騎手控え室）には**専門紙が届けられていて、ジョッキーたちはそれを見てレースを組み立てている**。だから、逃げ馬が多いと思えばポジションを控えたり、あるいはその逆も考えられるから、裏の裏をかくことも馬券作戦には必要となる。

また、競馬場へ移動する金曜日に新聞を購入する熱心な騎手もいて、夏の新潟へ向かう新幹線が某イケメンジョッキーと同じ便の割合が高いという先輩TMは、「○○はいつもウチの新聞を買っているから、この前あげたよ〜」と楽しげに話していた。

もし、展開が読めないレースを予想するときは、各紙の展開予想を参考にすることも一考。以前、あるジョッキーに、**「日刊競馬の展開予想図は参考になる」**といわれたことがある弊紙のそれは、新聞が刷り上がってからではあるが、私もチェックしている。それでも、展開は肩肘を張らずに考えるのが自分のスタンス。思った通りにならないことがほとんどだからだ。

## その19【クラス】クラス編成後の3歳馬の連勝を狙い撃て!

近年におけるJRAの大改革が、2019年に行なわれた降級制度の廃止。それまで、クラスが再編成された夏競馬は黙って降級馬を買っておけばよかったが、その流れは真逆になった。

ただ、導入当初は賛否両論あったものの、少し複雑だったクラス分けがわかりやすくなったこと自体は、新規ファンを取り込めた現状を踏まえると成功に思える。だが私は、同時期に変更された1勝クラス、2勝クラスの名称は安っぽく感じられてまだ馴染めない。新馬戦をメイクデビューに変え、弥生賞にディープインパクト記念の副題を無理矢理つけたことと同じくらい私は愚策だと思っている。

話を戻して、**降級制度が廃止されてから顕著になったのは連勝馬の増加。**22年は特にその活躍が目立ち、簡単に振り返っただけでもジャックドール(3歳9月1勝クラスから5連勝で金鯱賞勝ち)やイルーシヴパンサー(3歳6月1勝クラスから4連勝で東京新聞杯勝ち)、そしてソウルラッシュ(3歳12月から4連勝でマイラーズC勝ち）などが思い浮かぶ。

また、この年のエリザベス女王杯を制して「最優秀4歳以上牝馬」に選ばれたジェラルディーナも、3歳の7月から3連勝でオープン入りを果たしている。

このような傾向が現れた理由は明確で、夏競馬以降の4歳以上馬はそのクラスを勝ち上がれない頭打ちの馬がほとんど。そこに斤量の恩恵を受けた生きのいい3歳馬が挑むとなれば、結果は火を見るよりも明らかだ。そのうえ、目の上のタンコブだった降級馬も不在となれば、3歳馬が好き放題に走るのは当然。育成技術の進歩で馬の仕上がりが早くなったことも追い風になっている。

クラス再編成後の3歳馬にとって〝昇級の壁〟はもはや死語で、それが当てはまるのは4歳以上の馬たちだけ。早く頭を切り替えないと、あなたもそのクラスをなかなか勝てない古馬になってしまう。

## その20【障害戦】ポイントは「着地上手」と「入障2戦目での変わり身」

オジュウチョウサンの活躍で脚光を浴びた障害レース。人馬一体となりハードルを越えていくその姿は平地と違う美しさと迫力があり、イチから馬をつくる楽しみがあるという関係者も多い。

障害レースで大事なのは飛越の巧拙になるが、私はそれ以上に着地が重要と考えている。障害を飛び越えた後にバランスを崩すことなく地面をつかみ、次の障害へいかに無駄なく向かえるかが勝利へのポイントになる。その点で理想の障害馬は、入障から3連勝で2005年の中山大障害を勝ったテイエムドラゴン。とにかく着地が上手な馬だった。

同馬は障害デビュー戦を勝利で飾ったが、基本的に初障害馬は割り引いて考えたほうがいい。それは、ジョッキーが様子を見ながらレースをする場合が多いからで、オジュウチョウサンですら初障害は最下位に敗れ、初勝利は4戦目。テイエムドラゴンのように**経験馬を相手にあっさり勝ち上がるようなら、大物に育つ可能性が高い。**

しかし障害戦の馬券はというと……ほとんど手を出さないというのが正直なところ。レースの性質上アクシデントが発生しやすく、そこにお金を賭けるとなると二の脚を踏んでしまうが、23年1月14日の小倉4Rで久々に買ってみた。

狙ったテイエムナイスランは平地の頃から走ると思い注目していたのだが、3歳の3月末とデビューが遅かったこともあり未勝利で終わってしまう。その後に入障し、初戦は落馬して競走を中止したが、飛越と着地は上手だったので2戦目を楽しみにしていた。

結果は3番人気で2着に頑張り馬連を獲らせてもらったが、その次のレースでは待望の初勝利。まだ気持ちが前向きすぎる点に課題は残るが、レースを経験していけば落ちついて走れるようになるのが障害レース。オープンでも活躍してくれるだろう。

「怖くて障害は乗れない。みんなスゴイよ」と話すジョッキーがいるように、平地とは比較にならないほど障害は危険と隣り合わせで、騎手の数も多くはない。

22年に馬術から転向してきた小牧加矢多騎手の活躍を見て、JRAの障害ジョッキーを目指す人が増えてくれればと思う。レースとしての魅力は平地を越えるものがある障害戦が、いつまでも盛り上がってほしいと切に願う。

## その21【斤量】警戒すべきは芝短距離の軽ハンデ

ＪＲＡでは騎手の健康面などを考慮して２０２３年から負担重量のベースが1キロ引き上げられた。たかが1キロではあるが、常に減量と戦っているジョッキーのことを思えば〝されど1キロ〟で、騎手を目指す人たちへの門戸も広くなる。

それに、日本人が大好きな凱旋門賞などヨーロッパのレースでは、重い斤量を背負わなければならないから、それに慣れる意味合いもある。

私自身、負担重量を増やしてもよいのではと考えていたが、いざ始まってみると、4歳以上馬の58キロという数字は重く感じられた。しかし、それもほどなくすると馴染んで、春の競馬を迎えるころには違和感も解消。これまでと同じリズムで予想をしている。

皆さんが負担重量を気にするのはハンデ戦だと思われるが、その差が大きく影響するのは短距離レース。というのも、実は身に染みてこれを思い知らされた経験があるから。それは、ある年のアイビスサマーダッシュ当日だった。

この日は新潟競馬場が1年で最も賑わうのだが、帰りの競馬場周辺は当然のように大渋滞。弊紙評論家の柏木集保さんと競馬中継のスタッフさんが乗るタクシーに便乗させてもらい新潟駅へ向かったが、予想以上の時間を要し、駅へ到着したのは新幹線が出発する数分前。

車から降りると重いスーツケースを抱え猛ダッシュで改札を通過し、階段を駆け上がってなんとか予定の電車に乗ることはできたが、息は切れ、体中が痛くて回復するまでにしばらくかかった。

このとき、「重いハンデが影響するのは目一杯のスピードで駆ける短距離戦だ」ということを痛感した。

## ●追い切りの騎乗者(体重)に注目しよう

| | | | | | | | |
|---|---|---|---|---|---|---|---|
| ⑩グランオフ美W稍 | 6F83.8 | 68.1 | 53.0 | 38.0 | 11.2 | ⑧ | 馬なり併 |
| 21美DW稍田　辺 | 6F84.0 | 67.8 | 52.9 | 38.4 | 12.1 | ⑦ | 馬なり遅 |
| 28美DW稍調教師 | 6F85.3 | 68.5 | 52.4 | 37.1 | 11.3 | ⑧ | 強めに先 |
| 5美DW稍調教師 | | 67.1 | 51.5 | 37.4 | 11.8 | ⑦ | 強めに先 |
| (古2勝スプレモフレイバーG前強の内を追走1馬身先着) | | | | | | | |
| → 2週続けて反応鋭く伸びる。軌道に乗って高値安定。【B】 | | | | | | | |

◂アミ部分がジョッキーの騎乗。助手や調教師に比べれば、体重は総じて軽いと覚えておこう。

| | | | | | | | |
|---|---|---|---|---|---|---|---|
| ⑧コスモセイ美W稍 | | 69.5 | 53.6 | 38.6 | 11.9 | ⑦ | 馬なり遅 |
| 9美DW稍助　手 | 6F87.6 | 71.1 | 54.9 | 39.7 | 12.0 | ④ | 馬なり |
| 12美DW稍見　習 | | 66.0 | 51.3 | 36.3 | 11.6 | ⑥ | 強めに遅 |
| 16美DW稍助　手 | 6F85.4 | 68.6 | 53.3 | 37.7 | 11.6 | ② | 馬なり併 |
| 19美DW稍助　手 | | 69.5 | 52.8 | 37.3 | 11.6 | ③ | 強めに遅 |
| (古オープンエリモグリッター馬なりの内を追走半馬身遅れ) | | | | | | | |
| ↗ 見習い騎乗の好調馬に劣勢も1秒追走。立て直した。【B】 | | | | | | | |

◂見習いは減量ジョッキー。最終調教はそれと併せてのものというコメントにも注意したい。

実際に近年、斤量面で有利な3歳牝馬が積極的に参戦するようになったサマースプリントシリーズではその活躍が目立つ。22年のCBC賞で芝1200mの日本レコードを樹立したテイエムスパーダは48キロの軽ハンデ。短距離戦でも特に夏場は軽い斤量の馬を重視しなければならない。

ただ、ダートに関してはそれほど気にする必要はない。23年2月12日の東京10RバレンタインS(ダート1400m)では、二ケタ着順続きからダートへの転向初戦となったルフトシュトロームが60キロを背負い2着に激走(11番人気)。パワーがあるダート馬は過酷な斤量も克服してしまうのだろう。

トレセンで働く調教助手たちは総じて痩身だが、それでもジョッキーより体重は重い。レースの斤量に慣れされるため、調教では騎手をあまり乗せないという調教師もいるが、競走馬は普段からそれなりの重さを感じている。

とはいえ、追い切りは基本的に4～6Fのスプリント。いつでも49キロに乗ることができるといわれていた田面木博公元騎手(現調教助手)のように軽い人もいるが、助手とジョッキー、さらにはもっと軽量の見習い騎手では馬にかかる負担も違う。

それを知ってもらうために、トラックマンは**調教の乗り手を判別して紙面に反映させている**。自分の買いたい馬が併せ馬で劣勢だとしても、相手がジョッキー騎乗なら問題なし。調教欄の騎乗者は数字にこそ表れないが、斤量差を知る大切な要素だ。

## その22【タイム】ダート戦のレベルは勝ちタイムに表れる

競馬は数字との闘いでもある。レースだけを取り上げてみても走破タイムに上がり3F、そして道中のラップなど処理しなければならないものがたくさんある。

中でも「勝ちタイム」は、レースの価値やレベルを示す重要なものと思われているが、私はあまり参考にしていない。競馬はタイムトライアルではないし、特に芝のレースはペースや馬場状態でいくらでも速くなったり遅くなったりするからだ。

前項でも触れた日本レコードホルダーのテイエムスパーダが、その後も連戦連勝でGⅠを制覇したかというとそのようなことはないし、2018年のジャパンCで世界レコードの2分20秒6を叩き出したアーモンドアイも引退までに三度の敗戦を喫している。

もちろん、速いタイムを乗り切れるのは高い身体能力があってこそではあるが、それを予想の根拠にすることは推奨しない。

ただし、**ダートのタイムはレースレベルを図るための材料になる**と考えている。

それは、同じクラスでは道中のペースにあまり差がないし、クラスが上がれば走破時計も速くなるか

**●上がり最速を示す太字に注意！**

これもたびたび登場している2023年7月2日のラジオNIKKEI賞から。⑭レーベンスティールは、2022年11月13日・新馬戦から前走の5月14日・1勝クラスまで、4戦すべてで上がり最速を記録していた（33.2 → 35.6 → 35.7 → 33.0）。ご覧のように印を集め1番人気に支持されたのも、その上がりの脚を評価されたからだろう。

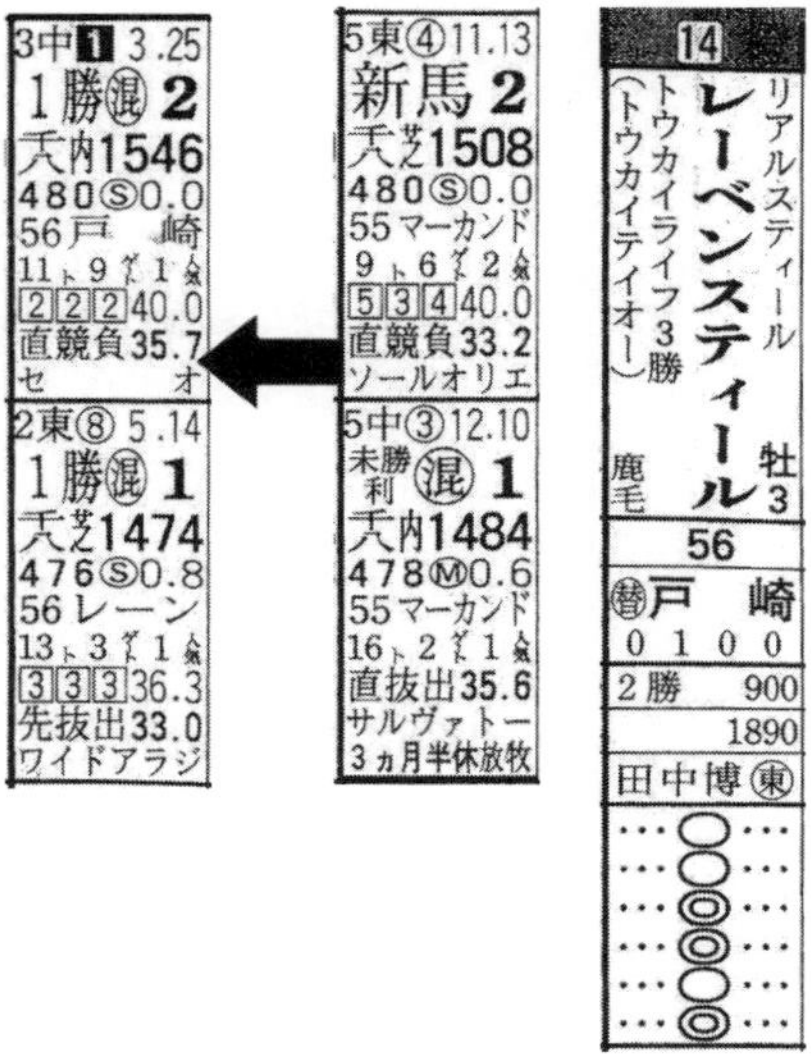


ら。予想をしていても、「このレースはメンバーが弱いな」と思うと、タイムの遅い決着になることが多い。逆に、優秀なタイムで未勝利や1勝クラスを勝ち上がった馬は出世すると思っていいだろう。

その他で注意しているのは上がり3Fの数字。道中のポジションが後ろならレースの終盤に速い脚を使えるのは当然だが、それでもメンバーで上位の末脚を見せた馬は注意したほうがいいだろう。

その数は多ければ多いほどよく、弊紙も含め、専門紙では上がり最速をマークした馬の数字が太字になっていてわかりやすいから、どこかで展開さえ向けば突き抜ける可能性を秘めた〝上がり太字馬〟を追いかけるのも馬券作戦のひとつだ。

## その23【オッズ】〝単勝オッズが乱高下する馬〟をマークせよ

競馬に関わる数字といえばオッズも忘れてはならない。レース前日、単勝オッズについては予想を立て、自分の買いたい馬券が何倍くらいかを想定するが、欲も絡むのでどうしても高めの設定になってしまう。

しかし、その期待に反して想像よりもオッズが低いレースはそれなりにあって、「この成績でこれしかつかねえのかよ」と半ば怒りを覚えるようなときもあり、想定オッズと大きな乖離がある場合は買うのを見送るが、そんなときに限って予想は当たる。

するとレース直後は後悔の念に苛まれるが、「こんなに安いなら悔いはない」と自分にいい聞かせて心を落ち着かせる。私にとって大事なのは、**馬の力量と配当のバランス**。だから逆に、馬の力以上にオッズが高いと判断すれば紙面で本命にしていなくてもその馬の単勝を買うが、スケベ心が根底にある馬券は外れることが多い。

近年、単勝オッズを注意深く観察していると、数字が乱高下する馬に出会う。特に目立つのは、**締め切り時刻が近づくにつれて、どんどんオッズが下がっていく馬**で、かなりの確率で馬券に絡んでいるイメージがある。

私の場合は発走の5分くらい前に馬券を買うが、10倍くらいで買った馬が終わってみれば5倍ということもざらで、情報の元が何なのか不思議に思ってしまう。ただ、これを逆手に取って、もしこういう馬を見つけたときは買ってみるのもありではと考える。さすがに自分はできないが……。

オッズが予想に影響を及ぼすことはないが、馬券を買う段階になれば話は別。競馬場やウインズでは難しいかもしれないが、時間に余裕がある電話投票ならその動きを注視する必要がある。

特に単勝は上下がわかりやすいので、買いたい馬のそれがグングン下がるようなら投資を増やすのも一考だ。

## その24【当該コース実績】小回り、洋芝でコース巧者が無類の強さを発揮する

私が若い競馬ファンだったころに通算5勝のフェスティブキングという馬がいた。すべての勝利を福島で挙げた〝みちのくの鬼〟。同馬は1995年の関屋記念を制しているが、この年は通常の新潟ではなく改装を控えた福島競馬場芝1700mのイレギュラー開催だった。

当時のフェスティブキングは現在の1勝クラス→2勝クラスを連勝して勢いに乗っていたものの、まだ格下の身であり、ましてや連闘での出走。そのせいか、福島は得意でも12頭立ての9番人気と評価は低かったが、前年の菊花賞でナリタブライアンの2着だったヤシマソブリンなど強豪を撃破。このレースを見て、コース適性は重要だという思いが強くなり今に至っている。

競馬場の巧拙が出やすいのは、先に取り上げた福島や小倉のような小回りコースで、フェスティブキングはもちろんのこと、小倉の重賞を4勝したメイショウカイドウはその象徴的な存在。

そして洋芝で行なわれる函館、札幌の両競馬場も得意な馬が多く、2005年から函館記念を3連覇したエリモハリアーは特に印象深い。

ただし、芝内回りと外回りが設定されている競馬場は話が別。特に新潟は内、外で求められるベクトルに違いがあり、内回りはコーナーがきつく直線も長くはないが、追い込みが利くなど見ていておもしろい舞台。

中でも1400mで行なわれる朱鷺Sと信越Sはリピーターが多く、1200mも含めて適性に注意して損はないコースだ。

ちなみに新潟は、直線が長い外回りのイメージで広いコースと勘違いされやすいが、コーナーがタイト

で小回りコースの部類。特にダートは直線の長さこそＪＲＡの10場中３番目ではあるが、圧倒的に逃げ、先行型が強い。

**コース巧者は先物買いで、皆に知られる前に見つけることが大事。**レースで注目してほしいのはコーナーの加速で、ここでポジションを上げていける馬はコースとの相性が高いはずだ。

小回りで行なわれる夏競馬と第３場のローカル開催は注目度こそ高くないが、だからこそ思わぬ宝が埋まっている。

## その25【道悪実績】ジョッキーのコメントから道悪適性をつかんでおく

実はアテになるようでならないのが、この道悪実績。週末に雨の予報が出ていれば一応は気にはするが、芝はひと口に道悪といっても降雨量や開催週による馬場状態のバラつきが大きく、その馬がどの進路を取るのかはフタを開けてみないとわからない。

そんな〝運〟の要素も強いから、深く考えないようにしている。悪い馬場で10回走ってすべて二ケタ着順という馬がいれば別だが……。

道悪の巧拙を判別する材料として俗にいわれているのは、爪の大きさや走法、血統などだが、やはりどれも〝これ！〟という正解ではない。

私が悪馬場の得手不得手を見分けるために重要だと思っているのが**返し馬**で、このときに手前を頻繁に替えている馬は馬場を気にしていると考えている。要は気持ちが集中しているかが問題で、体調も含めて心身ともによい状態であれば多少の道悪はこなせるというのが持論。

そして何より頼りとなるのが、乗っているジョッキーの判断だ。

かなり前の話だが、まだ減量騎手だったころの松岡正海騎手から、「(2003年11月29日東京7Rに出走する)オンワードマルタは絶対に勝ちますから、勝負してください」といわれたことがあった。

レース当日が雨予報で、ダートの重こそ経験していたが、芝ではまだ走ったことのない馬場について聞いてみると、「道悪は鬼ですから」と力強い返答。そして、稍重で行なわれたレースを後方から豪快な追い込みで勝利し、12番人気で単勝が40・3倍。トラックマン人生の中でも思い出に残るレースとなった。

このように、新聞に掲載されている厩舎の話はもちろん、以前に触れた競馬ブックwebではレース後のジョッキーコメントを見ることができるので、そこから道悪に触れているものを見つけるのもオススメ。

また、数字的なものでは騎手なら**大野拓弥**騎手と**西村淳也**騎手。調教師では**斉藤崇史**厩舎が芝の重、不良で良績を残している。

ではダートはというと、芝よりはデータを信用していいと考えている。

現在、栗東の安田隆行厩舎にデビューから全戦ダートのサトノアポロンという馬が在籍しているのだが、私はこの馬の走りを見ていて、「芝を使ってくれないかな……」と思っていた。

実際にダートでは重、不良の成績が抜群で速い時計の決着を苦にせず、馬場の悪化が予測できた22年10月8日の東京10R西湖特別(ダ1600m)で狙い撃ち。当日は14番人気とまったくのノーマークだったが、脚抜きのよい馬場をスイスイと走り3着に好走。単勝1・6倍のバトルクライが勝ったので、3連複は3万円台と大儲けはできなかったが、それでも馬の適性をつかんで的中した会心のレースだった。

**●14番人気の無印馬を推し、3着に！**
**（2022年10月８日・西湖特別、ダ1600m重）**

東京 10R 発走 15：10 西湖（さいこ）特別（3歳以上・2勝クラス・定量）

| 枠馬番 | 白1 ① | 白1 ② | 黄 ⑩ | 緑6 ⑪ | 緑6 ⑫ | 橙7 ⑬ | 橙7 ⑭ | 桃8 ⑮ | 桃8 ⑯ |
|---|---|---|---|---|---|---|---|---|---|
| 父 | カネヒキリ | エピファネイア | キングカメハメハ | イントゥミスチーフ | ワールドエース | シニスターミニスター | ジャスタウェイ | ディープスカイ | イスラボニータ |
| 馬名 | ヨンク | タイセイエピソード | アルマドラード | サトノアポロン | インウィクトス | ジャッジ | キングスバーンズ | ユイノチャッキー | バトルクライ |
| 母（母の父） | クリスティビーム0勝（ブライアンズタイム） | ラストメッセージ2勝（ジャングルポケット） | ラドラーダ4勝（シンボリクリスエス） | ファイナルディシジョン輸入（スーパーセイヴァー） | ラビングトスカーナ0勝（マイネルラヴ） | ステッパイステップ0勝（カリズマティック） | レディオーカモア輸入（メドウレイク） | マンイーター未登録（タイキシャトル） | ディアコメット0勝（キングカメハメハ） |
| 性齢 | 牡6 | 牡3 | 牡4 | 騸4 | 牡5 | 牡5 | 牡5 | 牡4 | 牡3 |
| 毛色 | 鹿毛 | 栗毛 | 黒鹿毛 | 鹿毛 | 鹿毛 | 鹿毛 | 栗毛 | 栗毛 | 栗毛 |
| 負担重量 | 57 | 55 | 57 | 57 | 57 | 57 | 57 | 57 B | 55 |
| 騎手 | 替田辺 | 替Mデムーロ | ルメール | 斎藤 | 原田和 | 菅原明 | 替横山武 | 吉田豊 | 戸崎 |
| 騎乗成績 | 0000 | 0000 | 2212 | 1003 | 0002 | 0002 | 1101 | 2229 | 0021 |
| クラス 賞金 | 2勝 900 | 2勝 900 | 2勝 900 | 2勝 900 | 2勝 900 | 2勝 900 | 2勝 900 | 2勝 900 | 2勝 900 |
| 総賞金 | 4272 | 1897 | 2130 | 2367 | 3042 | 2183 | 2421 | 2542 | 2900 |
| 厩舎 | 小笠㊭ | 杉山晴㊮ | 宮田㊭ | 安田隆㊮ | 小桧山㊭ | 和田雄㊭ | 加藤征㊭ | 竹内㊭ | 高木登㊭ |
| 小木曽大祐 | ▲ | △ | △ | … | … | … | △ | ◬ | ◎ |
| 久保木正則 | △ | △ | … | ◎ | … | … | ◬ | △ | ▲ |
| 黒津紳一 | ◬ | △ | △ | … | … | … | … | ▲ | ◎ |
| 郡和之 | △ | ▲ | … | … | … | … | △ | △ | ◎ |
| 中西徹 | △ | ◬ | ○ | … | … | … | △ | … | ◎ |
| 本紙 | … | ▲ | △ | … | … | … | △ | ◬ | ◎ |
| 馬主名 | 古川智洋 | 田中成奉 | キャロットF | ㈱サトミホース | 加藤厚子 | 田島榮二郎 | 丸山担 | 由井健太郎 | ㈱Gリビエール |
| 生産牧場 | 浦高昭牧場 | ひ千代田牧 | 安ノーザン | 安ノーザン | 日碧雲牧場 | ひ元茂牧場 | 勇社台ファ | 新新冠橋本 | 浦ディアレ |
| 最高時計 1400 | 阪ダ1250⑥ | 中京ダ1247⑤ | 東ダ1236❶ | 阪ダ1359⑪ | 東ダ1243[7] | 三ダ1149[15] | …… | 東ダ1245⓾ | 阪ダ1[illegible]39❻ |
| 1600 | 東[illegible]❷ | 阪芝1359⑭ | 東ダ1384① | [illegible]④ | 東ダ1379⑫ | 東ダ1385[8] | …… | 東ダ1363④ | 東ダ[illegible]53③ |
| 1700 | …… | 小ダ1465[7] | …… | …… | 札ダ1474⑨ | 福ダ1482⑭ | …… | …… | …… |
| 1800 | 中[illegible]❸ | 中京ダ1512[1] | 東芝1471② | 新[illegible][14] | 札芝1520[6] | 中ダ1526❺ | 新ダ1518② | …… | …… |

サトノアポロンは西湖特別の前までダートの稍重～不良【2・3・0・2】。ダートの道悪はスピードを要求されるので、良馬場でもタイムが速い東京競馬場や短距離のレースではその実績を信頼してもいいだろう。そして、近走が不振でも芝を経験してきた馬は軽視してはいけない。

## その26【持ちタイム】凡走時のタイムを見てもねえ……

レースの予想をテレビやラジオで話すとき、具体的な数字を用いたほうが聞いている人も納得しやすいだろうという思いから、タイムなどを切り口にすることが多い。

中でも、「持ち時計がいちばん」は三指に入る説得力だが、自分の本命がそれに該当する際に利用するだけで、予想の段階ではまったく参考にしない。それは、そのタイムを出したときと今回のレースでは体調や馬場状態、そしてメンバー構成が違うから。

競馬新聞には距離ごとの最高タイムが掲載されて

いて、それをマークしたときの着順もわかるのだが、凡走時の持ち時計はあまり意味がない。**信用していいのは、勝利時のものか逃げて記録した場合だけ**だと思っている。

## その27【近走内容】前走の着順が悪くても、人気を裏切っていても、今走で巻き返す場合

競馬新聞の馬柱は概ね近5走で形成されているが、とりわけ重要視されているのが前走内容と思われる。私も予想においては、まずそこに注目する。

馬柱のひとつのマスにはたくさんのレース情報が詰め込まれていて、その密度は活字媒体において世界一と評されているが、重きを置いているのは**着順ではなく着差**。同じ2着でもハナ差と大差のそれでは前者のほうが価値は高いし、10着でも勝ち馬から小差なら評価を落とす必要はない。

例を挙げるなら2022年の桜花賞がそれ。10着までが0秒3差と稀に見る大混戦の当レースで、1番人気のナミュールがその10着に敗れたが、オークスでは3着に巻き返している。大きな着順だけを見て軽視するのは禁物だ。

そして頭を悩ませるのが、前走で人気を裏切った馬の扱い。人気は人間がつくるもので、結果的にその馬の能力を正しく評価できていなかった可能性はあるが、仮に前走で馬体を大きく減らして凡走した馬がいたとして、その馬がこれから買おうというレースで体重を戻していれば見直す必要がある。

あとは、ペースH（ハイ）のレースを逃げた馬や、その逆のパターンで展開が向かずに期待よりも走ることができなかった馬も再度注意となる。

そして枠順にも目を配ってもらいたい。内でも外でも極端な番号の場合、インで揉まれたか馬群の外を

回らされての敗戦があるからだ。

さらに、通過順からもヒントを得ることができる。もし、2走前まで⑮⑮⑮と後方から競馬をしていた馬が、前走で⑧⑧⑧とそれまでより前のポジションを取れていたら、たとえ着順が平凡でも要注意だ。

よくレース後のジョッキーコメントで、「トモのはまりが悪いので、無理せず後ろからレースを運んだ」といった類いのものを目にするが、通過順⑮⑮⑮はこれに当てはまることが多く、それが⑧⑧⑧になったのは弱い部分に芯が入ったからで、そのときの成績は悪くても馬自身は良化していると判断できる。

他にもスタートが上手になったなどの理由も考えられるが、いずれにせよ、**道中の位置取りを上げてきた馬にはよい材料が隠れている**と思ってほしい。

近走の内容、特に前走のそれは直近の状態を表しているから参考にすべきではあるが、数は少なくても新聞に掲載されているレースを比べてみることも大事。二ケタ着順の馬でも勝ち馬との差を詰めていたり、上がり3Fのタイムを短縮したりしている馬は買ってみてもいいだろう。

馬体重や騎手の斤量なども含め、馬柱に散りばめられた数字の変化に気づくと、思わぬ好配当を手にすることができる。

## その28【ローテーション】外厩の台頭で時代は変わったが、叩かないとダメな馬もいる

30年を越える競馬歴の中で、最も大きな変化を感じるのがローテーションだ。

以前は、GⅠの前はトライアルでひと叩きするのが当然で、休養明けはもちろん割引。それが現在は、ぶっ

つけ本番で大レースを勝つことは珍しいことではなく、1年以上の休み明けでも涼しい顔で結果を出す馬もいる。

かつてトウカイテイオーが有馬記念（1993年）で奇跡の復活を果たしたとき、「こんな馬、もう二度と現れないだろう」と思ったものだが、見事にそれは打ち砕かれた。

なぜ、これほどぶっつけの好走劇が多くなったのか。それを支えているのが、トレセン近郊につくられた外厩の台頭だろう。

トレセンではなく外厩で仕上げる利点に、**精神面のリフレッシュ効果**が挙げられる。

かなり前の話だが、福島県にある育成牧場（有名なあそこではない）を見学する機会があり、そこで驚かされたのが、馬房から顔を出す馬たちの目つき。もちろん現役の競走馬だが、トレセンで見るそれよりもやさしい眼差しで、リラックスできていることが馬に関しては素人の自分にもわかった。

そのことを場長に質問すると、「トレセンより自然に近い環境なので、その効果が大きいのでは」との答え。馬房の回転を早めるために馬の入れ替えが頻繁に行なわれる昨今ではあるが、彼らにとっては心が落ち着く大事な時間なのかもしれない。

牧場の施設や調教技術が飛躍的な進歩を遂げ、そこにいることが馬に精神的な安らぎを与えるとなれば、もはや放牧帰りはマイナス材料にならない。

さて、話を実戦的なものに戻すと……予想上、ローテーションで注目するのは、レース間隔を空けていた馬が詰めて使えるようになったとき。これは体質や脚元がしっかりした裏返しといえる。

逆に、休みなくレースを消化して成績もよい馬が、休養を期に不振に陥ることもある。

スプリント路線で活躍したダイメイプリンセスは4歳8月に1勝クラスを勝つと、その後は最長でも中10週のローテーションで1年間走り続けてアイビスSDを制覇し、北九州記念2着→スプリンターズS4着とファンを沸かせる。

しかし、中16週空けたシルクロードSからしばらく本来の力を出せず、久々の美酒は6戦後の北九州記念だった。現在の日本競馬でこのパターンは珍しいが、今、似ているなと思っているのがダート交流重賞を連戦している**テリオスベル**。この馬が休養に入った際には、その復帰戦に要注目だ。

ローテーションは馬の体質や気性に合わせるもので、それが噛み合わないと成績に表れる。

レース間隔を空けることがすべてよいのではなく、大切なのは馬の個性を知ること。

これはローテーションに限ったことではないが、このファクターを馬券に結びつけるという点においては最重要ポイントといえるだろう。

## その29【中央⇕地方】とんでもない高配当をもたらす〝出戻り馬〟の狙い方

中央競馬で勝利を挙げられずに地方競馬へ転出し、そこで賞金を加算して再びＪＲＡに転入してくる馬を我々の業界では〝出戻り〟というが、この出戻り馬が幸運を運んでくれることもある。

最高の思い出は、２０１7年1月16日の中京12R熱田特別（1勝クラス、芝２０００ｍ）を13番人気で勝ったマイネルツィール。

この馬は14戦して勝利をつかめず園田競馬へ移籍したが、中央時代に2着と3着がそれぞれ3回ずつあ

## ●13番人気の出戻り馬マイネルツィール推奨、1着で馬連7万馬券！
## （2017年1月16日・中京12R熱田特別）

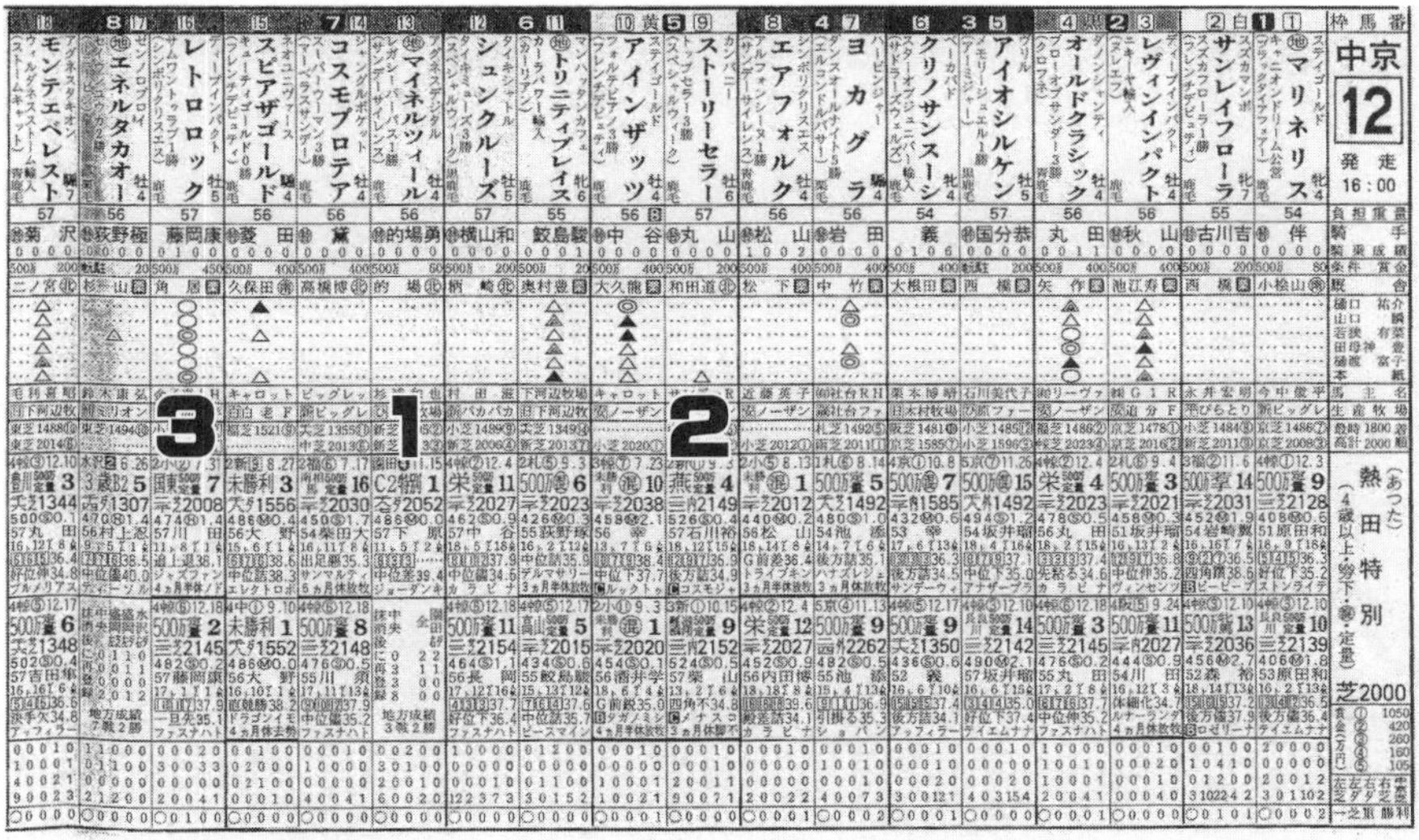


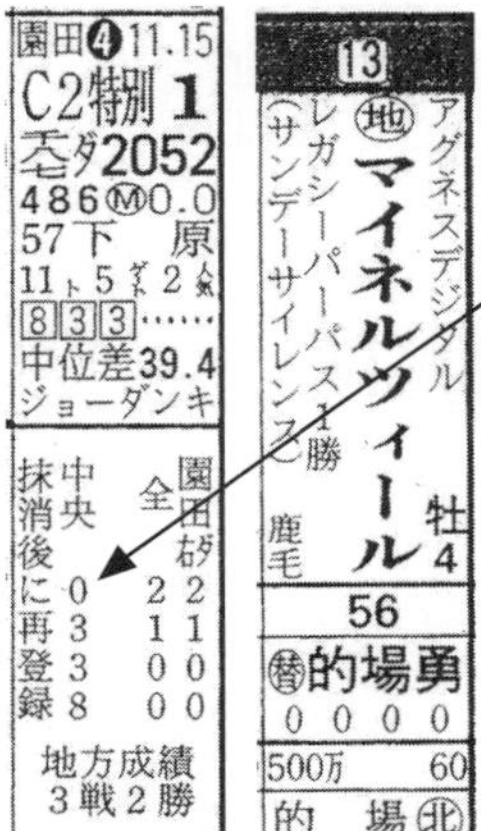

マイネルツィールは園田競馬のC2クラスを勝って中央に戻った。その初戦の熱田特別はご覧の通りの無印で13番人気（57.1倍）の低評価だったが、先行2番手から押し切り快勝。2着の⑨ストーリーセラーも9番人気だったため、馬連は7万9810円の高配当に。マイネルツィールの園田転厩前の中央実績、3着以内はいずれも芝だった点も見逃せない。

り、勝ち星まであと一歩の成績を残していた。その中には、後にスプリングSを勝つマウントロブソンと小差のものもあり、再転入後の追い切りでよい動きを見せていたこともあって密かに狙っていた。

調教タイムを聞きにきた厩務員（管理する的場均調教師の息子さん）からも、「いい馬で楽しみにしている」という話を聞いていた。そして先述の結果になるのだが、単勝は57・1倍！　気のあった2着馬との馬連7万9810円という、高配当を手にすることができた。

このレースは第3場の扱いで、新聞に私の予想は掲載されなかったが、雪による順延で月曜日開催だったこともあり、ラジオＮＩＫＫＥＩのスタジオで中京競馬の解説をこなしていた。前半レースを担当し、午後のオススメとしてこの熱田特別を取り上げ、ビシッと的中！　となったわけだが、慣れない通勤ラッシュに揉まれながら都心にあるスタジオへ出かけた甲斐があった。

出戻り馬の狙い時はまず**転入初戦**で、マイネルツィールのように**JRAの未勝利戦で3着以内か最低でも掲示板の経験**があると信頼度は増す。

ただ、同じ地方競馬でもレベルに差があることは否めず、**即通用は道営と南関東、そして園田の3場**に絞れ、在籍クラスの水準より速いタイムで走っていることも重要。

タイムのばらつきが少ない短距離では、良馬場で道営→１２００ｍ１分13秒台、大井→同１分14秒台、園田→１４００ｍ１分31秒台を個人的な目安にしている。

ただし、上記の条件を満たしても1、2番人気になるようなら撤退したほうがいい。それは、体調面を含め走ってみないと……という部分も多く、リスクに見合わないから。**出戻り馬は人気薄でこそ。**これを頭に入れてつき合ってほしい。

## その30【輸送】稀代の名馬を引退に追い込んだ元凶は、長距離輸送だったのか

私がトラックマンになる少し前までは、北海道だけでなく福島や新潟、そして中京も人馬のほとんどが競馬場で調整を行なう〝滞在競馬〟だった。

それからときが経ち、高速道路の整備が進んだ現在はトレセンで調教することが当たり前で、追い切り後に北海道へ輸送するというパターンが増加。そして、そんな馬たちが結果を残すことも珍しくない。

以前、馬運車に乗ることが苦手な馬の練習（車に積んでトレセン内を一周して厩舎に戻ってくる）に遭遇したが、このような馬は稀で、ひと昔前とは違いトレセンと外厩の往来が頻繁な今、距離の差はあっても馬たちは輸送に慣れている。それにしても、後ろ扉が閉まるのを待っていたあの馬は何とも切ない顔をしていたな……。

最近、輸送がらみで印象に残っているのがエフフォーリア。前年の年度代表馬は4歳初戦の2022年大阪杯で当然のように1番人気の支持を受けたが、輸送があまり得意ではない点を考慮して早めに阪神競馬場へ移動したものの、普段とは違う調整になったことが影響してか9着に敗れてしまう。

さらに、その後も本来の走りを見せることができず、三度目の阪神遠征となった翌23年の京都記念で心房細動を発症して引退したことは記憶に新しいが、私は一連の敗因が輸送ではなく体調面などではと思っている。

それでも、エフフォーリアのような馬がいれば長距離輸送も考慮しなければいけないのか……と考えて

しまうが、そうしたがゆえに、買いたい馬の評価を下げて後悔することのほうが圧倒的に多くなるはず。初めての遠征競馬だからといって割り引く必要は皆無だ。

ただ、通常よりも輸送に時間を要したときは注意したい。ゴールデンウィークなどは混雑を予想して早めにそれぞれのトレセンを出発するが、**雪や想定外の渋滞などで到着が遅れた場合は、それが影響する馬もいる。**

ＪＲＡもその点に関しての情報開示は積極的なので、私もＳＮＳ等で伝えていきたいし、スポーツ紙でも情報を得ることができる。皆さんも天候不順の際にはアンテナを広く張り巡らせることが損をしないための近道だ。

第3章

# 競馬と長く上手く
# つき合う心得12

第2章では、私が予想するうえで重要視している30のファクターを解説したが、この3章では、自分の経験を踏まえて〝競馬（馬券）を一生楽しむ〟をテーマに話を進めていきたい。エンターテイメントとギャンブルをバランスよく持ち合わせている競馬は、上手につき合えば生涯の友となる。

競馬と向き合う心得というか、かなり馬券の基本のキの部分まで書くが、こちらも最後までおつき合い願いたい。

## その1　馬券の仕組みと、そこから導く目標

競馬を始めるとすぐに覚える専門用語に〝テラ銭〟がある。これは控除金にあたり、売り上げにおける主催者の取り分で、ＪＲＡでは馬主に支払われる賞金や運営費用、そして一部は国庫納付金として国に税金として収められている。

ちなみにテラ銭＝寺銭は、江戸時代に取締りがゆるやかだった寺社奉行支配下の寺社境内に仮設の賭博場をつくり，儲けから手数料を寺へ寄進する形式を取ったことが語源といわれている。

この控除金の割合＝控除率はひと頃まで売り上げの25％と定率だったが、２０１４年6月7日から券種ごとに設定が変更され、現在は売り上げの多い3連単が27・5％と高く、当たりやすい単勝、複勝が20％と少しお得。最も控除率が高いのはＷＩＮ５の30％。

私たちが馬券を的中させて受け取る払戻金は、各レースの売り上げか

●JRAの馬券控除率

| 券種 | 正式名称 | 控除率 |
|---|---|---|
| 単勝 | 単勝式 | 20.0% |
| 複勝 | 複勝式 | 20.0% |
| 枠連 | 枠番号2連勝複式 | 22.5% |
| 馬連 | 普通馬番号2連勝複式 | 22.5% |
| 馬単 | 馬番号2連勝単式 | 25.0% |
| ワイド | 拡大馬番号2連勝複式 | 22.5% |
| 3連複 | 馬番号3連勝複式 | 25.0% |
| 3連単 | 馬番号3連勝単式 | 27.5% |
| WIN5 | 5重勝単式 | 30.0% |

ら控除金を引いた金額を的中票数で割って算出される。当たった人数が多ければ払い戻しは少なく、その逆ならビッグな配当を手にすることができる。

また、複勝や3連複のオッズ表示が○・○○〜△△・△△となっているのは、組み合わせ次第で配当が変わるから。例えば、Aという馬の複勝を買って的中したとしよう。そのときに払い戻しの対象となる他の2頭が1、2番人気であれば低いオッズ。人気薄との組み合わせなら高いそれになる。

ギャンブルはさまざまな数字との格闘技だが、馬券と闘い終えて気になるのは回収率。1日の投資金からいくら回収できたかを示すものだが、私の場合は、1万円を使って8000円を取り戻せれば十分な成果と考えている。テラ銭として20〜30%を引かれているのだから、80%の回収率なら実質プラスマイナス0。100%なら、それはもうプラスと思っていいだろう。

もし間違って⁉ 大きく儲かったときには、**何か形に残す**ことがオススメ。

私が愛用している腕時計は2007年の皐月賞(◎サンツェッペリン・15番人気2着)を的中させたときに買ったものだが、この時計を手首に付けるとき、胃がキリキリするほど興奮したあの皐月賞がふと頭をよぎる。

他にも、鞄や靴など競馬場へ携行できるものを目標にすると、馬券に対するモチベーションアップになる。高額な払い戻しや高価な品物も悪くないが、無理をしなくても手が届く範囲に目標を設定することが競馬と長くつき合うコツだと考える。

## その2　予算は身の丈に合わせて

もう時効だが、私は高校生のころから馬券を買っている。現在は20歳を越えていれば問題ないが、当時は何歳であろうと学生は購入することができなかったから、大学対抗馬券対決なるイベントが競馬場などで開催されているのを見ると、少し怒りを覚えたりする。

あのころは、バイト代のほとんどを馬券に使っていたがメインレース中心だった。それがトラックマンになると、週末を競馬場で過ごす環境の影響もあり、1レースから毎レースのように売り場へ。参加レースが増えれば、比例して投資が膨れるのは必然。早朝からの取材を材料にして時間をかけた予想を基に馬券を買うのだから、1点あたりの金額も増える。今まででいちばん馬券を買っていた時代かもしれない。

しかし、この生活が結婚を期に変化する。小遣い制になって使えるお金が減ると、レースを絞って馬券を買うようになる。だが、それで当たるほど競馬は甘くなく、馬券サイクルがスムーズに回らなくなる。ほどなくするとグリーンチャンネルのパドック解説など各種メディアの仕事が増え始め、そのギャラを馬券費用に充てることで以前に近い生活を取り戻すことができた。ただそれでも、キャリアを重ねてたくさん痛い思いをしてきたから、毎レース買うということはなくなった。

人それぞれの人生ではあるが、競馬とともに年齢を重ねていくという点では皆、共通している。けっして無理はせず、そのときに組める予算で馬券を楽しんでほしい。結婚して子供ができれば娯楽に使うお金は削られる。

なんとか捻出した資金を大きく増やしたいなら穴馬券を、少しでもいいと思うなら当たりやすい券種を選ぶ。私は前者なので浮き沈みの激しい馬券人生ではあるが、苦しいときは少額でも十分に楽しめている。

そして、子供が成長して手を離れれば自由になるお金も増えるはず。そうなればまた馬券に使える金額の割合を大きくすればいい。**大事なのは、「あのころはこうだったね」といった話を長く続けること。**

若いころは大儲けして豪遊したいと馬券を買っていたが、50歳になった現在は、その日の飲み代を稼ぐのが1日の目標となっている。

## その3　土日までの時間の使い方

競馬専門紙の作成に携わる私は1週間のほとんどを競馬に費せるが、仕事や家事で忙しい皆さんにそれは難しいと思われる。中には、仕事以外の時間をすべて競馬に捧げているという強者もいるが……。

本気で競馬に取り組もうとすると、かなりの時間を必要とする。参考になるかはわからないが、私の場合だと、まず水曜日の朝にトレセンで調教を見る→各馬のタイムをチェックしてから紙面の調教解説を書く→夜は特別レースの予想をする——こんなサイクルの1日だ。

木曜日の夕方に全レースの枠順決定前メンバーが確定すると、そこから寝るまでひたすら馬柱とにらめっこ。金曜日もそれが続き、土日が競馬。週が変わると月、火曜日に前週の復習や週末の予習をしてまた水曜日……という流れ。

もちろん、これを皆さんにも実行しろとはいわないが、そこはお金が増えるかもしれない競馬。大事な時間を少しは割いてもらいたいし、明日は競馬をやるぞ！　という前日は、新聞やネットでしっかりと予習をして馬券を買ってほしい。

ギャンブルは楽をして稼ぐ手段だと思われがちだが、瞬発力があるだけで、儲けるにはそれなりの準備

## ●馬柱内の短評に注意！直不利・脚余し・追上退

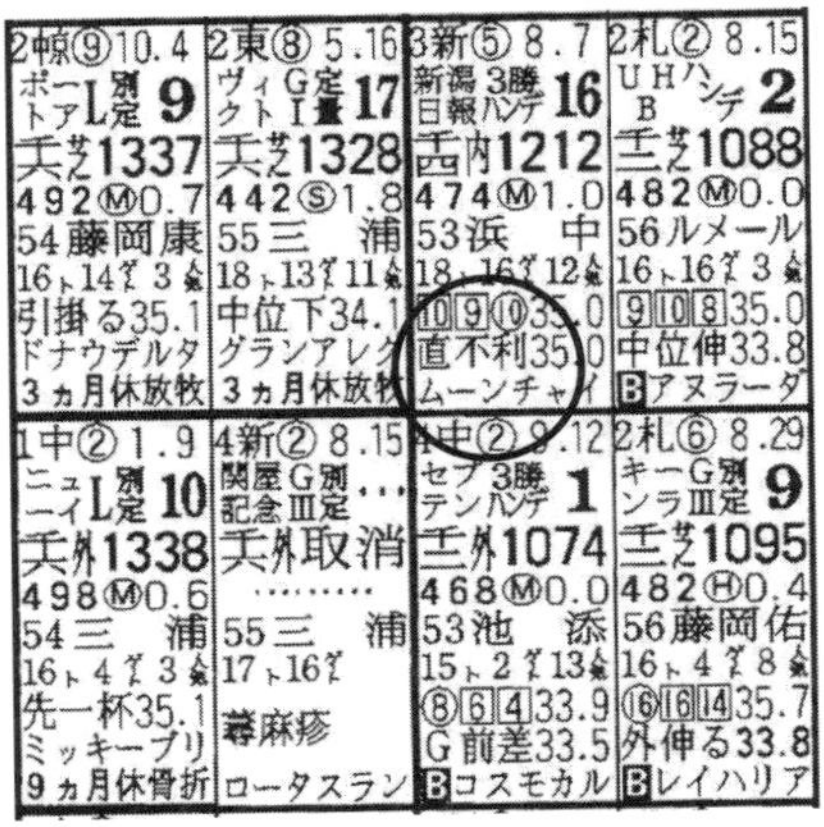

が必要だ。

それでも無理だという方には、手が空いたときにざっと新聞を見渡して、**1頭でいいから注目馬を選び、レースでその馬をしっかり見てほしい。**

これを1日こなせば土日で24頭。仮に関東主場だけでも年間に52週の開催があるから24頭×52週＝単純計算で年間に１２４８頭の馬を覚えることができるし、何年も続ければ知識は相当量になる。

ふと思い立って馬券を買うときには、競馬新聞の馬柱にある3文字のレース短評を参考にするのもオススメ。これは、その馬がどんなレースをしたかを端的に表すものだが、近走で「直不利」や「脚余し」などの短評が入っている馬は好走することが多い。個人的には、**前走が「追上退」で着差1秒以内の馬**を重視している。

また、限られた時間を有効に使う手段として競馬専門紙をぜひ活用してもらいたい。

皆さんの代わりに見聞きしてきた調教情報や厩舎の話、そして馬柱を見れば各馬がどんな戦歴を辿ってきたかが一目瞭然。タイムイズマネー。時間を買うと思えば値段も高く感じない……はず。

## その4　◎から△まで、印はどう打つのか

馬券予想の切り口は十人十色。データに血統や調教、そして騎手やコース適性とレース展開など、数え出したらキリがない。

私がまず重視するのは**レース内容**。あるレースで不利を受けた馬や、ペースが向かずに脚を余したり仕掛けどころを間違えた馬などをチェックしておいて、その馬が出走してくればまず本命候補にする。そこから他馬との力関係を比較して問題なしと判断すれば、そのまま◎を打つ。

その他で重きを置くのはやはり**調教**。トレセンで追い切りを見ていて「デキがいいなあ」と感じた馬は、能力が少し劣っていても本命にする。

これはタイムや動きだけではなく直感に頼る部分が多く、何十頭もの馬が一瞬で駆け抜けていく時間帯に発揮する集中力は、自分が考えている以上に優秀で成果も大きい。皆さんにはパドックや返し馬でこれを実践してもらえたらと思う。

逆に、現在の予想界で主流の血統はあまり重視しない。血統表を見るのは好きだが、それはあくまで趣味の話。エピファネイア産駒は早い時期向きとか、中山の芝はヴィクトワールピサの仔が走るといった傾向は頭に入れてあるが、それを予想の基礎にはしない。

例えばキタサンブラック。母の父サクラバクシンオーの字面を見ると距離に限界を感じるが、足長でスラリとした体型は長距離向き。私の中で重要なのは、馬それぞれの個体や個性。それを見抜くのも競馬の楽しさと考える。

**●△⑯アカイイト（10番人気）−◎⑤ステラリア（７番人気）で馬連５万1870円的中！（2021年11月14日・エリザベス女王杯）※１章に詳細**

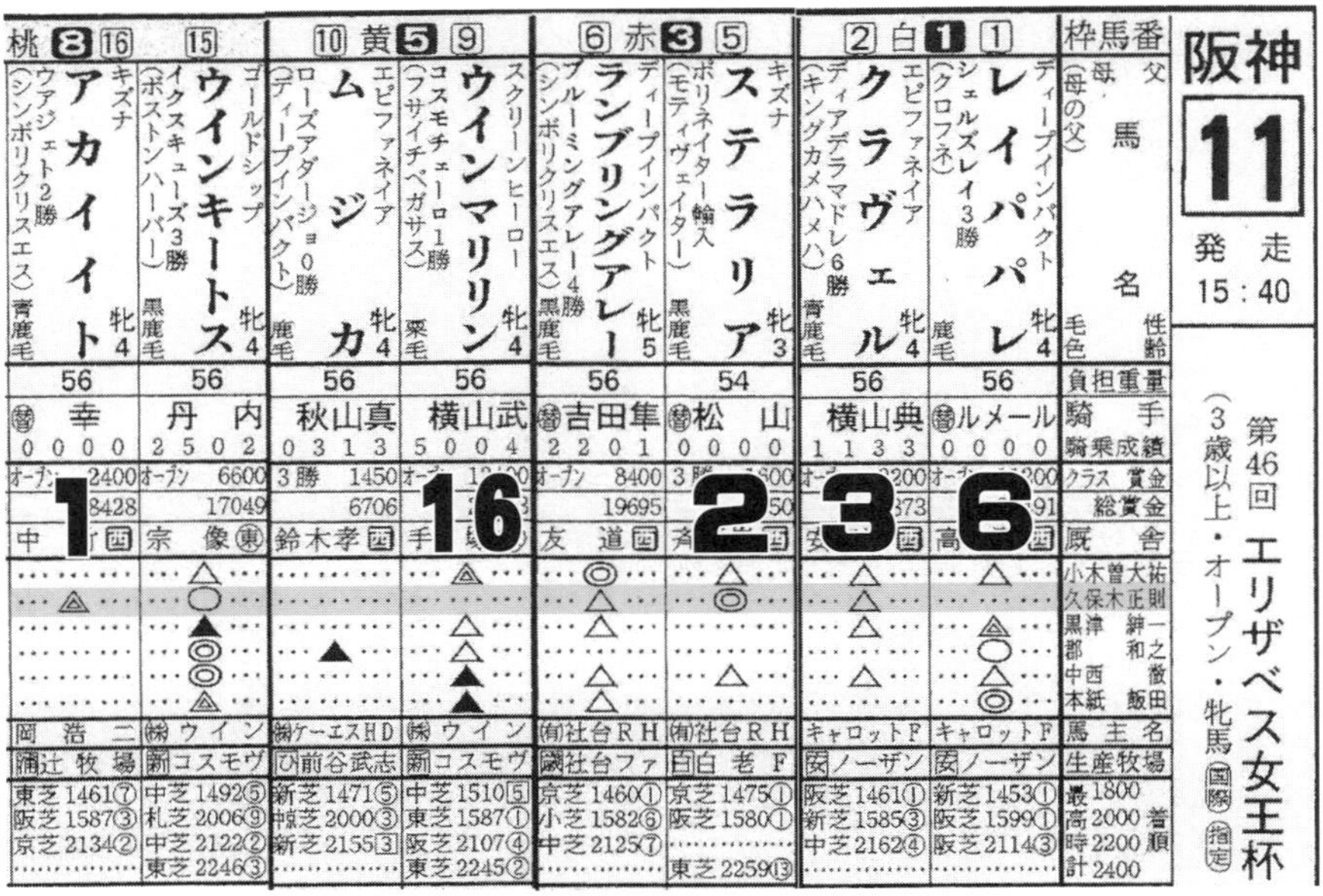

阪神 11 発走 15:40　第46回 エリザベス女王杯（3歳以上・オープン・牝馬）(国際)(指定)

| 枠馬番 | 白1 ① | 白1 ② | 赤3 ⑤ | 赤3 ⑥ | 黄5 ⑨ | 黄5 ⑩ | 桃8 ⑮ | 桃8 ⑯ |
|---|---|---|---|---|---|---|---|---|
| 父 | ディープインパクト | エピファネイア | キズナ | ディープインパクト | スクリーンヒーロー | エピファネイア | ゴールドシップ | キズナ |
| 馬名 | レイパパレ | クラヴェル | ステラリア | ランブリングアレー | ウインマリリン | ムジカ | ウインキートス | アカイイト |
| 母 | シェルズレイ3勝 | ディアデラマドレ6勝 | ポリネイター輸入 | ブルーミングアレー4勝 | コスモチェーロ1勝 | ローズアダージョ0勝 | イクスキューズ3勝 | ウアジェト2勝 |
| (母の父) | (クロフネ) | (キングカメハメハ) | (モティヴェイター) | (シンボリクリスエス) | (フサイチペガサス) | (ディープインパクト) | (ボストンハーバー) | (シンボリクリスエス) |
| 毛色 | 鹿毛 | 青鹿毛 | 黒鹿毛 | 黒鹿毛 | 栗毛 | 鹿毛 | 黒鹿毛 | 青鹿毛 |
| 性齢 | 牝4 | 牝4 | 牝3 | 牝5 | 牝4 | 牝4 | 牝4 | 牝4 |
| 負担重量 | 56 | 56 | 54 | 56 | 56 | 56 | 56 | 56 |
| 騎手 | ㊫ルメール | 横山典 | ㊫松山 | ㊫吉田隼 | 横山武 | 秋山真 | 丹内 | ㊫幸 |
| 騎乗成績 | 0 0 0 0 | 1 1 3 3 | 0 0 0 0 | 2 2 0 1 | 5 0 0 4 | 0 3 1 3 | 2 5 0 2 | 0 0 0 0 |
| クラス 賞金 | オープン [illegible]200 | オープン [illegible]200 | 3勝 [illegible]600 | オープン 8400 | オープン [illegible] | 3勝 1450 | オープン 6600 | オープン 2400 |
| 総賞金 | [illegible]91 | [illegible]373 | [illegible]50 | 19695 | [illegible] | 6706 | 17049 | [illegible]8428 |
| 厩舎 | 高[illegible](西) | 安[illegible](西) | 斉[illegible](西) | 友道(西) | 手[illegible] | 鈴木孝(西) | 宗像(東) | 中[illegible](西) |
| (着順) | 6 | 3 | 2 | | 16 | | | 1 |
| 小木曽大祐 | △ | △ | △ | ◎ | △(二重) | | △ | |
| 久保木正則 | | △ | ◎ | △ | | | ○ | △(二重) |
| 黒津紳一 | △(二重) | △ | | △ | △ | | ▲ | |
| 郡和之 | ○ | | | | △ | ▲ | ◎ | |
| 中西徹 | △ | △ | △ | △ | ▲ | | ◎ | |
| 本紙飯田 | ◎ | | | △ | ▲ | | △(二重) | |
| 馬主名 | キャロットF | キャロットF | ㈲社台ＲＨ | ㈲社台ＲＨ | ㈱ウイン | ㈱ケーエスHD | ㈱ウイン | 岡浩二 |
| 生産牧場 | (安)ノーザン | (安)ノーザン | (白)白老Ｆ | (千)社台ファ | (新)コスモヴ | (ひ)前谷武志 | (新)コスモヴ | (浦)辻牧場 |
| 最高時計 1800 | 新芝1453① | 阪芝1461① | 京芝1475① | 京芝1460① | 中芝1510[5] | 新芝1471⑤ | 中芝1492⑤ | 東芝1461⑦ |
| 2000 | 阪芝1599① | 新芝1585③ | 阪芝1580① | 小芝1582⑥ | 東芝1587① | 阪芝2000③ | 札芝2006⑨ | 阪芝1587③ |
| 2200 | 阪芝2114③ | 中芝2162④ | | 中芝2125⑦ | 阪芝2107④ | 新芝2155[3] | 中芝2122② | 京芝2134② |
| 2400 着順 | | | 東芝2259⑬ | | 東芝2245② | | 東芝2246③ | |

さて◎が決まると、あとは○▲△になるが、そこは基本的に能力が高いと思う順番に印を打つ。

ただ、紙面では５つまでと決められている△は迷うことが多く、上位人気馬に何か不安な材料（調教過程やコース適性、ローテーションなど）がある場合は、思い切って無印にして、人気薄の馬に△をつけて高配当を狙う。

２０２１年のエリザベス女王杯では１番人気のレイパパレ（６着）には距離、３番人気のウインマリリン（16着）は状態面に不安ありと見て軽視。その分の印を勝ったアカイイトに回し、２着の本命ステラリアと△—◎で的中することができた。

一般レースで迷ったときは**減量騎手**に頼ることが多く、特に最終レースは若手の活躍が目立つ。少し前だと勝浦正樹騎手。最近では永野猛藏騎手も注目を浴びたが、現在の推しは**佐々木大輔**騎手。

彼は12Rで5勝しているが（23年7月9日現在）、乗り手に高いレベルを求める堀宣行厩舎の調教にデビュー前から騎乗しているだけあり、技術は確か。スタートが上手なので短距離戦が狙い目だ。

その他では展開も頭に入れて予想を組み立てるが、常に注意しているのは**逃げ馬**。たとえ成績が悪くても、常に自分の形でレースを運べている馬は気持ちの衰えがなく、ペースや体調が合えば一変することも多々ある。最近ではパンサラッサ（22年中山記念、23年サウジC）や、22年の福島記念を10番人気で制したユニコーンライオンがその代表格だ。

展開絡みでいうと、自分で勝手にレースをつくるのも楽しく、予想をする点ではオススメ。「○○が逃げて、それを××がマークする。ペースが速くなりそうだから、中団くらいにいる△△にチャンスがありそう」などと想像を膨らませてみる。

何パターンも展開図が頭に浮かび悩んでしまうことがネックではあるが、予想力を高めるのには大切なことだ。

実は、競馬の予想で最も大事なのはこの**想像力**ではないかと思っている。レースを見て、勝ちタイムや着差が平凡でも自分が強いと思った馬は追いかけてみる。競馬では大差勝ちをした馬が次走も連勝する保証はない。自分の思い込みを信じてレースの予想を楽しんでほしい。

## その5　単勝・複勝の選択

予想ができたらあとは馬券を買うだけ。ここからは各券種の使い方を、自分の経験などを踏まえて解説していきたい。

馬券の好みは人それぞれにあるが、基本はやはり勝ち馬を当てる単勝。私はまずビギナーにこれを勧める。配当的な魅力では他の券種に劣るが、レースでその馬だけを見ていればいいし、当たり外れが単純明快。ＪＲＡプレミアムと銘打ったキャンペーンで、２歳戦の単勝に売り上げの５％相当額が上乗せされるのも、初心者にまずこの馬券で当たる楽しさを知ってもらいたという、主催者の狙いがあるからだと思う。

単勝の魅力は、もし１点買いで的中すれば賭け金もすべて回収できるところ。無駄がない。そして、痛快で勝負に勝った気持ちになる。だから多点買いは好まない。

漢（おとこ）なら黙って１点勝負！

私が単勝を買うのは、連勝系の馬券で相手が絞り切れないとき。10点以上も買ってあまり儲けが出ないようなら、予算のほとんどを単勝に投入する。複勝はその保険という使い方になるが、単勝で10倍以上つくなら比重を変えることもある。

実はトラックマンの中にも単複で勝負する人は意外と多い。相手が抜けたときの虚無感を知り尽くしているからだろうか。ただし、１倍台の単勝を買うのはオススメしない。**せめて３倍はないとリスクに見合わない。**

また、複勝は先述の〝元返し〟的な使い方以外でも、穴党には大いに活用してもらいたい券種だ。

人気がないのはもちろん力が足りないからで、それを体調の良さや展開の助けで埋められると考えるから穴馬を本命にできるのだが、いろいろな条件が向いても勝つまでには至らない。

……こんな無念をさんざん味わってきた身とすれば、５倍からのオッズなら複勝で勝負するのもあり。単勝は当たればラッキーくらいの感覚で買って複勝を厚めに。そうすれば、仮に本命馬が勝って〝しまった〟としても悔しさは軽減される。

どうしても高配当に目を奪われてしまうが、まずは単複でしっかり。大袈裟だが、単勝を当てられなければ、馬単や3連単を的中させることはできない。

そして、不的中が続くようなときには、この馬券で初心を取り戻す。私自身の馬券に対する心がけでもある。

## その6　〝代用〟という言葉が懐かしい？ 枠連の今

通称はワクレンで、私が競馬を始めたころは単勝・複勝と枠連しか存在しなかった。この馬券の醍醐味は〝代用〟。それは、自分が買った馬ではない、別の同枠馬が馬券の対象になって的中することを意味する。ベテランファンが、「昔は当たったのになあ」という話をよくするが、それは代用に助けられていたせいもあるだろう。

券種が多様化され地味な立場の枠連だが、馬番に相当するゾロ目や10頭前後のレースでは**馬連よりオッズが上**という現象が起こることもある。

馬連が当たって喜んでいたら、枠連のほうが高い配当で損した気分になったことはないだろうか。私もその経験者だが、そうならないように馬連を買う際は枠連オッズとの見比べをお忘れなく。

中央競馬には存在しないが、南関東4場と金沢競馬場では枠番連勝単式（ワクタン）を発売している。私は大井競馬場へ出かけると、この馬券を主に買うが、代用で好配当が獲れるのでオススメ。ＪＲＡでも導入してほしい券種である。

## その7　オッズへの目配せも重要——馬連で儲けるコツ

先述したように、私が競馬を見始めたころは単勝と複勝、そして枠連しか発売されていなかった時代。枠連には代用の恩恵はあったものの、人気馬が出走取り消しや競走除外になった場合の問題（複数の馬が同居している場合は払い戻しがない）や、上位人気馬と同じ枠の伏兵馬から買いたいのにオッズが低いといったファンの要望があった。

その声に応える形で、各馬の番号で連勝式馬券を買える「馬連」の全国発売が1991年10月に開始された。その後、配当的な魅力が大きい3連系馬券も導入され、現在はそちらが主流になっているが、単勝・複勝と同様に、馬連も馬券の基本だと考える。本命馬（軸馬）を決めたら、次は残った馬たちの力関係を考え、それに展開などを考慮して相手を絞る。この作業で予想力は一段階レベルアップする。

長年、この馬連を主力馬券のひとつにしてきたが、今は本命馬が5～8番人気くらいのときに利用している。**1番人気との組み合わせで15倍以上が目安。**そして相手は絞りすぎず、100円買いでも手広く流す。

逆に上位人気から入る場合は、多くても7点くらいに絞らないと大きな儲けが出ない。そのため、賭け金の強弱が重要になるが、的中したら最悪でも元金は戻ってくるような買い方を心がける必要がある。ただ、オッズとにらめっこをして、気になった馬は無理に切ったりせず、トリガミ（馬券が的中してマイナスになること）にならない範囲で、買い目を増やすことは大事。

話は変わるが、弊社の予想成績は◎から○▲と△は5点まで、そしてタテ目の○▲＝最大8点の馬連を1点100円ずつ購入したと仮定して計算される。均等買いなのでトリガミになるレースも出てくるが、実際はメリハリをつけて買っているので、当たれば儲かっていると思っていただきたい。

私は毎週こなす予想の中で、土日の収支をプラスにすることと、馬連の10万馬券的中を目指している。収支においては年間でプラスにすることを最大目標としているが、これは２００８年と21年に達成。21年は10万馬券が２本も的中し、年間の目標を同時にクリアできた思い出に残る年になった。

馬連は誕生したときからつき合いがあり、仕事でも結果の指標となる重要な存在。以前に比べると購入の頻度は下がっているが、スランプに陥ったときは、基本に立ち帰るために買うこともある大事な馬券だ。

## その８　馬単を買っておきたいケースとは

２００２年に導入された馬単は、１着→２着を着順通りに当てるため、配当面の魅力が単純に馬連の倍となり、使い方によっては破壊力十分な馬券と思えるが、身近で見た効率の悪い買い方をまず紹介したい。

それは、大御所トラックマンが主力にしていた単勝と馬単の併用。穴党で名を馳せたこのベテランは本命から馬単の裏表（マルチ）をまず総流しして、それに相手本線の金額を増やす。

と、ここまではよいのだが、それに単勝を買い足すのが実にもったいなく、軸馬が連対すれば馬券は当たるのだから、単勝への投資を保険代わりの複勝にすれば完璧なのに、といつも仲間内で話していた。

人気薄が３着に頑張ってくれたのに、それが馬券につながらないときの心の傷は想像しただけでも……。私なら、「狙いは悪くなかったのに」という言葉で、自分を慰めるのが精一杯だろう。

ただ、このＴＭ氏はとても勝負強く、軸の穴馬が相手にもノーマークの馬を連れてくる場合が多々あり、総流しで正解というシーンをよく見せられた記憶がある。馬券は少額でも手広く買う癖がついたのはこの先輩の影響もある。

私自身の話をすると、馬単はあまり買うことがない券種だが、〝裏目千両〟という言葉があるように、単勝が2倍を割る馬がいるレースではそれを1着に固定するのではなく、**2～4番人気の馬をアタマにして1番人気馬を2着に付ける買い方**が効果的。

というのも、単勝1倍台からの馬単は、馬連とオッズにそれほど大きな差がない場合も多く、2着付けで好配当を狙い、余力があれば馬連を押さえる。**人気馬から素直に買わないが**、私の馬単に対する考えだ。

## その9　攻めでも保険でも、使い勝手がいいワイド

ワイドが誕生したのは1999年だから、かれこれ20年を越える歴史ある馬券。複勝の延長というイメージがあり、当てやすさの魅力もあってか、競馬人気の回復と比例して売り上げに占める割合もアップしている。

最も低かった2005年の4・2％から21年は10・2％まで上昇し、13・3％の馬連に迫ろうかという勢い。その分、馬単の人気が落ちているのだが、けっして配当的な魅力がないわけではなく、また、使い勝手もよいので、私の中では主力馬券のひとつだ。

基本的な使い方としては、**人気上位の本命から人気薄へ2、3点**。ちょっと気になる穴馬に走られてもカバーできる理想的な買い方で、22年の阪神JFはそのお手本のようなレースだった。

勝った⑨リバティアイランドの1番人気は納得できても、コスモス賞以来で14キロの体重増だった⑤モリアーナの2番人気はちょっと売れすぎ。それなのに、コスモス賞と札幌2歳Sで2着の⑬ドゥアイズが10番人気は過小評価だろ！　と思えれば、⑨―⑬のワイドは押さえでも有意義な馬券だった（私自身は印

## ●１番人気⑨リバティアイランド―人気薄⑬ドゥアイズのワイド！
## （2022年12月11日・阪神ＪＦ）

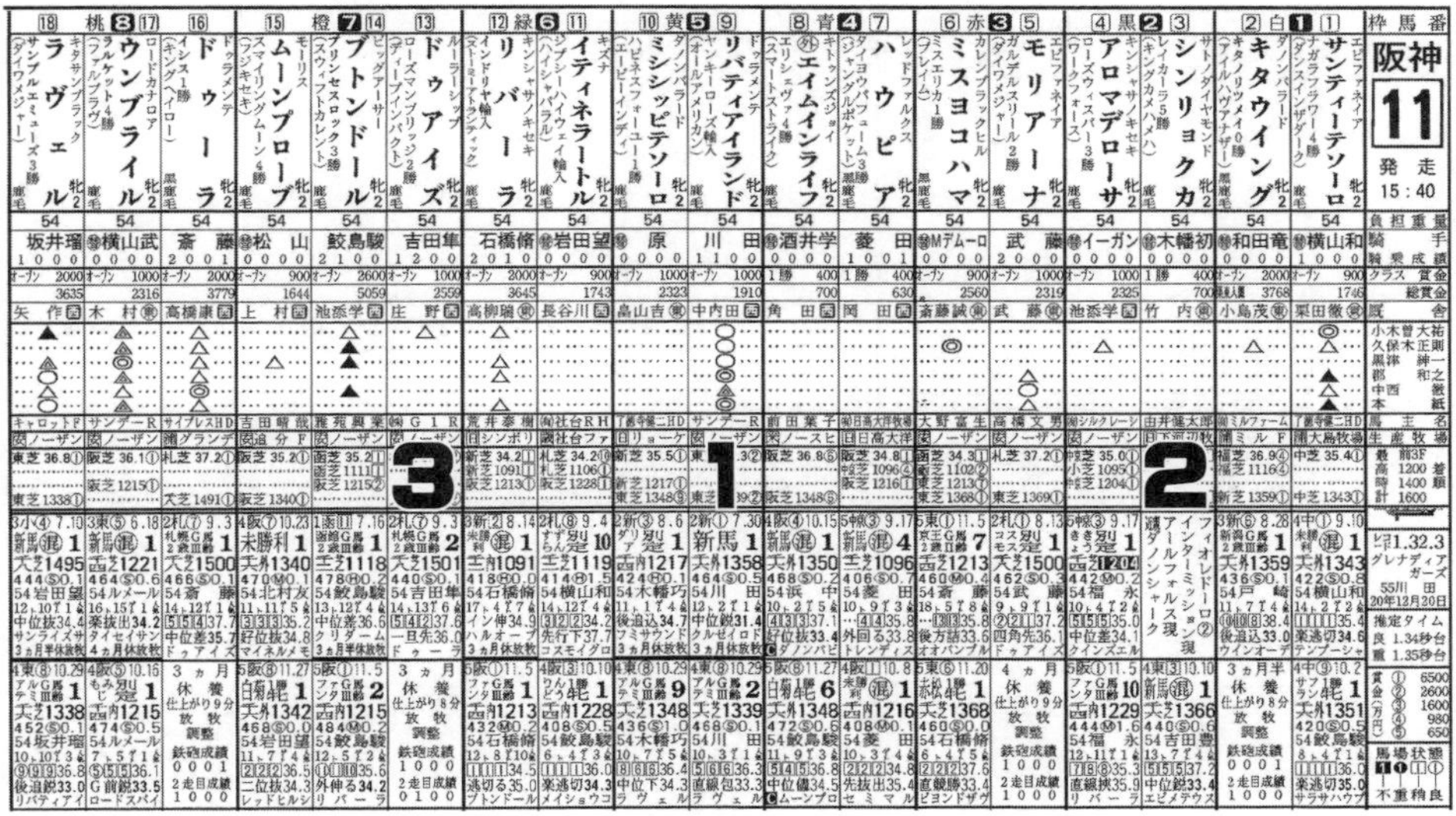

阪神11 発走 15:40

| 馬番 | 枠 | 馬名 | 父 | 母（母父） | 性齢・毛色 | 負担重量 | 騎手 | 騎乗成績 | クラス・賞金 | 総賞金 | 厩舎 |
|---|---|---|---|---|---|---|---|---|---|---|---|
| 1 | 白1 | サンティーテソーロ | エピファネイア | ナガラフラワー4勝（ダンスインザダーク） | 牝2 鹿毛 | 54 | 横山和 | 1000 | オープン 900 | 1746 | 栗田徹(東) |
| 2 | 白1 | キタウイング | ダノンバラード | キタノリツメイ0勝（アイルハヴアナザー） | 牝2 黒鹿毛 | 54 | 和田竜 | 0000 | オープン 2000 | 3768 | 小島茂(東) |
| 3 | 黒2 | シンリョクカ | サトノダイヤモンド | レイカーラ5勝（キングカメハメハ） | 牝2 鹿毛 | 54 | 木幡初 | 0000 | 1勝 400 | 700 | 竹内(東) |
| 4 | 黒2 | アロマデローサ | キンシャサノキセキ | ローズウィスパー3勝（ワークフォース） | 牝2 鹿毛 | 54 | イーガン | 0000 | オープン 1000 | 2325 | 池添学(西) |
| 5 | 赤3 | モリアーナ | エピファネイア | ガルデルスリール2勝（ダイワメジャー） | 牝2 鹿毛 | 54 | 武藤 | 2000 | オープン 1000 | 2319 | 武藤(東) |
| 6 | 赤3 | ミスヨコハマ | カレンブラックヒル | ミスエリカ1勝（フレイム） | 牝2 黒鹿毛 | 54 | Mデムーロ | 0000 | オープン 900 | 2560 | 斎藤誠(東) |
| 7 | 青4 | ハウピア | レッドファルクス | タイヨウパフューム3勝（ジャングルポケット） | 牝2 黒鹿毛 | 54 | 菱田 | 1001 | 1勝 400 | 630 | 岡田(西) |
| 8 | 青4 | (外)エイムインライフ | キトゥンズジョイ | エリシェヴァ4勝（スマートストライク） | 牝2 鹿毛 | 54 | 酒井学 | 0000 | 1勝 400 | 700 | 角田(西) |
| 9 | 黄5 | リバティアイランド | ドゥラメンテ | ヤンキーローズ輸入（オールアメリカン） | 牝2 鹿毛 | 54 | 川田 | 1100 | オープン 1000 | 1910 | 中内田(西) |
| 10 | 黄5 | ミシシッピテソーロ | ダノンバラード | ハピネスフォーユー1勝（エーピーインディ） | 牝2 鹿毛 | 54 | 原 | 0000 | オープン 1000 | 2323 | 畠山吉(東) |
| 11 | 緑6 | イティネラートル | キズナ | ジプシーハイウェイ輸入（ハイシャパラル） | 牝2 鹿毛 | 54 | 岩田望 | 0000 | オープン 900 | 1743 | 長谷川(西) |
| 12 | 緑6 | リバーラ | キンシャサノキセキ | インドリヤ輸入（ストーミーアトランティック） | 牝2 鹿毛 | 54 | 石橋脩 | 2010 | オープン 2000 | 3645 | 高柳瑞(東) |
| 13 | 橙7 | ドゥアイズ | ルーラーシップ | ローズマンブリッジ2勝（ディープインパクト） | 牝2 鹿毛 | 54 | 吉田隼 | 1200 | オープン 1000 | 2559 | 庄野(西) |
| 14 | 橙7 | ブトンドール | ビッグアーサー | プリンセスロック3勝（スウィフトカレント） | 牝2 鹿毛 | 54 | 鮫島駿 | 2100 | オープン 2600 | 5059 | 池添学(西) |
| 15 | 橙7 | ムーンプローブ | モーリス | スマイリングムーン4勝（フジキセキ） | 牝2 鹿毛 | 54 | 松山 | 0000 | オープン 900 | 1644 | 上村(西) |
| 16 | 桃8 | ドゥーラ | ドゥラメンテ | イシス1勝（キングヘイロー） | 牝2 黒鹿毛 | 54 | 斎藤 | 2001 | オープン 2000 | 3779 | 高橋康(西) |
| 17 | 桃8 | ウンブライル | ロードカナロア | ラルケット4勝（ファルブラヴ） | 牝2 鹿毛 | 54 | 横山武 | 0000 | オープン 1000 | 2316 | 木村(東) |
| 18 | 桃8 | ラヴェル | キタサンブラック | サンブルエミューズ3勝（ダイワメジャー） | 牝2 鹿毛 | 54 | 坂井瑠 | 1000 | オープン 2000 | 3635 | 矢作(西) |

を回せなかったが……）。

結果的に12番人気の③シンリョクカが2着に入って1580円は安いかもしれないが、この結論に到達した人がそれだけ多かったともいえる。

もうひとつオススメなのは、**ワイドと馬連の2点勝負**。

これは馬連が比較的人気サイドでも有効で、22年の朝日杯FSでは②ドルチェモア―⑫ダノンタッチダウンの1、2番人気の組み合わせで馬連が550円。3番人気の⑭レイベリングが3着に入ったワイドは260円だったから、810円の配当を1点で仕留めたことになる。仮にレイベリングが2着でワイドのみの的中でも、トリガミにはならないから、ワイドは頼りになる券種だ。

さて私の場合だが、実は**穴から穴へ流すのがパターン**。これは人気が1～2頭に集中した際に使うのだが、穴馬から人気馬へは馬連を買って、あとはワイドで広めに流す。

## ●人気薄◎⑫マジックキャッスル―人気薄⑧ソフトフルートのワイド！
### （2020年10月18日・秋華賞）

| 枠馬番 | 白1 ① | 白1 ② | 青4 ⑦ | 青4 ⑧ | 黄5 ⑨ | 黄5 ⑩ | 緑6 ⑪ | 緑6 ⑫ | 橙7 ⑬ | 橙7 ⑭ |
|---|---|---|---|---|---|---|---|---|---|---|
| 京都 11 発走 15：40 | ディープインパクト<br>ミヤマザクラ 牝3<br>ミスパスカリ3勝<br>（ミスターグリーリー）<br>芦毛 | ディープインパクト<br>リアアメリア 牝3<br>リアアントニア輸入<br>（ロックポートハーバー）<br>黒鹿毛 | エピファネイア<br>ムジカ 牝3<br>ローズアダージョ0勝<br>（ディープインパクト）<br>鹿毛 | ディープインパクト<br>ソフトフルート 牝3<br>ストロベリーフェア輸入<br>（キングマンボ）<br>黒鹿毛 | ディープインパクト<br>サンクテュエール 牝3<br>ヒルダズパッション輸入<br>（カナディアンフロンティア）<br>鹿毛 | ハーツクライ<br>クラヴァシュドール 牝3<br>パスオブドリームズ輸入<br>（ジャイアンツコーズウェイ）<br>青鹿毛 | キズナ<br>フィオリキアリ 牝3<br>クリアリーコンフューズド輸入<br>（サクセスフルアピール）<br>鹿毛 | ディープインパクト<br>マジックキャッスル 牝3<br>ソーマジック4勝<br>（シンボリクリスエス）<br>鹿毛 | エピファネイア<br>デアリングタクト 牝3<br>デアリングバード0勝<br>（キングカメハメハ）<br>青鹿毛 | ディープインパクト<br>オーマイダーリン 牝3<br>ラブーム輸入<br>（モンズーン）<br>鹿毛 |
| 負担重量 | 55 | 55 | 55 | 55 | 55 | 55 | 55 | 55 | 55 | 55 |
| 騎手 | 替福永 | 川田 | 秋山真 | 替藤岡康 | ルメール | Mデムーロ | 北村友 | 替大野 | 松山 | 替幸 |
| 騎乗成績 | 1 0 0 1 | 3 0 0 3 | 0 2 0 0 | 0 0 0 0 | 2 1 0 2 | 0 1 0 3 | 0 0 0 1 | 0 0 0 0 | 4 0 0 0 | 0 0 0 0 |
| クラス 賞金 | オープン 2750 | オープン 4600 | 3勝 1450 | 3勝 1500 | オープン 2900 | オープン 2050 | 3勝 1500 | オープン 1700 | オープン 12350 | 2勝 900 |
| 総賞金 | 6518 | 10659 | 3786 | 3914 | 京都入厩 5745 | 7874 | 3773 | 京都入厩 5365 | 29389 | 4635 |
| 厩舎 | 藤原英 西 | 中内田 西 | 鈴木孝 西 | 松田国 西 | 藤沢和 東 | 中内田 西 | 清水久 西 | 国枝 東 | 杉山晴 西 | 河内 西 |
| 小木曽大祐 | ▲ | ◬ | | △ | | | | ○ | ◎ | |
| 久保木正則 | | △ | | △ | | | | ◎ | ○ | |
| 黒津紳一 | | ▲ | △ | | | | | | ○ | |
| 郡和之 | △ | ▲ | | ◬ | | | | | ◎ | |
| 中西徹 | | ○ | ▲ | △ | | | | △ | ◎ | |
| 本紙 飯田 | | ○ | | ◬ | | △ | | | ◎ | |
| 馬主名 | 金子真人HD㈱ | ㈲シルクレーシ | ㈱ケーエスHD | ゴドルフィン | キャロットF | ㈱山紫水明 | 槇和美 | ㈲社台RH | ㈱ノルマンディ | 廣崎利洋HD㈱ |
| 生産牧場 | 安ノーザン | 安ノーザン | ひ前谷武志 | 日ダーレー | 安ノーザン | 日下河辺牧 | 新㈱ノース | 千社台ファ | 日長谷川牧 | 千社台ファ |
| 最高時計 1600 | 東芝1340① | 阪芝1342⑥ | 京芝1366⑤ | ………… | 東芝1344② | 東芝1329② | 東芝1354⑩ | 東芝[illegible]② | 京芝[illegible]36① | 京芝1338② |
| 最高時計 1800 | 札芝1547④ | ………… | 京芝1478① | 阪芝[illegible]1 | ………… | ………… | ………… | ………… | ………… | 阪芝1476② |
| 最高時計 2000 | 京芝2018② | 中京芝1599① | 中京芝2002② | 中京芝[illegible]① | ………… | 中京芝2005⑤ | 小芝2003① | 中[illegible]4 | ………… | 中京芝2004③ |
| 最高時計 2400 | 東芝2249⑦ | 東芝2247④ | ………… | 東芝[illegible]3 | 東芝2254⑬ | 東芝2257⑮ | 東芝2256⑭ | 東芝[illegible]⑤ | 東芝[illegible]44① | ………… |
| 着順 | | | | 3 | | | | 2 | 1 | |

心の中ではワイドが本線で、馬連は押さえ感覚なのだが、この作戦がハマったのは20年の秋華賞。この年は⑫マジックキャッスル（10番人気）が本命で、⑬デアリングタクトという絶対的な存在がいたから、馬連は⑫―⑬の1点。

それに印をつけた馬たちへワイドという形を取ったが、3着に9番人気の⑧ソフトフルートが入り⑧―⑫のワイドは９３１０円。万馬券までもう一歩だったが、もしデアリングタクトが馬券対象にならなくても4着⑯パラスアテナ（12番人気）のワイドも持っていたから、ワイドの2点的中でそれなりの配当を手にできた。

近年、ＪＲＡが売り上げの5％を払い戻しに上乗せするＪＲＡプレミアムは、主にワイドがその対象となっている。比較的当てやすく配当的な妙味も十分。さらに、レースによっては、的中すれば払い戻しもお得になるワイドは、皆さんにぜひ使ってもらいたい馬券だ。

## その10　1頭ケチって逃した85万円はデカかった……痛恨の3連複の巻

２００２年に発売された3連複。新しいモノをなかなか受け入れられない私は馬連派を貫いていたが、せっかく見つけた穴馬をジョッキーがどれだけ上手に乗ってくれても3着続きということがあった。……このままではいけないという思いから、この馬券を買うようになったが、今では主力馬券としてなくてはならない存在だ。

当初は軸1頭で相手は印をつけた6〜7頭＝15〜21点に収めていたが、手広く流すようになったのは15年の夏だった。

そのきっかけとなったのが、8月2日の新潟３Ｒ（3歳未勝利戦）。◎を打ったのが⑫デルマゴシンゾサン（13番人気）で、ここから印へ……と思ったが、10キロ増の⑧セレスティーヌがパドックでよく見えず切ろうかと思案。

代わりに無印ではあったが、唯一の関西馬⑥コスモナオス（10番人気）を加えようかと締め切り直前まで悩んだのだが、結局は印通りに購入。しかし、レースはコスモナオスが勝ちデルマゴシンゾサンが競り合いを制して3着。2着の②レインボーシャワー（4番人気）との②⑥⑫は85万４１００円……。

相手を1頭増やしたところで21点→28点になるだけで、この７００円をケチった自分が情けなくなり、その場からしばらく動くことができなかった。

これ以来、3連複を買うときは無印でも気になった馬を相手に入れているが、それが功を奏して20万円を超える払い戻しを手にしたこともある。

あまり目数を増やしたくないという場合は、**フォーメーションで、1列目は軸馬→2列目に人気上位と伏兵**

**↓そして3列目は広めに……**が理想的。1頭↓4頭↓8頭でも22点だから、十分に楽しめるはず。

ただ、最近は3連複の売り上げがよく、1番人気馬が絡むとオッズがかなり下がるので、相手を減らして、その分で金額に強弱をつけるのも一考。潤沢な資金がなくても楽しめて、ときには夢を見ることができる。それが3連複だ。

## その11　3連単に手を出しにくい理由

2004年に後半4Rの限定発売が始まり、08年からすべてのレースで購入できるようになった3連単。ときには1000万円を超える配当が飛び出すなど、ギャンブル性の高い券種で、JRAでは1番人気に支持されている。

しかし、競馬人気に陰りが見え始めた09年の37・7%をピークに、割合は減少傾向をたどり、JRAの売り上げが回復しても占有率が戻ることはなく、20年からは30%を割り込んで21年は29%に下がっている。

その分、複勝（5・9%↓9・5%）やワイド（4・5%↓10・2%）、3連複（18%↓21・7%）の人気が上昇しているのだが、この数字にファン層の変化が表れている。

競馬をギャンブルとしてではなく、〝推し〟の馬やジョッキーを応援するエンターテイメントとして捉える彼らにとって、馬券はある意味、ライブの観戦料。でも損はしたくないから、当たりやすい馬券を買う。実際、私の身近なウマジョたちも単複やワイドで楽しんでいる。

裏を返せば、現在の3連単愛好家はかなりの馬券猛者（もさ）ともいえる。あくまで個人的な印象なのだが、最近、**「この組み合わせで、これしかつかないの⁉」**ということが3連単で増えていると感じていた。

●３連単払い戻し100万超の推移

| 年度 | 本数 | 年度 | 本数 |
|---|---|---|---|
| 2011年 | 95 | 2017年 | 95 |
| 2012年 | 109 | 2018年 | 72 |
| 2013年 | 97 | 2019年 | 89 |
| 2014年 | 80 | 2020年 | 97 |
| 2015年 | 81 | 2021年 | 70 |
| 2016年 | 84 | 2022年 | 74 |

調べてみると実は数字にも表れていて（別表参照）、21年から100万円超の払い戻しが減少。馬券はファンによる配当の奪い合いでもあるから、当てやすい券種に流れるファンが増え、猛者が残った3連単は以前ほど好配当が期待できないのかもしれない。

私はどうしても目数が増えてしまう3連単をほとんど買わないが、この数字を見て余計に手を出しづらくなった。

とはいえ、３連単はかなりの確率で万馬券が期待できる券種。私がときどき買うのは10頭以下のレースだが、本命をどこかの着順に固定して（相手関係などを考慮）、フォーメーション10点程度で収めている。

３連単は資金力と軸馬の人気が重要で、**大穴を狙うよりは1～5人気くらいから買うのが現実的。**これなら本命～中穴党にちょっと夢を見させてくれる馬券だ。

## その12　さて、どうなる？ＷＩＮ５ライフ

３連単よりも大きい〝億〟の夢を見ることができるＷＩＮ５だが、少ない目数で的中させるのは至難の業。以前、他社のトラックマンが20万円くらいの配当を４点で的中させたのを見たが、これは

稀な例といえる。

実はこのTM、1点につき500円購入していて、2000円で100万円超の払い戻しを手にしたのだが、WIN5で1点に500円も使う特別な感性がないと、奇跡の的中は呼び込めないのだろう。

WIN5と上手につき合う方法は、やはり**グループ買い**。数人で資金を出し合い、もし当たればヤマ分けするのだが、我々の業界ではこれを〝会社〟と呼んでいる。

実はこの会社、WIN5に限らず普通の馬券でも十分に楽しめるのだが、昔は記者席のそこかしこで会社が設立され、買い目を決める〝社長〟だらけに。でも、そのほとんどが倒産の憂き目に遭いクビをくっていたっけ……。

私は現在、いつも出演させてもらっているラジオ局のスタッフが興した会社に出資している。これが少し特殊な組織で、学生時代に放送席でアルバイトをしていたWIN5名人（過去に1000万超えを幾度も的

中）が社長となって、資金の90％を負担し買い目も決める。

そして残りの10％を、私も含めた10人ほどの社員が1000円ずつ出資して賄っているのだが、毎週の資金は10万円前後と潤沢で、もし100万円が的中すれば社員に1万円の配当が支払われる仕組みになっている。

しかし、高額な運営方針を決定する社長のプレッシャーは相当で、負担軽減のため社員が買い目を決める日がある。私も何度か担当したが、最近では2021年10月3日の163万8740円を運よく的中することができた。

私の方針は、**最初のレースを広めにして徐々に少なく……**なのだが、この日のポイントは、ひとつ目の中山9Rサフラン賞（2歳1勝クラス）だった。このレースは8頭立てで、目数を絞りたくなるところだが、そこはまだ力量差がはっきりしない2歳戦。広めに7点としたが、6番人気のウォーターナビレラが勝って作戦成功。

その後は2→2→4番人気と続き、ラストのスプリンターズSをレシステンシアとピクシーナイト（3番人気）に絞って的中。この組み合わせで163万円超ならお得といえるだろう。

WIN5は毎週のように購入しているとはいえ、基本的に買い目は他人任せで、特に研究もしていないから偉そうなことは語れないが、1日の資金をすべてWIN5に使うのもありかと考えている。

この馬券はよほど人気サイドでない限り、少なくても3万円くらいの配当は見込めるから、仮に2万円を使ったとしても終日のトータル収支とすれば十分。

問題は他のレースを見送り、今後のためにしっかり分析できるかどうか。

試しに2月の1回東京開催を強化月間として、WIN5に主軸を置いてみたが、対象レースのすべてが1～2番人気で決着した根岸S週（2万9690円）こそ的中したものの、その他は消したくなる3、4番人気馬に走られて……というパターンで撃沈。

そして、自分の予想スタイルが〝3着でも好配当をもたらしてくれる馬〟を探すのだから、この馬券を主力に戦うのは無理がある。今後もグループ買いで十分――という結論に至った。

# 第4章

# トラックマンのすべて、教えます！

ここからはガラッと雰囲気を変えて、私の競馬との出会いからトラックマンになるまでの経緯に加え、あまり知られていない競馬専門紙の仕事や裏側などを綴っていく。自分自身のことを露わにするのは恥ずかしさもあるが、おつき合いいただければと思う。

## 競馬を知るきっかけ——アイネスフウジンとナカノコール

ギャンブルどころか酒も飲まないマジメな両親から生まれた私は、１９７３年産のイチロー世代。育った街はＪＲＡ馬事公苑のお膝元で、子供のころはここでよく遊び、立ち入り禁止の区域に入って警備員に追いかけられた記憶がある。

近くで食料品店を営んでいた母親の実家は、馬事公苑の食堂やその近隣にあったＪＲＡの独身寮などに品物を納めていた。幼少期はその配達に同行して、競走馬総合研究所の馬を少し離れたところから眺めたり、馬事公苑に繋養されていた警視庁の騎馬隊が小学校の登校を見守ってくれたり……と、馬には縁のある環境で多感な時期を過ごした。今、思うと、競馬に関わる仕事に就いたのは運命だったのかもしれない。

そんなこともあり、幼いころから競馬の存在は認識していたが、どっぷりハマったきっかけは、テレビでたまたま見ていたアイネスフウジンの90年ダービー。

当時の私は高校2年生。志望の大学付属高校に入学できたものの、1～2年時は苦手な理系の科目が多くて思うような成績を残せず、中学の3年間を費したバレーボールも髪を短くするのが嫌でやめてしまった。何かに熱中することもなくダラダラと毎日を過ごしていたが、そんなときに見たのが〝あのダービー〟だった。

テレビ越しでもその迫力が伝わってくる20万人近い大観衆の声もさることながら、美しいフォームで馬を追う中野栄治騎手とアイネスフウジンがとにかくカッコよかった。そして間もなく起こった〝ナカノコール〟。野球やサッカーとはまったく違う、その雰囲気に圧倒されたことを今でも鮮明に覚えている。

当時の中野騎手は減量苦もあり成績が冴えず、そんなときにアイネスフウジンと出会い、あのダービー制覇へつながったことを雑誌で知ると、「ドラマみたいなことが現実になるのか！」と心が熱くなった。

そして、日曜日15時からの競馬中継を欠かさず見るようになる。

その年の有馬記念がオグリキャップの引退レースであり、90年の中央競馬には、競馬の虜（とりこ）となるのに十分すぎる材料が揃っていた。

3年生になると、文系の科目が増えて少し成績はよくなったが、大学へエスカレーターで進学することは叶わず、浪人をしないためにという親の気持ちを裏切ってしまい、予備校の授業料を余分に使わせてしまうことになる。これは今でも申し訳なく思っているが、私の競馬熱はますますヒートアップしていった。

## トラックマンへの就活スタート！

その後、1年の浪人を経て大学へ入学することになるのだが、校舎はＷＩＮＳ後楽園と目と鼻の先。ＪＲＡだけでなく、オフト後楽園で馬券を買ったり、クラスメイトと大井競馬場へ出かけたりと、地方競馬も興味の対象になる。

ホクトベガが勝った1996年の帝王賞はゼミ仲間と現地で観戦したが、アリの入る隙もないくらいの大混雑で、後に大井競馬場の入場員レコードとなる7万7818人を収容していたと知る。とにかく人が多く、居場所を確保するために内馬場でレースを見届けた。

また、初めて東京競馬場を訪れたのは94年のダービー当日。このときはバイトの先輩たちと早朝から並んでレースを見たが、勝ったナリタブライアンの姿が見えたのは一瞬だけ。それでも、あの歓声をナマで浴びることができたのはうれしかった。4Rで馬券の軸にしたアサヒマーキュリーが、後にアサヒライジングを産み、オークスやヴィクトリアマイルで儲けさせたもらったこともいい思い出だ。

このころになると、月曜日に競馬ブックや競馬報知などの週刊誌を買い、遊ぶ予定がない週末は専門紙を見ながら全レースの予想をする。今とかなり近い生活スタイルになる。

そして、開催日は午前中にＷＩＮＳで馬券を仕込み、午後は家でU局とテレビ東京やフジテレビの中継を併用して結果をチェックする競馬三昧の日々。

東京競馬場の近くに住む友達ができると競馬場へ出かける回数が増え、パドックで馬の写真を撮ることが楽しみのひとつになり（投稿作品が優駿の読者ページに掲載された経験あり）、レースよりそっちにいる時間のほうが長くなる。

トラックマンになった今でも、パドックに必ず足を運ぶのは当時のことが影響していると思っているが、小さな形の変化はありながらも競馬が中心の学生生活を送っていた。

そうなると、競馬に関わる仕事をしたいと思うようになるのは必然で、小学1年生のときに読書感想文で賞をもらってから文章を書くことが好きだったこともあり、スポーツ新聞の競馬記者になりたいという気持ちが湧いてくる。

それならと新聞社で働くことを思いつき、アルバイト雑誌を読み漁っていたところに東京新聞が編集補助員を募集との記事。応募すると採用され、卒業するまでの約2年間をそこで過ごすのだが、新聞のスクラップと市場から送られてくる市況を原稿にすることが主な業務だった。

このバイトは、それまでの青果店と違い作業が楽で、そのわりに時給は高く、東京中日スポーツ（系列紙）が読み放題。木曜日に掲載されていた特別登録馬の出否を競馬週刊誌に書き写し、空いた時間に予想ができる最高の環境。選挙になると学生アルバイトが総動員され、それでも足りないからと女子のバイトが連れてきた友達と仲よくなれたりと、それは夢のような職場だった。

実はこの期間に覚えたことがいくつかあって、まずは自分の書いたものが新聞に載る楽しさ。原稿といっても、青果や花の値段を表に書き写した簡単なものではあったが、刷り上がった新聞を開いて、それを見たときの達成感は今でも忘れていない。

もうひとつがパソコン。作家さんから送られてきた手書きのコラム原稿を新聞仕様に打ち直すこともバイトの仕事で、数をこなしていくうちにキーボードの扱いに慣れ、これは「日刊競馬」に入社してからとても役に立った。

何より、取材先から戻って慌ただしく原稿を仕上げ、デスクと内容についてやり取りをする記者さんたちの姿が私の眼にはとてもカッコよく映り、新聞記者になりたい！　という気持ちがますます強くなった。

しかし自身の勉強不足もあり、受けた会社はすべて不合格。他に受験した企業もなく、どうしようかと悩んでいたところ、愛読していた「ダービーニュース」の紙面に社員募集の告知が。

先がわからない現在と違い、当時の専門紙は定期的に採用試験を行なっていて、ほとんどのそれが4年の秋。各紙を購入してみると「1馬」（現・優馬）、「勝馬」、「ダービーニュース」、そして「日刊競馬」の試験を受けられることがわかり、ここから私の本格的な就活が始まることになる。

## 実は最も気がなかった「日刊競馬」へ

弊社ではここ数年、定期的な社員募集を再開するようになったが、受験者はごくわずか。しかし私が受けた年は志望者も多く、100人近かったとか。

そんな競馬専門紙への第一歩は、一般企業と同じように履歴書を送付することから始まる。ここで「1馬」からの返事はなかったが（おそらく大学名で却下）、残り3社の筆記試験を受けられることとなり、その内容は競馬に関する質問がほとんど。

ただ、文章力を問うことに重点を置いた「日刊競馬」は〝○○について述べよ〟という記述式で、中には競馬と無関係なものもあり感触はよくなかったが、同時に行なわれた作文が自分でも惚れ惚れするデキ。お題は自由で、どの言葉をテーマにしてもよいし、自分で好きに書いてもかまわないという形での出題。私は「自由帳」という題名でチャレンジした。

子供のころは自由帳と呼ばれた真っ白なノートが、将来のことを考え始める中、高校生になると計算用紙に名前を変える。もし入社できて社会人になったら、今度は大きな紙面でこんなことを書いてみたい、といった内容の文章。働き出してから採点をした何人かの先輩に、「あれはお前が書いたのか？　1、2の評価だったよ」といわれ、記述試験はもうひとつでも、この作文が決め手となり面接試験へ進むことができたようだ。

無事に3社の一次試験を突破すると、ぜんぶ受かったらどこに入ろうかという皮算用が始まる。私の中では普段から読んでいる「ダービーニュース」→「勝馬」→「日刊競馬」の順位付けをしていた。だが、世の中は思ったようにコトが運ぶほど甘くはなく、まず「ダービーニュース」が不合格。残りは2社に絞られたが、ここである問題が発生する。

先に面接が行なわれたのは「日刊競馬」。試験官に柏木（集保）さんの姿がなかったのは残念だったが、競馬についての質問はごくわずかで、学生時代の過ごし方などを主に問われた。

自分としては気の利いた答えをできた手応えがなく、「ここもダメか……」と落ち込んでいたが、その数日後に控えていた「勝馬」の試験が、以前から計画していた卒業旅行の出発日と重なってしまったのである。

現在、「日刊競馬」に籍を置いていることは皆さんもご存知だと思うのでオチはバレバレだが、人生の中で二者択一をこれほど悩んだことはない。

実は当時、ヨーロッパのサッカーに興味を持っていて、友達とミラノダービーやマンチェスターユナイテッドのヨーロッパチャンピオンズカップ（当時）などを観戦するツアーへの参加を決めていて費用も払い済み。

今思えば浅はかだったが、一次試験の日程は頭に入れていたものの、好カードということもあり、その後のことには頭が回らず、就職浪人を覚悟で強行するか、（キャンセル期間を過ぎていたので）金をドブに捨ててでも「勝馬」の面接を受けるか……。

大学受験で親には迷惑をかけているし、かといって「勝馬」に受かる保証もない。どうしたものか、思案に暮れる時間を過ごしていたある日、「日刊競馬」から採用通知が届いて一件落着。「勝馬」の面接を丁重にお断りし、安心して人生初の海外旅行へ出発することができた。

この年の新入社員は私ひとり。一期上に先輩が4人いて、1年後に入ってきた後輩が5人（そのうちのひとりが地方版の看板評論家として活躍している稲井努くん）という、少し歪（いびつ）な人員構成だったが、「日刊競馬」の一員として現在に至る。

第3志望の会社に半ば救ってもらう形ではあったが、後に「ダービーニュース」は休刊し、「勝馬」も「競馬ブック」グループに吸収された現状を見ると、会社に不満がないわけではないが、最良の結果だったかなと今は思っている。

## さあ、これがトラックマンの仕事です！

「日刊競馬」新聞社は、紙面づくりの根幹となる編集部（中央課・地方課）と、新聞作成のシステムを統括し、ホームページやアプリなどSNS関連の業務を担う制作部（電算室）。それに、印刷部と営業部の4本柱で組織が成り立っている。

採用は部署ごとに行なわれ、新入社員は顔見せも兼ねて各セクションを研修で廻り、その後に正式配属というのが基本的な流れ。大井競馬場前駅の売店を手伝ったり、年の瀬の競馬場でカレンダーを売ったりしていたころが懐かしい。

私が所属している編集部の中央課は、さらに編集（内勤）と美浦支局員（トラックマン。業界では略して〝トラマン〟と呼ぶ）に分かれている。

トラックマンが取材した素材を編集部が整理し、当週に出走を予定している馬たちの能力表や調教時計をまとめ、それを元にトラックマンは厩舎コメントや調教メモを打ち、書き手と編集でその校正を行なう。

内勤はその他に、各レースの注目点を解説する『ポイント』や、レース展開図の執筆なども担当している。

ではトラックマンはというと、ご存知の方も多いと思うが、**想定班**と**時計班**に分かれて日々の業務をこなしている。前者の主な仕事は、各ＴＭが担当厩舎の出走予定馬を取材し、それを集めて想定メンバー表を作成し、該当馬のコメントを取ること。

今、美浦トレセンの調教スタンドは北と南の両コースにそれぞれ建てられているが、南馬場にウッドチップコース（南ＤＷもしくはＤＷと呼称）ができてからは北馬場で追い切る馬が激減し、それに合わせて厩舎関係者の多くが南馬場へ集まるようになる。

トラックマンの数もそれに比例して、そこで取材活動を行なう者がほとんどだが、２０２３年の秋には北馬場が完全に閉鎖され、栗東トレセンと同じようにトラックコースが一本化される。

そうなると記者席に全社のトラックマンが入り切れるか心配になるが、彼らは調教開始から1時間後にネタ集めへ出かけるので問題はない……かな。

そして現在、自分もその一員として仕事に取り組んでいる時計班は、その名の通り調教のタイムを採り、その様子をしっかり見て新聞の調教解説欄に反映させることが主たる任務。南・北馬場と坂路にそれぞれ人員が割り振られ、この解説はコース担当者間で分担している（私は主に新馬戦や2・3歳限定戦）。

21年7月に**ウッドチップコース**が**自動計測化**されてから時計班の業務形態は大きく変わったが、それ以前のウッドはこんな状況だった。

開門直後やハローがけ後の追い切りが集中する時間帯は、人間の能力ではさばき切れない数の馬が駆け抜ける。**ストップウォッチを押す係**と、ゼッケンや乗り手、そして併せ馬の組み合わせや「馬なり」「一杯」といった脚色などを見る**『ゼッケン読み』**に分かれて作業を行なっていた。

ゼッケン読みで難しいのが騎乗者の判別で、それはヘルメットの色で可能なのだが、青帽子のジョッキーは名前を掲載するので誰なのかを覚えなければならない。

若いころは見分けることに自信を持っていたが、最近の若手ジョッキーは皆同じに見えてしまうのが悩みのタネ。攻め服（調教時の服）を判断材料のひとつにしているが、最近の子はコロコロ変えてしまうので困るんだなあ。

自動化が進んだ今でも、受け持ちであるポリトラックとB（ダート）コースはストップウォッチでタイムを採っているが、ウッドコースとは比較にならないほど追い切り頭数は少ない。そのため、手が空いているときに他コースの追い切りをじっくり見ることができるので、私の調教メモは大いに活用してもらいたい。

私は弊社の現役トラックマンでただひとり想定班・時計班両方の仕事を経験しているが、これは性格が適性に表れる気がする。

想定班は社交的で少々のことには動じない気持ちの強い人間が適任。一方、時計班は細かい作業を苦に

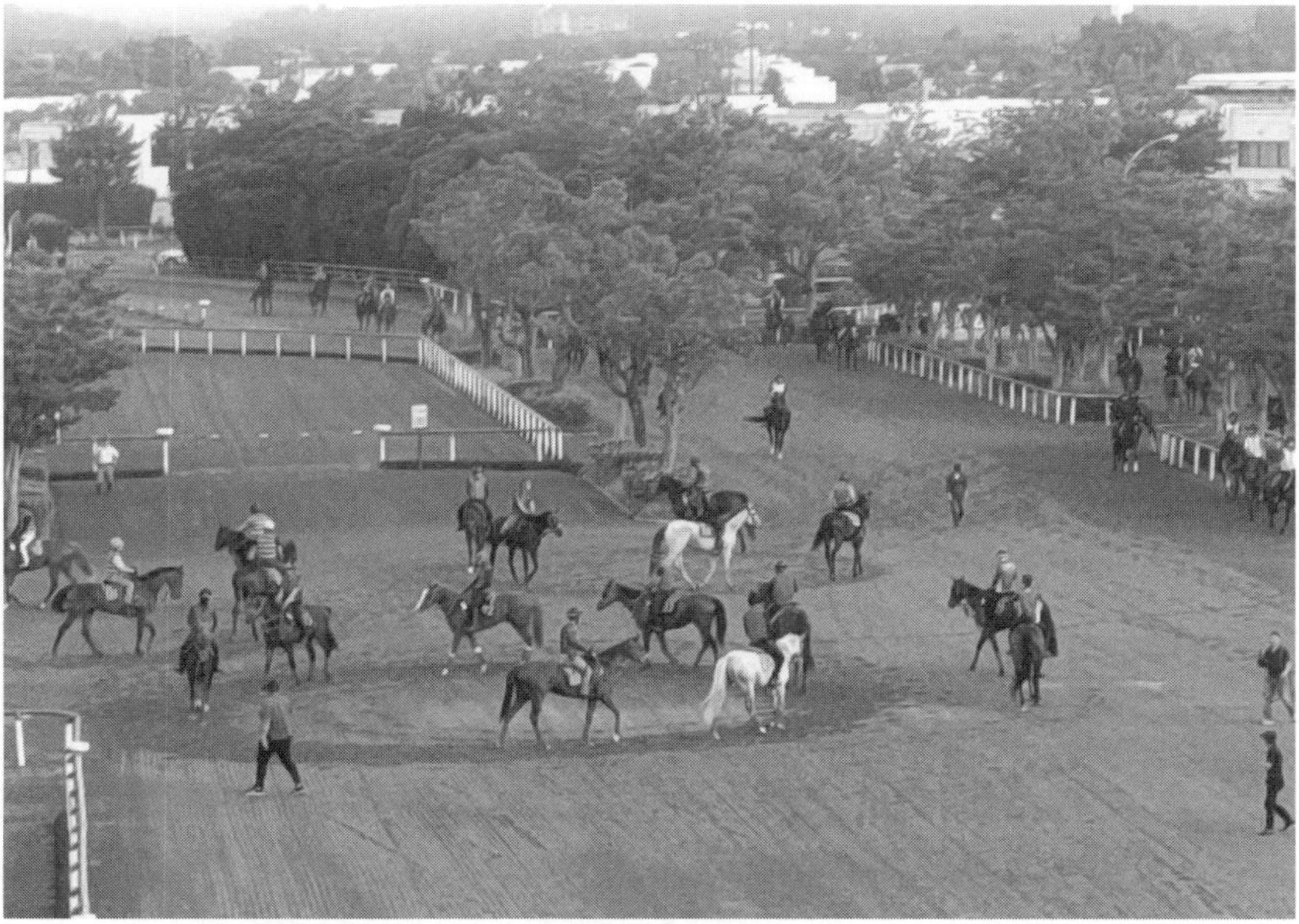

美浦トレセンの早朝の調教風景。トラックマンの主戦場だ。

WTAA10

# 追 加 ゼ ッ ケ ン 表 （美浦）

2023- 6-30

39

サラ系２歳

| ゼッケン番号 | 記号 | 血統登録番号 馬名 | 性 | 年齢 | 毛色 | 父馬名 母馬名 | 調教師 |
|---|---|---|---|---|---|---|---|
| 837 | | 2021105966 グエムル | 牡 | 2 | 鹿毛 | ジャスタウェイ デリケートアーチ | 高柳 瑞樹 |
| 838 | | 2021105789 サツキノジョウ | 牝 | 2 | 青鹿毛 | レイデオロ マルシアーノ | 武井 亮 |
| 839 | | 2021101831 マイネルエタナ | 牡 | 2 | 青鹿毛 | ベルシャザール フルーツタルト | 田島 俊明 |
| 840 | | 2021101792 レシャルプジョーヌ | 牝 | 2 | 栗毛 | モーリス レッドマシェリ | 土田 稔 |
| 841 | (外) | 2021110061 ソレルビュレット | 牡 | 2 | 栗毛 | Malibu Moon Curluck | 宮田 敬介 |
| 842 | | 2021100043 ユキノフルマチ | 牝 | 2 | 芦毛 | マインドユアビスケッツ ブルーミングスノー | 矢野 英一 |
| 843 | | 2021103443 ビジューレイ | 牡 | 2 | 栗毛 | ゴールデンマンデラ ウエスタンビジュー | 小野 次郎 |
| 844 | | 2021104038 ソニックロプロス | 牡 | 2 | 鹿毛 | コパノリッキー グレースグランド | 加藤 士津八 |
| 845 | | 2021102412 スターチョウサン | 牝 | 2 | 鹿毛 | ブリックスアンドモルタル シャドウシルエット | 小島 茂之 |
| 846 | | 2021101067 クィーンミツコ | 牝 | 2 | 芦毛 | レッドファルクス コスモアンダルシア | 勢司 和浩 |
| 847 | | 2021102924 シアワセノランプ | 牝 | 2 | 鹿毛 | マジェスティックウォリアー アンブリカル | 武市 康男 |
| 848 | | 2021101549 アドマイヤマツリ | 牝 | 2 | 黒鹿毛 | キタサンブラック アドマイヤナイト ゲートまるまる | 宮田 敬介 |
| 849 | | 2021104927 リリエンフェルト | 牝 | 2 | 芦毛 | ルーラーシップ リリカルホワイト | 相沢 郁 |

調教の際に配られるゼッケンナンバーと馬名。「ゼッケン読み」の重要なベースとなる。

しない芯のしっかりしたタイプが向いていると考える。

私の場合、当初は想定班として活動をしながらもそれに向いていないと感じていて、ベテラン時計班が本社へ戻るタイミングで異動を願い出たのが6年目。そこから現在に至っているが、トラックマンの醍醐味はやはり厩舎取材の想定班にある。

そう思わせるひとつが、美浦支局に配属されてすぐの出来事。当時は夏の新潟競馬場に滞在する馬がけっこういて、チーフの宮崎秀一TMと約2カ月の長期出張。このとき、ヘッドシップという1勝馬の話を聞きに厩舎まで足を運び、同馬を担当していたベテラン厩務員のスーさんと知り合いになるのだが、このヘッドシップが後に父内国産限定のGⅢカブトヤマ記念（現在は廃止）を勝利し、スーさんがその祝勝会に誘ってくれた。

その宴会で、レース当時は留守を預かっていた別の厩務員さんが、「いつもウチの馬が勝つときは、厩舎に居ついている猫が空いた馬房にいることが多くてさ。でもあのときは親子で寝ていたから、あれを見て勝つと思ったよ。一緒にいたのは初めてだったからなあ」という話をしてくれた。

取材を通して触れた条件馬が強くなって重賞を勝利するだけでも、自分のことのようにうれしかったが、裏話を聞いてほのぼのとした気分にもなり、なぜか得した気持ちになったことを生涯忘れることはないだろう。

馬の状態を見極めて予想や馬券を当てる時計班も楽しいが、つき合いがあるジョッキーや厩舎関係者が勝つシーンを応援するのはまた別の高揚感がある。異動してからは関係者と知り合う機会こそ減ったが、これを味わうために想定班のころに培った人脈は絶たないようにしている。

騎手時代からのつき合いで、現在は調教助手（堀宣行厩舎）の鈴来直人くんが、担当するカフェファラオでフェブラリーSを勝ったときはうれしかったな……。

ただ、だからといって時計班になったことに後悔はないし、馬を見ることが好きな自分の長所を生かせる仕事だと思っている。形はどうであれ、競馬の最前線にいられることに幸せを感じる毎日である。

## さあ、これがトラックマンの仕事です！番外編

どの会社もトラックマンの仕事は同じようなものだが、「日刊競馬」の若手には同業他社にない〝雑用〟があり、まずはこの出来、不出来が先輩たちの評価基準になる。

これを支局では**「下乗り」**（トレセンにおける見習い騎手の別称）の仕事と呼ぶ。

弊社の美浦支局では、会社の経費で昼と夜の食事が提供される。美浦に在住している賄(まかな)いさん（社内の通称は〝おばちゃん〟。といっても、私より数歳年上なだけ）が水～金曜日の昼食までつくってくれるのだが、その献立を決め、おばちゃんと一緒に材料の買い出しへ行くのが若手の重要任務。

後輩が2人できるまで、この仕事とサヨウナラはできないが、誰はあれが嫌い、彼はそれがダメと、先輩たちの好き嫌いを頭に入れてメニューを決める。今はわがままをいう人間はいないが、私が配属されたころはうるさいオジサンが多く難儀したものだ。

たいていの場合、2～3年すると年少者が入ってきて最若手を脱出できるのだが、私はその巡り合わせが悪く、すぐ下の後輩ができたのは5年後で、買い物を卒業するまでに7年を要した。

その間には、トラックマンとなって半年後に前任のおばちゃんが急逝。現任者が来るまでの4カ月、通

なんとも殺風景だが、これが悪戦苦闘の舞台となった食堂だ。

これは後述する福島競馬場内の記者席。
ここでレース短評の入力など、新聞作成に関わる業務を行なう。

常の業務に加えて料理やら食器洗いやらをさせられる地獄のような日々もあり、このときは会社を辞めようかと真剣に考えた。

ところが、それまで冷たかった先輩たちの態度が、このときを機に柔らかくなった。まあ、手を貸してくれたのは2人だけだったけど……。


そして、水曜夜の宴会につき合うのも若手の仕事。支局の近くには居酒屋などはほとんどなく、出かけるには車でということになるから、皆でお金を出し合って酒を買い、それを食堂で飲むということになる。この場には他社のトラックマンや、ときには厩舎関係者が遊びに来ることもあり、若い衆には客人や先輩の酒をつくることが求められ、最後のひとりがいなくなるまで残らなければならない。

調教開始が朝5時の夏場でも日付をまたいで飲むのはザラで、自分の時間などほとんどなかったが、たまには楽しい来客もあった。

今でも覚えているのは、先輩が数人のジョッキーを支局に呼んで飲んだときのこと。その中の最年長が田中勝春騎手で、まだファンの気持ちが抜け切らない私は、「カッチーだ!」と感動したが、酒が進むと競馬のいろいろな話になり、話題は重賞を勝った記念に関係者が作成するジャンパーに。

するとカッチーが、「あれはさ、負けた人たちのことを考えたら、あまりいいことではないよね」と真剣な顔で発言し、「確かにそうだよね……」と一同も納得。ほどなくすると再びバカ話に戻るのだが、誰しもが思ってもみない発言だっただけに強烈な印象を残した。

そして翌朝。トレセンで取材中にカッチーと遭遇し、先輩と一緒に挨拶を交わしたが、そのジャンパー

を見て2人は思わずズッコける。背中に大きく

バランスオブゲーム

と刺繍されていたからだ。先輩がすかさず、「カツ〜、昨日の話と違うじゃんかよ！」とツッコむと、「オレ、そんなこと話した？　カッコいいこというじゃん」とカッチースマイルで返答。しばらく笑い続けたが、これ以来、カッチーで馬券を外しても頭にくることはなくなった（注：バランスオブゲームはＧⅠこそ届かなかったが、中山記念連覇を含む重賞7勝の名馬。うち6勝が田中勝春騎手の手綱）。

最近、YouTubeで元プロ野球選手が学生時代の出来事をおもしろおかしく話している姿を見ると、自分も昔のことを思い出す。

当時、脂が乗って元気だった先輩たちはほとんどが退職し、時代の流れもあって若手に酒席を無理強いすることもなく、現在の私は支局で酒を飲まない。あのころは時間を自由に使うことがほとんどできず不快ではあったが、他社の先輩にかわいがってもらえるきっかけにもなり、今はいい経験ができたと思っている。

## 水曜朝から始まる——これがトラックマンの1週間です！

トラックマンの1週間は水曜日から始まる。馬場の開門時間に調教スタンドへ着いていれば、それまでは時間の決まりはなく、私のように支局へ前日入りする人間がいれば、美浦近郊に住んでいる人は水曜日の朝にトレセン入りする場合も。

それから3〜4時間の取材を行ない、支局に戻ると想定（その週の出走予定馬リスト）や時計を本社へ

送り、それからの時間は各自が思い思いに使う。

私の場合は、本社の編集から予定馬の馬柱やタイムが送られてくると、紙面に掲載する調教解説の執筆に取りかかる。それを書き終えた15時過ぎくらいに想定メンバー表を持って、調教助手時代から20年以上も仲よくさせてもらっている斎藤誠厩舎へ遊びに行く。

あえて取材と表現しないのは、時計班の私にとって仕事ではないから。厩舎の皆と競馬以外の話をしたり、大人しい馬と戯れたりと、癒やしを得る大切な時間なのだ。

それから戻ると、その日のタイムや乗り役など調教のすべてがまとめられた用紙に目を通し、追い切りでよく見えた馬が想定にいないかをチェック。さらに、新馬戦を予定している馬の血統を調べ、追い切りで感じたメモと照らし合わせて出馬確定後に備える。

これらのルーティン作業を終えたら、あとは寝るまで予想。想定メンバーを元に、水曜日は関東のメインと関西の特別レースを終わらせるが、この作業がゆうに4時間を超える。若いころと違い、食べたり飲んだりという時間も惜しい。

木曜日も前日と同様に調教を見るが、頭数は3分の1ほどに減る。ただ、日曜日に出走を予定している馬（堀厩舎や田中博康厩舎など）が追い切りをかけることもあるので、おろそかにはできない。

それらを見届けて支局に戻ると、先ほど追い切りをした馬の調教解説を本社に送ってしばしの休憩となる。想定班は出走予定の変更がないかを厩舎に確認し、追い切り後でないとコメントをしない調教師から話を聞くことが木曜日の仕事になる。

癒しの場……斎藤誠厩舎。

▼想定表の一部。下の走り書きは調教で見た印象を書き写している。

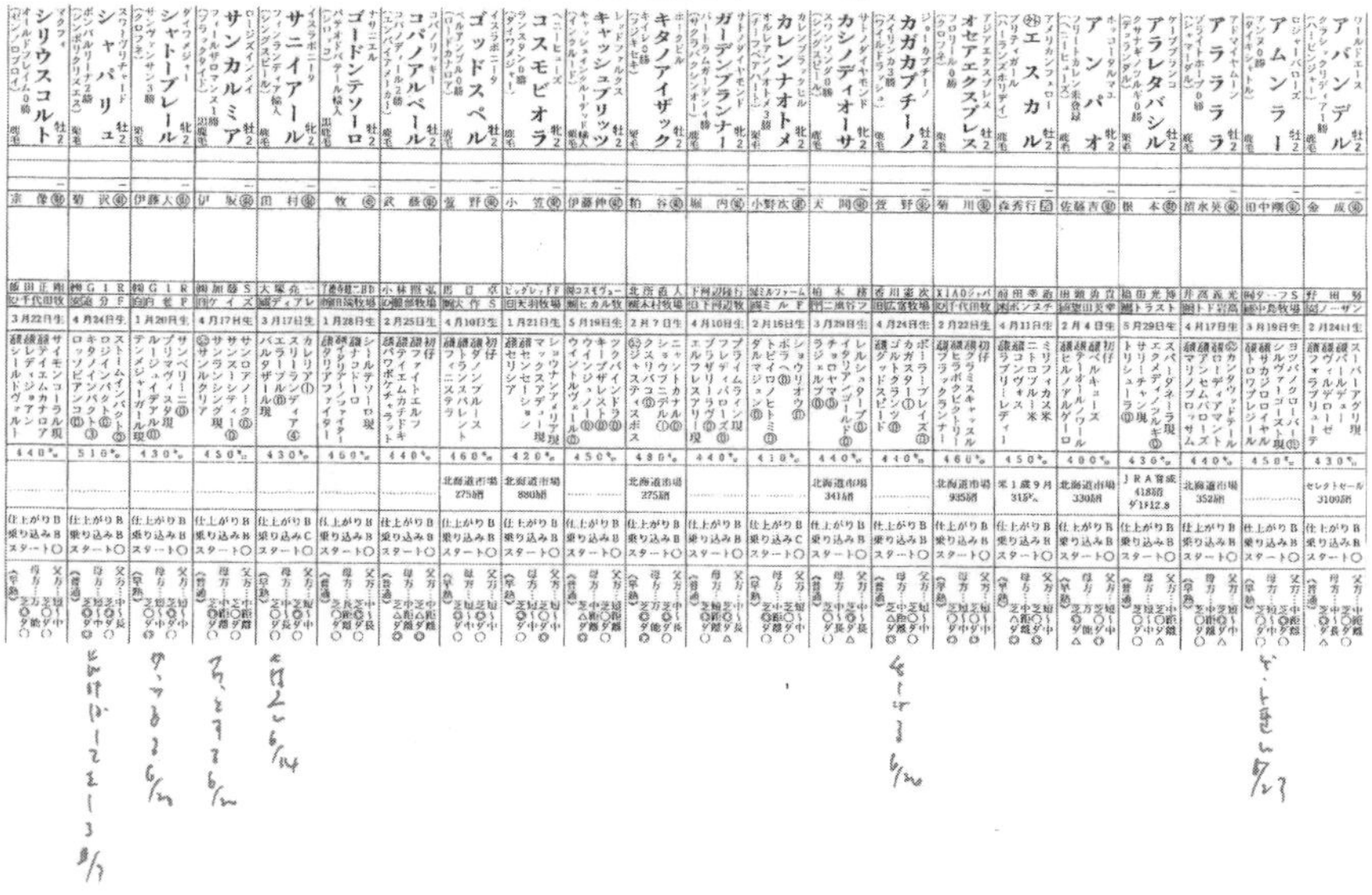

| 馬名 | 性齢 | 父 | 母（母父） | 調教師 | 生年月日 | 馬体重 | 取引 | 仕上がり | 乗り込み | スタート |
|---|---|---|---|---|---|---|---|---|---|---|
| アバンデル | 牡2 | ワールドエース | クラシ・クリディア1勝（ハービンジャー） | 金成 | 2月24日生 | 430kg | セレクトセール 3100万円 | B | B | ○ |
| アムンラー | 牡2 | ロジャーバローズ | アンヌ0勝（ダイキシャトル） | 田中博 | 3月19日生 | 450kg | | B | B | ○ |
| アラララ | 牡2 | アドマイヤムーン | ブライトホープ0勝（シャマーダル） | 清水英 | 4月17日生 | 440kg | 北海道市場 352万円 | B | B | ○ |
| アラレタバシル | 牡2 | ケープブランコ | クサナギノツルギ0勝（デュランダル） | 根本 | 5月29日生 | 430kg | JRA育成 418万円 ダ1F12.8 | B | B | ○ |
| アンパオ | 牝2 | ホッコータルマエ | フリートカレン未登録（ヘニーヒューズ） | 佐藤吉 | 2月4日生 | 400kg | 北海道市場 330万円 | B | B | ○ |
| ㊕エスカル | 牡2 | アメリカンフェロー | ブリティガール（ハーランズホリデイ） | 森秀行 | 4月11日生 | 450kg | 米1歳9月 31万ドル | B | B | ○ |
| オセアエクスプレス | 牡2 | アジアエクスプレス | フロリール0勝（クロフネ） | 菊川 | 2月22日生 | 460kg | 北海道市場 935万円 | B | B | ○ |
| カガカプチーノ | 牡2 | ジョーカプチーノ | スイリンカ3勝（ワイルドラッシュ） | 萱野 | 4月24日生 | 440kg | | B | B | ○ |
| カシノディオーサ | 牝2 | サトノダイヤモンド | スウィンソング0勝（シングスピール） | 天間 | 3月29日生 | 440kg | 北海道市場 341万円 | B | B | ○ |
| カレンナオトメ | 牝2 | カレンブラックヒル | オルレアンノオトメ3勝（チーフベアハート） | 小野次 | 2月16日生 | 410kg | | B | C | ○ |
| ガーデンブランナー | 牝2 | サトノダイヤモンド | ハートウムガーデン4勝（サクラバクシンオー） | 堀内 | 4月10日生 | 440kg | | B | B | ○ |
| キタノアイザック | 牡2 | ホークビル | キイレ0勝（フジキセキ） | 粕谷 | 2月7日生 | 480kg | 北海道市場 275万円 | B | B | ○ |
| キャッシュブリッツ | 牡2 | レッドファルクス | キャッシュインクルーデッド輸入（インクルード） | 伊藤伸 | 5月19日生 | 450kg | | B | B | ○ |
| コスモビオラ | 牝2 | ヘニーヒューズ | ランスタン0勝（ダイワメジャー） | 小笠 | 1月21日生 | 420kg | 北海道市場 880万円 | B | B | ○ |
| ゴッドスペル | 牡2 | イスラボニータ | ベルアンソル0勝（ロードカナロア） | 萱野 | 4月10日生 | 460kg | 北海道市場 275万円 | B | B | ○ |
| コパノアルベール | 牡2 | コパノリッキー | コパノデ・ール2勝（エンパイアメーカー） | 武藤 | 2月25日生 | 440kg | | B | B | ○ |
| ゴードンテソーロ | 牡2 | ナサニエル | バテオドバテール輸入（[illegible]） | 牧 | 1月28日生 | 460kg | | B | B | ○ |
| サニイアール | 牝2 | イスラボニータ | フィンランディア輸入（シングスピール） | 田村 | 3月17日生 | 430kg | | B | C | ○ |
| サンカルミア | 牡2 | ロージズインメイ | フィールザロマンス1勝（ブラックタイド） | 伊坂 | 4月17日生 | 450kg | | B | B | ○ |
| シャトーブレール | 牝2 | ダイワメジャー | サンヴァンサン3勝（クロフネ） | 伊藤大 | 1月20日生 | 430kg | | B | B | ○ |
| シャパリュ | 牡2 | スワーヴリチャード | ボンバルリーナ2勝（シンボリクリスエス） | 菊沢 | 4月24日生 | 510kg | | B | B | ○ |
| シリウスコルト | 牡2 | マクフィ | オールドフレイム0勝（ゼンノロブロイ） | 斎藤 | 3月22日生 | 440kg | | B | B | ○ |

13時前後になると、想定班が送った変更を反映させた最新のメンバー表が送られてきて、それを参考に今度は関東の特別レースを予想するが、そうこうしていると16時になり、ＪＲＡから枠順確定前の出馬表が発表される。

それから1時間ほど経つとレース別の馬柱と調教が編集から届き、そこから平場レースの検討に取りかかる。翌日も調教があるので深夜まで……とはいかないが、日付が変わるころまで頭を悩ませ、それでも終わらないレースは翌日に持ち越しとなる。

トレセンでの業務が終わろうかという、金曜日の調教スタンドは追い切り頭数がさらに減り、どこかのんびりとした雰囲気。私は坂路で前日追いなどをチェックするが、合間に他場のメンバーを調べたり、南馬場でゲートを出す馬を観察したりとそれなりに忙しい。

この日の楽しみは、坂路タワーのベランダへ出て馬の息づかいを聞くことで、ノドが鳴る馬のそれはかわいそうに思うくらい苦しそう。

中でも印象に残っているのが、２０１５年の千葉サラブレッドセールにおいて2億円を超える高額で取引されたディープインパクト産駒のマツリダバッハ。エイシンフラッシュの弟ということもありＰＯＧで注目を集めたが、この馬の息はかなりひどかった。

調教が終わると、金曜日の仕事はそこまで。私は支局に戻らず帰路に着き、自宅に到着するとすべてから開放……というわけではなく、ホッとできるのは残した日曜日の予想を完了させた瞬間だ。

それからが自由な時間になるわけだが、翌日にグリーンチャンネルやラジオＮＩＫＫＥＩの解説が控えている場合は、その準備をしながら1日が過ぎていく。

そして土日は競馬場で仕事（予想や調教解説、厩舎コメントなど）の答え合わせということになるが、もちろん馬券を買っているだけではなく、新聞に関わる業務もこなす。

主には馬柱の中にある3文字のレース短評（「出遅不」「外伸る」「二位抜」「直競勝」「逃一杯」など）を入力する作業だ。これは、確定直後に記者席で放映されるパトロールビデオを参考にしながら適したものを当てはめていく。

その他には、ストップウォッチで前半3Fのタイム差を採時する業務などがあり、これらを皆で分担する。

「競馬ブック」グループはレース後のインタビューなど週刊誌を発行するための仕事が加わり、慌ただしく原稿を打つトラックマンの姿も散見されるが、弊社はそれがないので落ち着いて馬券に取り組めている。ちなみに私の1日の競馬資金は2万円前後。それなりにキャリアを積んだ今はこれで十分だ。

開催が終わると水曜日の朝までオフになるが、隔週火曜日にnetkeibaの「まるごと必勝チャンネル」を収録するため、月曜日にはその週のメインレースを下調べし、その他の時間にはレースの見直しをするから、競馬が頭から離れることはほとんどない。

そうこうしているとアッという間に時間が過ぎ、気がつくと水曜日の追い日……という繰り返しを20年以上も続けているのだから、自分はドMとしか思えないが、取材の対象である競走馬は入れ替わりのサイクルが速いから飽きることがない。

## 誰も1Rにいないぞ！（笑）――旅打ち気分の夏競馬

曜日単位で1年間を過ごすトラックマンだが、夏競馬は開催日にそれぞれの競馬場がある街へ出張する。函館と札幌の担当者は、期間中の長期滞在ということになるが、私を含めた福島、新潟版の予想者は週末だけの通い出張。弊社は北海道と福島に支社があり、現地採用の社員が印刷と営業を兼務しているが、そこには寝泊まりできる設備が整っているので、出張者の宿泊場にもなっている。

この場合の交通手段は各人に任せられていて、ほとんどの人が金曜日に家へ戻り、それから新幹線で移動という形を取っているが、私の場合は帰宅せずに車で美浦から〝直接入厩〟。

この際の経費は、支社がなくホテル住まいになる新潟の宿泊費や出張費も含め、あらかじめ各自で会社へ請求し、給料とは別にそれぞれの口座に振り込まれる。ただ、高速料金やガソリン代は、美浦への往復で使用している会社支給のＥＴＣカードと、指定された石油会社のカードをそのまま使用して支払うことになっている。

年に数回しかない出張の楽しみは、やっぱりウマいものを飲んだり食べたりすること。

金曜日の遅い電車で現地入りするトラックマンも少なくないが、せっかくだからという思いがある私は、夕方までに移動を済ませ、ひとりでブラッと飲みに出かける。

そして土曜日の競馬が終わった後は、トラマン仲間やレースを使いにきた厩舎関係者などと一杯。旅気分になってついつい飲み過ぎ……ということもあるが、この変化がワンパターンの日常にいいアクセントとなっている。

福島競馬の“通い出張”。夏競馬には競馬場以外での楽しみが満載。

かなり昔の話だが、出張者が少ない秋の福島開催で、酒の強者が揃っていた某社トラックマンたちが、日曜日の1R発走時刻に誰もいなかったということがあったな……。まだ若かった私には、かなりの衝撃だった。

自分も業界の中では年長者の部類と思えるが、今の若い人たちはしっかりしていて、まだ前夜の酒が残っているな? という人間はほとんど見ない。逆に、後輩たちが頼もしいから、安心して自分が二日酔い……ということも。

いずれにせよ、トラックマンにとって出張は楽しみのひとつ。会社のお金で旅打ちができるのだから、給料が安くても文句はいえない。

## トラックマンは呉越同舟

スクープを取り合う一般新聞社とは違うものの、シェアを競うライバルであることに間違いはない各競馬専門紙だが、自社のトラックマンより他社の人間と仲がよかったりする。

特に想定班は、会社が違っても同じ厩舎の担当者同士で情報を共有しなければならない場合が多い。専門紙の編集部に勤務した経験があり、業界の内情に詳しい某調教師が出走予定馬とそのコメントを懇意のトラックマンに知らせ、それを各社に伝えるというのはその典型例だ。

調教師にとっても、忙しい調教中に同じことを何度も聞かれ、そのたびに答えるのはストレスでもある。だから最近は、時間を決めて厩舎担当者に集まってもらい、そこでいろいろ発表するという形を取るトレーナーも増えていて、もう定年になられて久しいが、池上昌弘厩舎はいつも奥様がお茶とケーキを用意してくれていたとか。

いずれにせよ、同じ会社で働いていれば自然とそれぞれに不満が生まれ、それを気にしなくて済む同業他社、特に年齢が近い者と結び付きが強くなるのは仕方がない。

私のトラックマン同期は、グリーンチャンネルなどで活躍中の辻三蔵くん（当時「ホースニュース馬」）と、現在は「競馬エイト」で本紙予想の重責を担っている片桐靖弘くん（同「ケイシュウ」）。彼らとは競馬の帰りによく飲みに行って、終電を逃したときに三蔵くんの実家に泊めてもらったこともあったな……。

また、1973年産は団塊ジュニア世代で人口が多く、オグリキャップや武豊騎手の人気による第二次競馬ブームが青春の真っ只中だったせいか、トラックマンが非常に多い。現役では弊社の藤本ＴＭや「勝馬」の高橋剛ＴＭなどが同い年。退職した者もいるが、同級生とのつながりは強いと勝手に思っている。

専門紙は競馬場の記者席も同じで（ただし「優馬」、「競友」、「エイト」は協会が違うので別部屋）、項目の題名を「呉越同舟」にした理由がこれ。

私がトラックマンになったころは今よりも会社が多く、特に狭かった東京競馬場の旧スタンド時代は男たちであふれていて、まさに呉越同舟の雰囲気だったが、フジビュースタンドの8階にある現在のそれは広々としていて、ソーシャルディスタンスも十分に取れる。

ただ逆に、休刊した社があり全体の人数が減っている分、熱気は昔のほうがあったなあと感傷に浸ることも……。

福島で呉越同舟の飲み会（左は「馬サブロー」長谷川仁志さん、右は「競馬ブック」吉岡哲哉さんの両大先輩と）。

それでも、競馬が好きな人間の集まりであることに変わりはなく、社の別なく気の合う者同士がつき合うのは競馬ファンの皆さんと同じ。本来なら、他社の人間とは距離を置くべきなのかもしれないが、そうできないのは競馬に魅了された者同士だから。

業界の未来はけっして明るくはないが、競馬を、そして専門紙を盛り上げたいという思いはひとつだ。

## 厩舎関係者との距離が縮まるとき

調教師やジョッキーを始め、取材を通して知り合う厩舎関係者との距離の取り方は人それぞれだろう。

もう退職しているが、自らを〝夜のエージェント〟と名乗り、トレセンの東西を問わず美浦や出張先の函館、そして週末に関東へ遠征してくる栗東の関係者と毎晩のように酒席をともにしていた先輩トラックマン氏は稀な存在であったが、私も若いころは週の半ばに調教助手や厩務員と、土浦など近郊の繁華街へ飲みに出かけることも多かった。

ただ、時計班に異動してから美浦で飲むのは、いつも声をかけてもらう斎藤誠厩舎の新年会くらい。この会もコロナ禍でしばらく開催されていないが……。

トレセン関係者と出かける回数が増えるのは、北海道のような長期滞在の場合だ。翌日にレースを控えていても遅くまで飲み、その人がパドックで元気に馬を曳（ひ）いている姿を見ると、思わず心の中で笑ってしまう。

ある年、年齢の近い調教助手が札幌で勝利してごちそうになったのだが、そのときに、「馬場へ行く途中、（手綱を取った）典（のり）さん（横山典弘騎手）にススキノでボラれたという話をしたら、『じゃあオレが（レースで）取り返してやる』といってくれて。ホントに勝ってくれたよ」という、滞在競馬ならではのエピソードを教えてくれた。

私はもう10年以上、北海道への出張はご無沙汰しているが、トレセン関係者との距離が縮まるのはこの期間だと思う。それは何も想定班だけではなく時計班にも当てはまる。

直接に取材はできなくても、金、土曜の夕方、厩舎へ新聞を配りに行けば話を聞くことができるし、馴染みの酒場で仲よくなった人が実は栗東の関係者だった、という時計班の後輩もいる。

馬は外から見ただけではわからないことが多く、実際に携わっている関係者からいろいろなことを教えてもらえれば、自分の予想や馬券、そしてレース解説などに厚みが出る。これは間違いない。

現在、ほとんどの専門紙は若手〜中堅トラックマンで北海道出張の人員を構成しているが、コロナによる制限が緩和され、気兼ねなく厩舎関係者と酒席をともにできるはず。

現地にじっくり腰を据えて取材したトラックマンの情報は大いに役立つと思うので、北海道開催時は函館、札幌版も手に取っていただければと思う。

## SNS全盛の時代に思うこと

私がトラックマンになったころは、携帯電話が普及しつつあるかな……という時代。異動を機に持っていたPHSをガラケーに替えたが、まだ美浦は電波の状況がよくなかった記憶がある。

それが今は、スマートフォンでレース映像を手軽に見られるのだから驚きだ。

この間に広く認められるようになったのがSNS。私も2014年からTwitterを開始して多くの方たちにフォローしてもらっているが、始めた理由は有料メルマガの広告、告知のため。

しかし、ほどなくするとそれが終了し、Twitterも止めようかと考えたが、情報のスピードが早く、競馬に関しても〝使える〟メディアであったから継続することを決め、自分からのツイートにも力を入れるようになる。

現在は競馬を主軸に、趣味のプロ野球やボートレースのことなどを呟いているが、反響が大きいのは、競馬界で起こった事件について意見を述べたとき。最近では**コロナ給付金の不正受給問題**に触れたツイートへの反応に驚かされた。

Twitterを始めて10年近くになるが、続けてきてよかったと感じるのは、「日刊競馬」の愛読者や競馬ファンとSNS上ではあるが、つながりを持てたこと。

「新聞を買いました」というメッセージをもらえば、「ありがとうございます」と感謝を伝えることができるし、外れることが大半にも関わらず、私の予想や推奨馬で馬券が当たったというコメントが届いたときには、仕事をしていてよかったと思えるし励みにもなる。

新聞をつくれば終わりなのではなく、その先も大事だということをTwitterに教えられた気がする。

ＳＮＳでトレセンや競馬場の様子、そして出張先のグルメなどを発信するトラックマンは多くいるが、業界としての利用頻度はまだまだ少ない。ＪＲＡは若年層の取り込みに成功したが、彼らは競馬専門紙の存在すら知らないという話を聞く。

どんなことでもいいから、こちらから情報を発信することで競馬新聞というものを認知してもらう努力をしなければ、時代に取り残されてしまう。ごく少数ではあるが、私のTwitterを見て「日刊競馬」を買ってみたというコメントをもらったこともある。

小さなことだが、それを積み重ねることで競馬人気の波に乗れるのなら、ＳＮＳは大いに活用すべきツールだと思う。

## ■ＰＯＧの「日刊競馬」

本文（5章）でも後述しているPOG（ペーパーオーナーゲーム）だが、「日刊競馬」はこの分野にも力を入れている。

「日刊競馬新聞社公式ウェブサイト」の「POG」の項目を見ると、「日刊競馬」主催のPOGの「ポイントランキング」「月間ランキング」「指名馬ランキング」の他、「POG放談」「評判2歳馬の期待値」「放談的勝ち馬評価」といったコンテンツが並ぶ。

POG参加者は別として、最も人気があるのは「POG放談」だろう。2023年で16年目となるロングラン連載。何人かの記者がアルファベットで登場する座談会なのだが、その掛け合いが傑作だ。

記者のプロフィールも爆笑もので、例えば——

●放談A：「POGに求めているのは快楽だけ」と勝敗度外視でPOGを楽しむ重度のPOG中毒者。

●放談I：放談Aとともに“12月デビュー最強説”をいまだに唱える時代錯誤の競馬人。

●放談X：趣味は仕事放棄とパワハラ。産まれたときから「だぜ‼」口癖の「日刊競馬」の癒し担当。

はてさて、そのメンバーの中に久保木正則がいるのか……これは読者のご想像にお任せする。

Lucky Horse
日刊競馬
中央競馬
ＰＯＧ
南関東公営競馬
日刊競馬 POG
Nikkan Keiba
2023-2024
日刊競馬ＰＯＧ2022-2023は終了しました。
レース情報
前日午後16頃更新予定
全レースの波乱指数 斬り捨て御免！
【次回の狙い馬（毎週月曜更新）】
ランドオブブラヴ
7月9日函館4レース　1着（2番人気）
アオりぎみのスタートから道中は馬群の真っただ中。包まれてプレッシャーのかかる展開だったが、直線でわずかにスペースができると鋭く伸びて抜け出した。２着の前走時もそうだが、小柄馬で

第5章

# 私が知っている「競馬のチョットいい話」

馬主席
Owner's Room
マスコミ関係者の入室は
ご遠慮ください
東京馬主協会・JRA東京競馬場

競馬はギャンブルではあるが、スポーツエンターテイメントとして、文化としての側面を持っている。本書の最終章は、現場生活25年に及ぶ私自身の経験や思い出に触れつつ、競馬のさまざまな魅力を伝えていこう。

## 毛色のいろいろ——サラブレッドは走る芸術品

現代競馬の主流を形成しているサラブレッドは、人間と同じようにその容姿は千差万別で、8種類の毛色に分類されている。

初めて好きになった**ヤエノムテキ**は、夕陽に映えると黄金の輝きを放つ栗毛。

これより少し暗く赤みが強い赤褐色の栃栗毛なら**サクラローレル**。

一大ブームを巻き起こした**オグリキャップ**は、総数こそ少ないが大物を輩出する芦毛。

この国民的スターホースに負けない人気を誇る現在のアイドルが、神々しく神秘的な魅力に溢れる白毛の**ソダシ**。

そんな中にあって、サラブレッドが〝走る芸術品〟といわれる所以(ゆえん)は、青鹿毛や黒鹿毛の馬たちの存在だろう。

前者は、父サンデーサイレンスからその毛色を受け継いだフジキセキとマンハッタンカフェで、後者ならシンボリクリスエスやエイシンフラッシュ。鹿毛だったディープインパクトを父に持つ黒鹿毛は無駄肉がなく、体脂肪率の低さが特徴的で、ダノンキングリーとシャフリヤールがその代表格。

また、青毛のGI馬は牝馬が多数を占め、母としても偉大な実績を残したシーザリオの馬体は皮膚感が薄く、パドックのお手本にしていたくらい。

これらの馬たちのように気品と凄みを兼ね備え、彫刻かと見紛う漆黒のサラブレッドを目にするたびに、「競走馬って素晴らしい」と心の中で呟く。

GⅠを7勝し、現在は種牡馬として活躍しているキタサンブラック（鹿毛）も迫力満点の好馬体が印象的だったが、その産駒のイクイノックス（青鹿毛）が現役競走馬では文句なしにナンバーワンの存在。

父より馬体はひと回り小さいが、ビロードのような艶やかな毛並みと柔軟な身のこなしは、今まで見てきた名馬たちとヒケを取らない。本来は競馬場でナマで見ていただきたいところだが、テレビの性能が飛躍的な進歩を遂げている今なら、映像でもその美しさが伝わるはず。

落ち着き払い、走る馬の雰囲気を醸し出しているイクイノックスは、名馬の鑑となる1頭だ。

青鹿毛の雄大な馬体が素晴らしいイクイノックス。

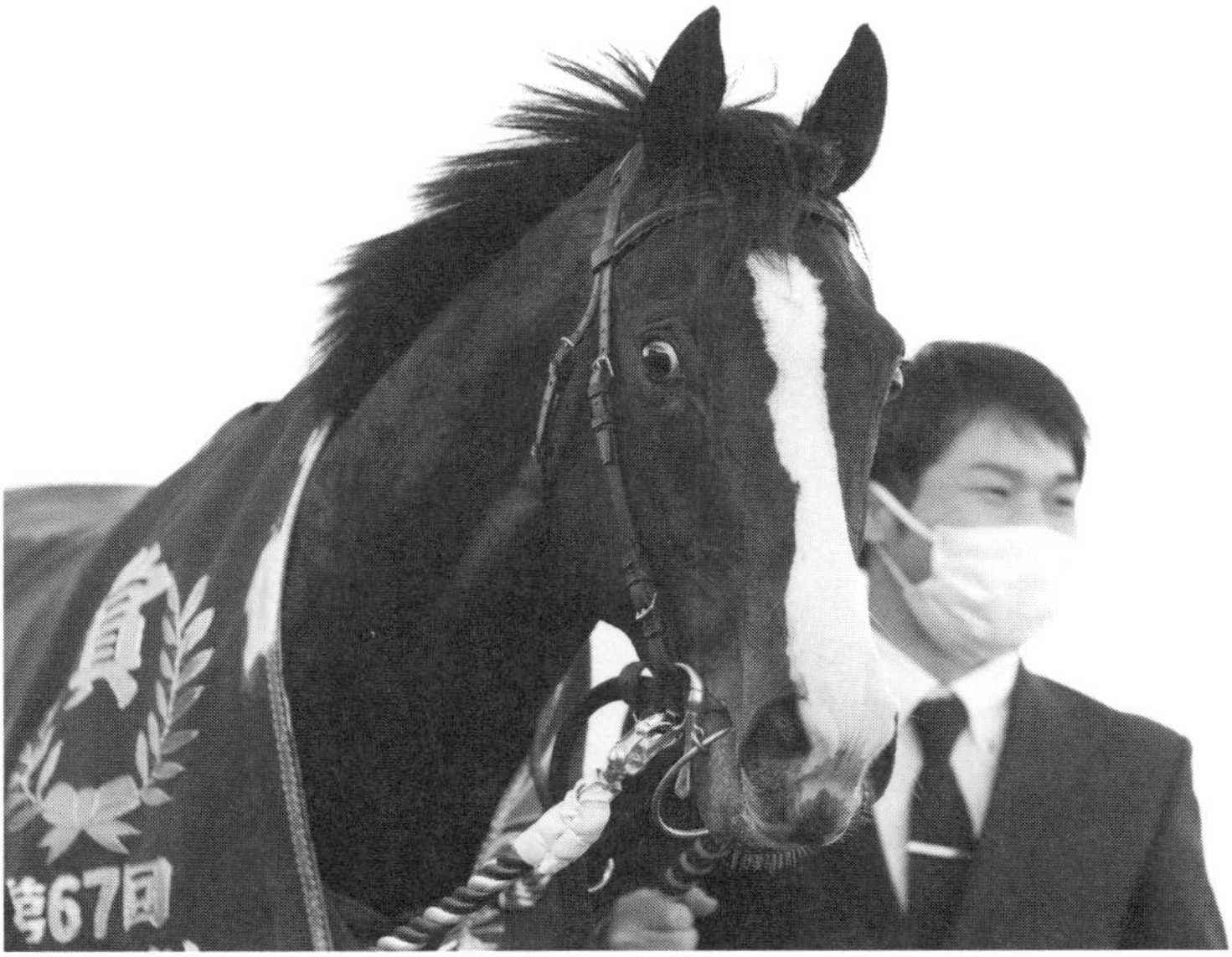


## サラブレッドの"眼"を見よ

競走馬は動物であっても、犬や猫、あるいは水族館に展示されているイルカやペンギンとは異なる。人の手は必要でもペットではないし、たくさんの観衆に見られても芸をしたりはしない。

でも、他の動物たちに負けないくらい可愛い一面を持っている。まずは美しい眼。大きな体で1馬力のパワーを誇るサラブレッドの眼はつぶらで、馬体とのギャップが大きい分、他の動物よりも愛おしく思える。

もし競馬場で誘導馬を間近に見る機会があったら、その眼をよく見て、澄んだ瞳に映る自分の姿を目の当たりにしたときの感動を味わってほしい。いつまでもこうしていたい、そんな気持ちになるはず。

また、「目は口ほどにモノをいう」のも競走馬。**金子真人オーナーが、小柄で馬体は目立たなかったディープインパクトの眼を見て購入を決めた**というのは有名な話。私もパドックでは必ず馬の顔を観察し、迷ったときは目つきで決めたりする。

そして仕草も見ていても楽しい。トレセンで最も印象的だったのは、ハナマエ（馬房の前。馬の鼻の前）を人が通ると舌を出す馬。「引っ張ってくれっていうアピールなんだ」と話しながら厩務員さんが舌をいじると、その馬は実に楽しそうな顔をしていた。

最近のお気に入りはオープン馬のヴィジョンオブラヴで、この馬はパドックで前脚を突っ張り気味に伸ばして歩くのが特徴。直角に足を上げて歩く兵隊をイメージしてもらうとわかりやすい。

それとトラックマンになったころ、少し足が不自由でゆっくり歩くベテラン厩務員のペースに合わせて周回していたセントエンジョイも歴代で五指に入る可愛い馬だ。

また、最近のパドックで微笑ましく思うのが、暑熱対策で使用されているミストに驚く馬たち。初めてレースを迎える新馬ならわかるのだが、キャリアを積んだ古馬がびっくりしているのを見ると、余計に可愛く思える。

暴れる馬を制御する厩舎関係者は大変だけど、大きな体と繊細さのギャップがサラブレッドの魅力でもある。

## 千直――予想する側の〝やむを得ない事情〟

時速50～70キロで走るといわれるサラブレッド。500キロ前後の馬たちが全速力で走る、その迫力は競馬の大きな魅力だが、これを目の前で味わえるのが新潟競馬場の直線1000m。いわゆる〝せんちょく〟である。

一般的なレースは馬場の内側を走ることがほとんどで、東京競馬場のようにコースの幅員が広い場合は観客席からの距離も遠くなるが、千直は別で、芝の劣化が少ない外ラチ沿いを馬たちがトップスピードで疾走する。これが最大の特徴だ。

この千直は2001年に新設されたが、私はすでにトラックマンとして仕事をしていたので、いつもスタンドの上階にある記者席で観戦するが、ここからだとスタート地点は見づらく、角度があるのでスピード感ももうひとつ伝わってこない。

そこであるとき、業務に支障のないレースをコースの近くで見ようと思いつき実行。暑い中ではあったが、ゲートが開くと蹄音が徐々に大きくなり、馬たちがこちらに近づいてくる。

そして、「来た！」と思う間もなく目の前を馬たちが駆け抜ける。人生で〝アッという間〟を初めて実感した瞬間。このレースは3歳未勝利戦だったが、そのスピード感と迫力はそれまでの競馬では体感したことのないもので、サラブレッド本来の魅力を改めて感じることができた。

話は少し逸れるが、21年のアイビスサマーダッシュでバカラクイーン（14番人気）に騎乗した菅原明良騎手は、①番枠のパートナーをコースの外側へ誘導するのではなく、内ラチ沿いを走らせるギャンブルを打ち3着に健闘。

この騎乗が呼び水となり、翌22年10月16日、1勝クラスの千直で①番を引いたセルレアの永島まなみ騎手は、菅原騎手と同じ戦法を取り15番人気の相棒を勝利へ導いた。

最近は千直に対するジョッキーたちの心理にも変化が現れ、内枠の馬がラチ沿いを走るケースが見られるようになっているから、馬券を買う私たちもアタマの切り替えが必要。

ただし、**この奇襲は芝が生え揃う前の春開催と、日程が進んで使い込まれた馬場では効果がない**ことを心に留めておいてほしい。

せっかくなので、もう少し千直で話を膨らませてみたいが、この舞台の〝名手〟だった西田雄一郎、村田一誠の両騎手が調教師へ転身して以降、最近10年で最も勝ち星が多いのは**津村明秀**騎手の12勝。次いで**藤田菜七子**騎手11勝と続くが、両者に共通しているのはスタートのうまさ。

千直は出遅れてポジションが悪くなると前が壁になってしまうし、インから外へ持ち出すにもスタートダッシュが重要だから、発馬の巧拙がカギになる。

さらに、千直といえば予想者泣かせのレースでもあり、枠順が決定する前に印を打たなければならない専門紙記者にとっては実に厄介なレースだ。

出馬表が発表されるとすぐに新聞作成に取りかかるため、弊社の場合は印の変更が許されるのは本紙予想のみ。あとは新聞を開いてからのお楽しみ……なのだが、21年の9月5日、1勝クラスの雷光特別は馬柱を見てガク然！

◎アイアンゾーン　　→②番（結果、17番人気12着）
○ハクサンタマテバコ→④番（結果、1番人気5着）
▲アセンダント　　　→⑥番（結果、4番人気9着）

△も⑫番のエーアイダンサーが最外と、とても馬券を買う気になれない並びとなり、思わず笑ってしまった……。

読者の皆さんも、千直の紙面での予想では、そうした舞台裏の事情も加味して読んでいただければと思う。

## 血統表を見る楽しみ

16世紀にイギリスで始まったとされる近代競馬。その歴史は長く、競馬の繁栄はサラブレッドのそれといっても過言ではないだろう。

私自身、血統に造詣は深くないが、血統表を見るのはすごく好き。予想を終えた金曜日の夜や、土曜日の競馬が終わって帰宅後に調べるのが至福の時間で、新馬戦や初出走馬は欠かさずチェックする。不思議とこれが、歳を重ねるごとに楽しさの度合いを増すのである。

なぜなのか?

それは、競馬を続ければ続けるほど、記憶の中にある馬の名前が血統表にたくさん出てくるから。

GI馬はもちろん、馬券を獲らせてくれた馬や活躍馬の兄弟などに目は向くが、キャリアも30年を超えると牝系を辿るのがとにかく楽しく、競馬を見始めたころに活躍していた牝

### ●喜劇、いや悲劇の印……（2021年９月５日・新潟12R雷光特別）

新潟 12 発走 16:30 雷光（らいこう）特別（3歳以上・1勝クラス・定量）

印：小木曽大祐／久保木正則／黒津紳一／郡和之／中西徹／本紙飯田

| 馬番 | 枠 | 馬名 | 父 | 母（母の父） | 性齢 | 毛色 | 負担重量 | 騎手 | 騎乗成績 | クラス 賞金 | 総賞金 | 厩舎 | 印 | 馬主名 | 生産牧場 | 持ち時計 | 着順 |
|---|---|---|---|---|---|---|---|---|---|---|---|---|---|---|---|---|---|
| 1 | 白1 | ルドラクシャ | ベーカバド | ヴァリュー輸入（ピロングトゥミー） | 牝4 | 鹿毛 | 55 | 菅原明 | 0 0 0 0 | 1勝 400 | 1290 | 松山将（東） | △△△……△ | ㈲ミルファーム | 新村上雅規 | 中芝32.9⑤ 新直55.2⑧ 中芝1096② 東芝1246❷ | |
| 2 | 白1 | アイアンゾーン | スウェプトオーヴァーボード | アイアンクリッパー0勝（ハーツクライ） | 牝5 | 芦毛 | 55 | 野中 | 0 0 0 3 | 1勝 400 | 827 | 南田（東） | …◎△……… | 池上一馬 | ひ原口牧場 | 中ダ33.5④ 函ダ1096⑤ 新芝1100⑧ 東芝1231⑮ | |
| 3 | 黒2 | テセウス | ダノンレジェンド | テルミドール1勝（アドマイヤマックス） | 牡3 | 青鹿毛 | 55 | 杉原 | 1 2 0 0 | 1勝 400 | 1652 | 奥平雅（東） | ▲…△▲○△ | ㈲ミルファーム | 浦ミルF | 中芝33.8② 新直55.2⑥ 福芝1098① | |
| 4 | 黒2 | ハクサンタマテバコ | ハクサンムーン | ダイアンスマイル0勝（ロックオブジブラルタル） | 牝3 | 栗毛 | 53 | 武藤 | 1 0 0 1 | 1勝 400 | 821 | 武藤（東） | ◎○○◎◎◎ | 河崎五市 | ひ田渕牧場 | 新ダ32.8⑧ 新直55.3① 新ダ1129⑧ | |
| 5 | 赤3 | （地）プレミアムコマチ | キンシャサノキセキ | トップコマチ3勝（ティエムオペラオー） | 牝5 | 鹿毛 | 55 | 武士沢 | 0 0 0 3 | 1勝 40 | 248 | 天間（東） | △…………… | ㈲宮内牧場 | 浦宮内牧場 | 小芝34.8⑧ 新直56.1⑦ 小芝1093⑮ 新ダ1331❷ | |
| 6 | 赤3 | アセンダント | ダノンバラード | ディーズハイビガー1勝（アグネスデジタル） | 牝5 | 鹿毛 | 55 | 戸崎 | 0 1 0 2 | 1勝 400 | 2763 | 田島俊（東） | △▲…△△○ | ラフィアン | ひ加野牧場 | 小芝33.5⑤ 新直59.2① 小芝1079④ 中芝1224③ | |
| 7 | 青4 | トミケンルーア | フレンチデピュティ | オーバーザムーン1勝（アドマイヤムーン） | 騸5 | 鹿毛 | 57 | 津村 | 0 3 0 1 | 1勝 400 | 3642 | 竹内（東） | ○△◎○▲▲ | 冨樫アキ子 | 浦成隆牧場 | [illegible] | 2 |
| 8 | 青4 | チグサスマイル | リオンディーズ | シャレードスマイル0勝（ステイゴールド） | 牝3 | 鹿毛 | 53 | 木幡育 | 0 0 0 0 | 0 | 転駐 0 | 武藤（東） | ……………… | 伊藤正行 | 安ノーザン | 函芝35.3⑭ 函芝1114④ 東芝1383⑩ | |
| 9 | 黄5 | ミスアクエリアス | ザサンデーフサイチ | クールグレース0勝（フォーティナイナー） | 牝3 | 青鹿毛 | 53 | 宮崎北 | 0 0 0 0 | 0 | 0 | 石毛（東） | …△……△… | 田畑利彦 | 浦高昭牧場 | 東芝34.2① 函ダ1012① 東芝1228① | |
| 10 | 黄5 | （地）パラティーノヒル | オルフェーヴル | ファルネーゼ3勝（フレンチデピュティ） | 牝4 | 栗毛 | 55 | 丸田 | 0 1 0 3 | 1勝 60 | 977 | 南田（東） | △△△△△△ | Mr.ホース | 白白老F | 福芝34.3④ 新直54.9② 中芝1095⑨ 新ダ1297② | |
| 11 | 緑6 | （地）モメチョッタ | タイキシャトル | エイシンオーガスタ公営（ハーツクライ） | 牝5 | 黒鹿毛 | 55 | 嶋田 | 0 0 0 0 | 1勝 220 | 1555 | 石毛（東） | ……………… | 清水敏 | 浦栄進牧場 | 中芝33.8⑤ 新直55.7④ 福芝1097④ 東芝1232④ | |
| 12 | 緑6 | エーアイダンサー | タニノギムレット | フェイドレス2勝（バブルガムフェロー） | 牝3 | 鹿毛 | 53 | Mデムーロ | 1 0 0 0 | 1勝 400 | 867 | 畠山吉（東） | …△▲△△… | 岡田壮史 | ひ岡田スタ | 新ダ34.2③ 新ダ1109❶ 東芝1220⑧ | |
| 13 | 橙7 | ストレガ | アポロキングダム | レイクマーメイド0勝（トウカイテイオー） | 牝4 | 栗毛 | 55 | 柴田大 | 0 0 0 0 | 1勝 400 | 1076 | 浅野（東） | ……………… | 滑川信弘 | 新佐藤静子 | [illegible] | 3 |
| 14 | 橙7 | アドマイヤレオ | ノヴェリスト | エンジェルフォール0勝（ジャングルポケット） | 騸5 | 鹿毛 | 57 | 吉田豊 | 0 0 0 0 | 1勝 400 | 1540 | 柄崎（東） | ……………… | 近藤旬子 | 安ノーザン | 小芝34.0⑯ 新直57.5❷ 小芝1092⑦ 東芝1354③ | |
| 15 | 桃8 | （地）ブレスドレイン | ベルシャザール | ブリティアンブレラ1勝（トウカイテイオー） | 牝5 | 黒鹿毛 | 55 | 小林脩 | 0 0 0 0 | 1勝 80 | 132 | 松永康（東） | △…………… | ㈲和田牧場 | 日スマイル | 福芝36.2⑭ 新直55.5⑨ 新ダ1290② | |
| 16 | 桃8 | セピアノーツ | ジョーカプチーノ | モンルージュ1勝（スマートストライク） | 牝3 | 芦毛 | 53 | 藤田菜 | 1 0 0 3 | 1勝 400 | 580 | 青木（東） | ……………… | 谷口悦一 | 日ナカノF | 小芝33.8⑮ 新直55.7① 小芝1112⑮ | |
| 17 | 桃8 | ニルカンタテソーロ | スペイツタウン | ヴェイパー輸入（ガリレオ） | 牡4 | 栗毛 | 57 B | 原 | 0 0 0 1 | 1勝 400 | 1263 | 小手川（東） | ………△…△ | 了徳寺健二HD | 浦桑田牧場 | [illegible] | 1 |

馬の名前を血統表の２代、３代母の欄で見つけたときは大興奮。近ごろでは４代母にも現役時代を知っている馬がポツポツ現われている。

そして最近、血統の奥深さを教えてくれたのが２０２０年に史上初となる無敗の牝馬三冠を達成した**デアリングタクト**。

実は、同馬の父エピファネイアの母**シーザリオ**と、母デアリングバードの母**デアリングハート**は２００５年の桜花賞２、３着馬。シーザリオがクビ差だけ先着したが、桜花賞史上でも五指に入る好勝負を演じた名牝の孫が競馬史に残る偉業を達成する。ドラマなら出来すぎのシナリオだが、これが現実に起こるから競馬はやめられない。

この年の優勝馬ラインクラフトは、放牧先で調教中に急性心不全を発症して４歳の若さでこの世を去り、産駒を残すことができなかった。デアリングタクトは、母になれなかったライバルの分までという、祖母たちの思いが産んだ名馬なのかもしれない。

## 調教師とジョッキー

前にも触れたが、サラブレッドは人間が作り出した動物。交配に始まり誕生から育成、そして現役生活に至るまで、人の手がなければ生きていくことはできない。

競走馬の一生には数え切れないほどの人間が関わっている。生まれた牧場で愛情

**●デアリングタクト（2017年、青鹿毛）の血統**

・父エピファネイア（2010年、鹿毛）

父父シンボリクリスエス（1999年、黒鹿毛）　父母シーザリオ（2002年、青毛）

・母デアリングバード（2011年、黒鹿毛）

母父キングカメハメハ（2001年、鹿毛）　母母デアリングハート（2002年、栃栗毛）

一杯に育てられ、馬主に購買されると育成牧場やトレセンで調教のプロによって鍛えられる。そして無事にデビューできれば、あとはジョッキーとともに勝利を目指すだけ。その姿にファンは声援を送り、競馬場に来られない人たちのために我々マスコミは映像や音声を通して情報を発信する。

私がトラックマンになりたてのころ、トレセンは現在と違い、まだ閉鎖的な雰囲気が残っていた。マスコミに協力的とはいえない厩舎関係者が少なくなかったのだ。

特にベテランの調教師には怖い人が多かった。初めて取材をするときは、それまでの人生で経験したものとは違う、恐怖心を帯びた緊張感に包まれ、タイミングの悪いときに的外れな質問などしようものなら……。

私もカミナリを落とされたりしたが、時間の余裕があるときにしっかり勉強して話を聞きに行けばちゃんと答えてくれて、それがうれしかった。

また、専門紙は基本的に騎手のコメントは掲載しないので取材の必要はないのだが、当時のトップジョッキーだった岡部幸雄騎手はオーラに包まれていて、「岡部さんだ……」と遠くから憧れの視線を送るのが精一杯。逆に若手騎手は話しかけやすく、レースで騎乗しないが調教をつけた馬の状態のコメントなどは大いに役に立った。中でも、現在は調教助手として萩原清厩舎で活躍している二本柳壮くんのジャッジは的確だった。

ＪＲＡの騎手は競馬学校を卒業すると、東西トレセンのいずれかの厩舎に所属してデビューする。厩舎関係者の子息であれば、早い段階に縁故のある厩舎へ配属が決まっていることもあるが、受け入れ

丸田恭介騎手とナランフレグの名コンビ。

てくれる調教師を募るのが基本的な流れだ。

昭和の時代、調教師は自厩舎の馬に所属騎手を乗せるのが主流だったが、厩舎に所属しないフリーの騎手が増えると、平成の中～終盤にかけてはその関係性が希薄になり、現在は馬主主導でジョッキーが決定することも多い。

騎手が厩舎に所属するメリットのひとつが、名馬との出会いだと私は考えている。

１９９７年のオークスなどＧＩを5勝したメジロドーベルの**大久保洋吉**調教師と**吉田豊**騎手。

そして〝世紀末覇王〟と称され、ＧＩを7勝したテイエムオペラオーの**岩元市三**調教師と**和田竜二**騎手。

どちらのジョッキーも当時はまだ20代前半の若手だったが、両調教師は結果が出ないときでも弟子を乗せ続け、騎手としての成長を手助けする。名馬が名手を育てた典型だ。

２０２２年の高松宮記念を勝った丸田恭介騎手

は、優勝馬のナランフレグを管理する宗像義忠厩舎からデビューしたジョッキーで、現在はフリーで活動しているが、所属を離れても宗像厩舎の調教を手伝っている。

そんな師弟がともにＧＩ初勝利となったこのレースは、失われつつある日本競馬の魅力を存分に伝えてくれた。

しかし、実績がない若手ジョッキーを乗せることは調教師としても簡単ではなく、馬主の理解を得ることが難しい時期もあり、騎手を預かったのに自厩舎の馬をほとんど乗せない調教師が目についたころもあった。

それでも最近は若いジョッキーを育てようという調教師が増え、美浦トレセンでは藤田菜七子騎手の師匠である根本康広調教師や相沢郁調教師など、複数のジョッキーを受け入れている調教師もいる。

また、ある調教師は所属騎手を迎え入れるにあたり、その積極的な器用に難色を示した馬主と袂を分かったという話を聞いたこともある。

日本馬が世界の舞台で当たり前に活躍する時代ではあるが、さてジョッキーはというと……それに追いついていないのが現実。でも、理解ある調教師の元で育った騎手が世界で躍動する日も、そう遠くはないはず。私は今、矢作芳人調教師が手塩にかけた坂井瑠星騎手に期待している。

## 馬主と調教師

競走馬の売買は、主に２つのパターンに分かれる。

まずは牧場と馬主が直に取引をする〝庭先取引〟。

もうひとつは、毎年たくさんの高額馬が誕生するセレクトセールを始めとするセリ市場での取引。両者に共通するのは（もちろん例外は存在するが）、調教師が馬の選別をして馬主に購入してもらい、それを調教師が預かるという流れだ。

ちなみに、カイバ代だけではなく厩舎で働く調教助手や厩務員、そして所属ジョッキーの給料も馬主へ請求がいく。

つながりが深い馬主と調教師は？　と聞かれて真っ先に思い浮かぶのは、サクラの冠名で一世を風靡したサクラコマースの全演植オーナーと境勝太郎調教師だ。

１９８８年のダービー馬サクラチヨノオーや、快足で鳴らしたサクラバクシンオーなど、このコンビが送り出した活躍馬は枚挙にいとまはないが、クラブ馬主が全盛となり、たくさんの馬を所有する個人馬主が増えた現在は、預託先も分散傾向にある。そのせいか、自分の中ではサクラ＆境勝太郎厩舎のタッグを超えるチームは現れていない。

私がトラックマンになった約20年前は、**「この馬主の所有馬は、この厩務員が担当する」**という特定のパターンもあった。持ち馬が活躍したときに担当していたという縁を大事にして馬主がお願いしたり、馬主と厩務員が直接の知り合いだったりということが多かったのだ。

管理馬の入れ替えが頻繁に行なわれる今のシステムでは難しいかもしれないが、ご祝儀をもらうために勝負のレースへ向けて馬を仕上げ、しっかり勝たせる腕利き厩務員から情報を教えてもらい予想に反映するのが、トラックマンの醍醐味でもあった。


話は少し逸れるが、父と年齢が近い馬主さんたちとの酒席でのこと。所有馬に年間で50鞍も乗らないジョッキーを起用している方がいたので、なぜなのか質問すると、

「気性が難しい馬で、『〇〇（騎手）が普段（調教）から乗っているから、レースでもお願いできないか』って調教師がいうからさ〜」との答え。

リーディング上位や外国人ジョッキーに走る馬主が普通の時代に、このフトコロの深さ！

JRAで馬を持てる人はやっぱり違うな……と感動していたら、ほとんど当たらないから、馬券にはあまりお金は使わない方とのこと。他の馬主さんも同じ意見で、私よりもさらに長く競馬と接してきたベテランならではの考えなのだろう。妙に納得してしまった。

最近では、著名牝馬の弟や妹、そして子供が母と同じ厩舎に入らないことも当たり前になっている。その一族は同じ厩務員が担当して、母や兄姉と比較するコメントを見聞きするのが楽しみだった人間として

は実に寂しいことだ。
失われつつある競馬の魅力。馬主と調教師の結び付きが、昔より弱くなっている裏返しでもある。

## あなたも馬主になれる、が……

競馬ファンなら誰でも「馬主になりたい！」と思うはず。私ももちろん、そのひとり。セリで手を上げて好きな馬を買い、交流のある調教師に預けて仲のよいジョッキーを乗せる。妄想はどんどん膨らむが、薄給のサラリーマン記者には夢のまた夢……。

しかし、そんな願いを少しだけかなえてくれるのが**クラブ馬主**（一口馬主）。今や競馬界の一大コンテンツに成長し、人気のクラブでは、入会できても出資したい馬は抽選に当たらないと持てないこともあるという。

トラックマン仲間にもこの一口馬主を楽しんでいる人がたくさんいて、中には複数のGⅠ馬を所有している強者もいる。

かくいう私も数頭の馬に出資した経験がある。その出世頭は2勝馬で、ほとんどが未勝利のまま引退してしまった。

一口馬主は、馬券以上に運の占める割合が高く、馬運のよい人とそうでない人の差が激しい。だが、愛馬が出走するレースを待っている間のドキドキは、馬券のそれとはまた違う感覚で、これを味わうために毎月の会費を払っている……くらいの気持ちでいることが大事だろう。一口馬主で大きく儲けようとしないことが、長く楽しむコツだ。

また、クラブ馬主と似たコンテンツのペーパーオーナーゲーム（以下POG）もファンの間で高い人気を博している。

通称〝仮想馬主〟といわれるPOGも馬券とは違った楽しみを味わえるが、自分の持ち馬を追うことで、競馬のサイクルと血統を覚えることができて一石二鳥だ。

現代の日本競馬は縁に関係なく、優秀と思われる馬からリーディングの上位厩舎へ入る流れができているから、クラブ馬主・POG、どちらのコンテンツにも共通する勝利へのポイントは**厩舎**だろう。

逆に、誰もが認める良血馬が成績的に中堅かそれ以下の厩舎に所属する場合は、馬体や気性に欠点があるか、体質が弱い可能性が高い。

ただ、あくまで個人的な思いだが、古きよき日本競馬の魅力を奪っているのも、このクラブ馬主のシステムだと考えている。

競馬はお金にすごく余裕がある人たちが高価な馬を購入して競走させ、私たちファンは少しの余裕から馬券を買う。実は皆さんの〝余裕〟の元に成り立っている娯楽で、馬主はもちろん勝利を目指しているが、馬を持つステイタスに魅力を感じているではと思う。

しかし、クラブ馬主は企業であるから利益を求めなければならないし、大手牧場が経営するそれは、所属馬が成績を残せば生産馬にも好影響を与える。

さらに、出資者の期待にも応えなければならないから、どうしても勝利優先になる。リーディング上位騎手や調教師の重用、そしてGⅠレースの使い分けといったことが起こる。

競馬は弱肉強食の世界であり、これらは立派な企業努力であるから否定する気はないのだが、余裕がないな……と常々感じている。

ちなみに、競馬界で話題に上がる〝使い分け〟はクラブ単位でのもの。生産馬同士のバッティングを避けることはない。

とはいえ、私の周りでは馬券よりもクラブ馬主やＰＯＧに比重を置いている人がいるし、私自身もクラブ馬主を再開しようかと検討している。それくらい一口馬主とＰＯＧには魅力が詰まっている。馬券を買ってさらに余裕があれば、一度体験してみることをオススメしたい。

## 予想の楽しさと難しさ

それぞれの媒体や新聞社によるが、私は関東の主場全レースに加え、関西主場の特別と最終レースを予想している（関西圏のローカル開催時は、そのメインレースが加わる）。

1日に16レースで、土日分＝32レースを予想するのだが、これを毎週くり返してもなぜか飽きない。まだ見ぬ未来に思いを馳せる。予想が楽しい根源はここにある。

とはいっても、新聞やテレビ、ラジオなどで予想を披露する立場上、当たることが求められる。以前はこんな思いになることはあまりなかったが、動画の予想番組に出演するようになってからは再生回数で成果がダイレクトに返ってくるようになり、予想の成績が芳しくなかった２０２２年は、それが減少傾向にあった。

しかし、その動画の出演者全員が好調だった有馬記念の影響か、続くホープフルＳも、年間で再生数が最も多い暮れのグランプリと同等の数字を得ることができた。と同時に、当たることの重要性を痛感させ

競馬予想SNS「ウマニティ」にもたびたび出演。これは快打を放った2023年高松宮記念の予想（1章参照）で、相手は予想家のスガダイ氏。

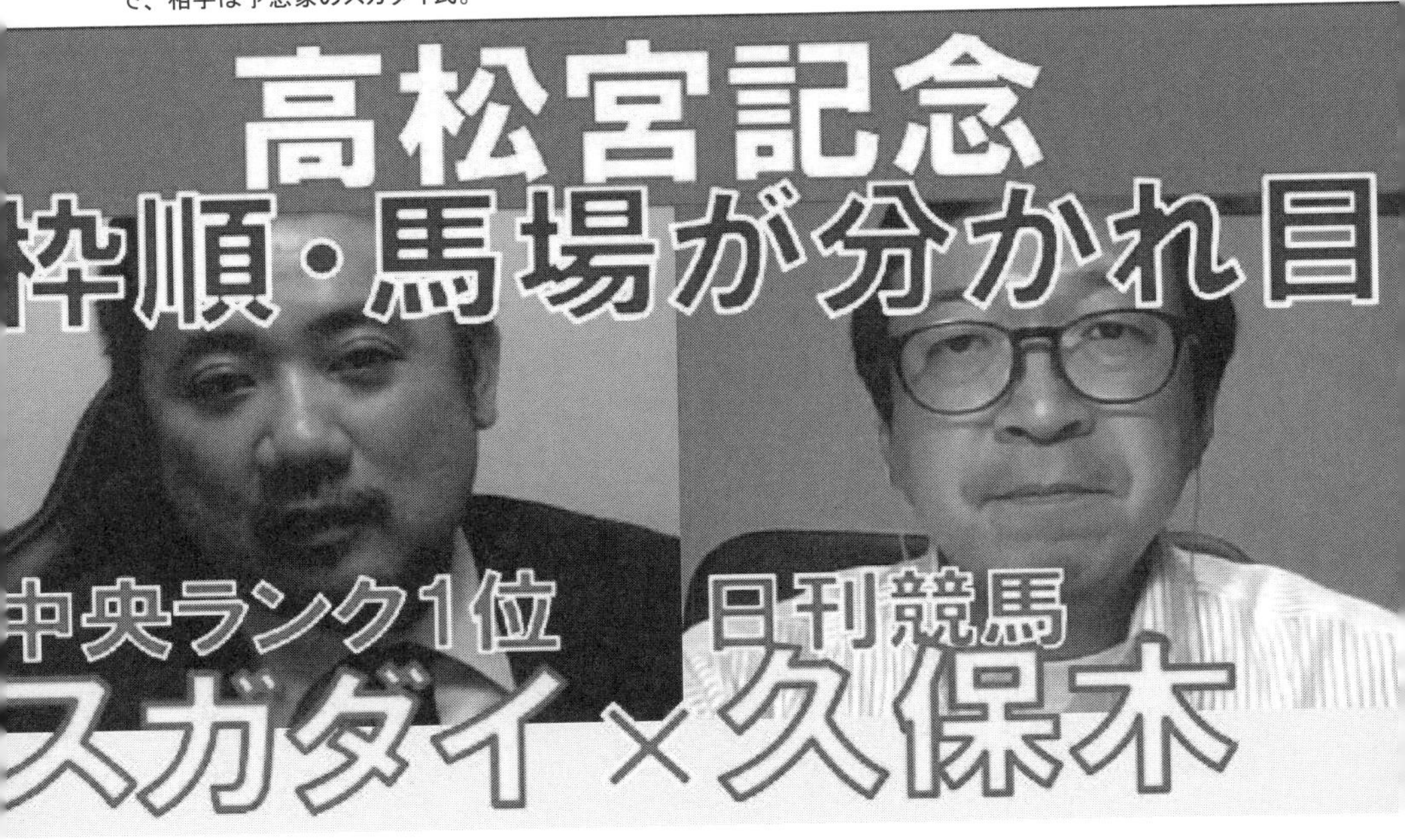


られ、頭の中を切り替えなければならいのかと複雑な思いがこみ上げてきた。

というのも、私が会社に入る前にテレビ解説者へ求めたのは本命を導くための能書きや理論で、予想の当たり外れは二の次。だから、自分が解説する側に回ってからも、「なるほど！」と思ってもらえるような話をしたいと心がけてきたのだが……どれだけおもしろい話ができても、当たらなければ意味がない。再生回数の動向が、こんな気持ちにさせてくれた。

そうなると、今までの回収率重視から的中率を追う予想に脚質転換しなければならないが、生来のひねくれ者である私には無理。高いハードルではあるが、これまで通り皆が気づいていない穴馬を探しつつ、それでいて打率も高い予想を目指す。

特に、後のGI馬と1勝もできずにターフを去る馬が一緒に走ることもある新馬戦や未勝利戦は、他のどのレースよりも考えていて楽しいから、メインレースだけでなく下級条件の予想にも注目していただきたい。

そして私はいつも、**公営ギャンブルの予想は予言**だと思っている。

競馬なら、数分後にゴールをトップで駆け抜けるのはどの馬か。さらにどの順番で入線するのかを予言するわけだが、いいっぱなしの占い師と違うのは、命の次に大事な身銭を切って馬券を買うところ。予言が外れたら痛い思いをする。

だから、たとえ単勝1・1倍を100円だけしか買わなくても、その馬券が当たれば次のレースまでは予言者を名乗ってもいい。予想の楽しさは、予言を的中させる快感に通じているのかもしれない。

それが誰も思いつかないことなら、なおさらだ。穴予想の神髄はここにある。

## 飲みニュケーションツールとしての魅力

あまり強いほうではないがお酒は好きなクチ。となれば当然、競馬終わりにちょっと一杯となる。馬券が儲かれば祝勝会、それがかなわなければ反省会と称し、地元の府中開催時にはついつい深酒……なんてこともある。

いつも立ち寄るお店は決まっていて、そこには競馬を始めとする公営ギャンブル好きが集う。年齢や仕事はバラバラだが、話題の中心はもちろん競馬。勝ったヤラれた。あの馬は強い、あいつはウマイだのヘタだのと皆、詳しい。中には帯封（100万円）をいくつも獲得している猛者がいたりする。

生業(なりわい)として競馬に触れていると、見方が偏って先入感にとらわれてしまい競馬脳は硬くなるが、純粋な視点の彼らと話しているといろいろ気づかされることが多い。

馬券の買い方など、ファン目線から飛び出す意見は新鮮で、硬くなったアタマはほぐれ、アルコールで洗浄すると馬券で負った傷が治ったような気になる。そのせいか、同業者と飲むよりも楽しかったりする。

また、学生時代のバイト仲間とつき合いが長く続いているのも競馬のおかげだ。彼らとは前章でも触れた東京新聞社で知り合い、当時から競馬が共通の趣味ではあったが、20年以上が経った今でも月イチくらいで集まっている。中央競馬の開催日は私が業務のため、一緒にレース観戦とはいかないが、帰りにはもちろん酒を飲み、平日は彼らの仕事帰りに合わせて大井競馬へ出かけるなど楽しいつき合いが続いている。

さらに最近は、我々がアルバイトだったころの競馬大好きデスクも参加するようになり、年に一度の新潟遠征が恒例化するなど、会の規模がどんどん大きくなっている。

ふと思えば、仕事以外でも競馬がつないでくれた縁はたくさんある。最近は〝ウマジョ〟と知り合う機会も多いのだが、〝推しジョッキー〟を追いかけて全国を飛び回る新潟のウマジョたちが印象的で、その中に推しの単複を1000円ずつ買う女性がいる。その彼女が、なんと単勝200倍超の馬で〝推し〟が勝ったという話を聞いたときは、「ダブル単万なんて獲ったこと、ねーよ……」と心の中で呟いてしまった。

老若男女の垣根を越えて、競馬は幅広い層の支持を得ている。もちろん、それは競馬に限ったことではないが、現役競走馬だけでも全国で1万頭を越え、これにジョッキーや調教師、さらに牧場や引退馬なども加わると、興味の対象は他の競技と比較にならないほど広がる。

ネタがそれだけ豊富なら、話をしていて楽しいのは当然。これも競馬の魅力だ。

私自身に当てはめると、年を重ねて肉体は衰えているのに酒量は確実に増加している。その原因が、同じ業界の人間だけではなく、競馬を通していろいろな方々と飲む席が増えているからだと、この文章を書いていて気がついた。

これからは酒もほどほどにしないといけないが、最強のコミュニケーションツール＝競馬とのつき合いが続く限り、酒を減らすことは難しいかもしれない……。

## 世界で活躍する日本馬、だけど……

欧米では〝キング・オブ・スポーツ〟と呼ばれることもあり、ギャンブルの枠を超えてスポーツとしての地位を確立している競馬。芝コースが主流のヨーロッパに対し、ダートのパワー比べが売りのアメリカなど、世界各国でそれぞれに特色のあるレースがくり広げられている。

近年、野球やサッカーを始め、日本人選手が世界の舞台で活躍することは当たり前になっているが、日本馬の飛躍も彼らに負けていない。

二刀流を武器に大リーグを席巻する大谷翔平選手に遅れを取るまいと２０２１年、ダート競馬の本場アメリカで最高峰と謳われるブリーダーズＣのひとつ、ＢＣディスタフを矢作芳人厩舎のマルシュロレーヌが優勝し、歴史的快挙を成し遂げた。

我が国ではフランスの凱旋門賞制覇に重きを置く傾向が強く、それは日本競馬の悲願でもあるのだが、過去に2着が4回と夢の実現まではあと一歩のところまできている。

だから、自分が生きている間に日本馬が凱旋門賞を優勝することはあっても、コースの土壌が違い、レースの流れも大きく異なるブリーダーズＣのダートカテゴリーを勝つには時間と経験が必要だと思ってい

2021 年3月4日、川崎のエンプレス杯を勝ったマルシュロレーヌ。
同年の 11 月に BC ディスタフ制覇の偉業を達成する。

た。それだけに、私の中で**マルシュロレーヌの偉業は凱旋門賞制覇と同等か、それ以上の価値がある。**

２０２１年のＪＲＡ賞・年度代表馬部門にマルシュロレーヌへ１票が投じられていたが、その気持ちもわからなくはない。

さらに最近は、海外の伝統あるレースだけでなく、高額の賞金を求めて香港やサウジアラビアへ遠征する馬も増えている。暮れの香港Ｃ（芝２０００ｍ）と香港ヴァーズ（芝２４００ｍ）には、ジャパンＣや有馬記念に出走すべき馬たちが招待され海を渡っている。

ただ、これに関しては日本の競馬が盛り上がってほしいと願う身としては正直、疑問を感じるところ。スプリンターズＳとマイルＣＳの後に目標がないスピード路線の馬たちの遠征は大賛成だが……。特に香港のスプリント路線はレベルが高く、スプリント大国の馬たちと日本の韋駄天が激突するレースは、競馬ファンのひとりとして興味がある。

また、ここへきて注目を浴びているのがサウジCを中心とした2月のサウジアラビア遠征だ。

これまで高額賞金レースの代表といえば、総賞金約13億8000万円、1着賞金約8億円のドバイワールドCだったが、サウジCは賞金総額約27億円で1着賞金が約13億円と超破格。

GⅠに昇格した22年には、先述のマルシュロレーヌ（6着）と、前年にチャンピオンズCを制したテーオーケインズ（8着）という、日本ダート界のトップホースが出走したが、やはりこの2頭も本来ならフェブラリーSに……という存在。だが、5着でもフェブラリーSを勝つより多い約1億3500万円の賞金がもらえるとなれば、仕方のないところだろうか。

また、サウジCと同日に招待競走として行なわれる他のGⅢレースも賞金は魅力的。同年にステイフーリッシュが優勝したレッドシーターフハンデキャップは約1億7000万円。他のレースでも約1億円と、JRAのGⅡで最高額の札幌記念（7000万円）あたりと比較しても、賞金的には遠征する価値は高い。22年は5レース中で日本馬が4勝と結果を残すこともできただけに、今後ますますサウジデーに出走する馬が増えるだろう。


こうしてみると、競馬と他のプロスポーツの構造はやはり似ていると感じる。

特に、スター選手のメジャーリーグ流出が日本プロ野球の人気衰退につながるのでは、と一時は問題になったプロ野球と、実力馬が当たり前のように海外のレースへ出走する現在の競馬は状況がかなり近い気がする。

もちろん、より高い報酬を求めるという点では、どちらも否定はできない。また、抜けた穴を埋める才能が次々と誕生しているのも事実ではある。

さらに、野球ではメジャーリーグの中継が増え、贔屓のチームから巣立った選手をリアルタイムで応援できる機会が増えたし、競馬においても日本馬が遠征するレースはライブ放送が行なわれ、海外レースの馬券が発売されたことでより身近に感じられるようになった。目の前でスターホースが走らない寂しさは薄れつつある。

**それでも、日本のトップホースが自国のレースで走る機会が減っているのは残念だし、ファンの多い馬が海外のレースを走って、そのまま引退というのも味気ない。**

JRAは23年からジャパンCと有馬記念の1着賞金を5億円に増額して出走馬のレベルアップにつなげようとしているが、果たして効果はいかほどのものなのか……。

日本馬の海外遠征に関しては、自分の中で明確な答えを出せないまま、これからも競馬を続けていくことになるだろう。

## 耳を澄まして競馬の魅力を感じよう

毎週末、私が出勤する時間の競馬場はまだ静かで、ダートコースを整地するハロー車や散水車が走る音と、館内放送や実況マイクのテスト音声が流れてくる程度。嵐の前の静けさといったところだ。

それが開門と同時に様相一変。よい席を確保するために〝開門ダッシュ〟を決めるファンの足音を合図に喧噪が競馬場を包み込む。さらに、パカパカとパドックを歩く心地のよいものから、地面を蹴り上げて最後の直線を駆け抜ける力強い蹄音など、馬たちもたくさんの音を届けてくれる。

**私が思う競馬の大きな魅力。それは〝音〟。**

もちろん、競馬における主役は馬やジョッキーたちだが、レースの発走を知らせるファンファーレや歓声。新馬戦のパドックで耳にすることが多い馬のいななきや、「ブルルッ」と気合を感じさせる鼻息。レース中に聞こえるものだと、パートナーを叱咤するステッキや、障害に脚をぶつける音はこちらまで痛い気持ちにさせられるが、競馬に触れているからこそ聞くことができる音は心に深く響いてくる。

中でも、ダービーが奏でてくれる音は、どんなコンサートやライブよりも素晴らしい。

ダービーデーだけは、ガヤガヤと朝から競馬場が落ち着かない雰囲気で、大観衆を前に極限の緊張の中でオーケストラがファンファーレを演奏すると、レースのスタートを待っていました！　とばかりに大歓声が応える。

ほどなくするとゲートが開き、スタンド前を通過する馬たちの蹄音が、〝オレのダービー馬〟を応援する声と混ざり合い、その音で鼓動が高ぶりレース序盤の高揚を覚えるが、馬群は1コーナーから2コーナーへ進みを遠ざかっていく。

そこから私たちはジョッキーたちの駆け引きに目を奪われ、競馬場は少しの間、静寂に包まれる。府中の杜（もり）が再び賑わいを取り戻すのは、レースが動き出す3コーナーで、馬群が名物の大欅（おおけやき）を過ぎると、地鳴りのような歓声が起こり18頭に最後のパワーを送る。

すると間もなく直線に入り、馬たちの姿が近づいてくるのに合わせて歓声のボリュームが上がり、残り200mからは東京競馬場にいるすべての人たちの興奮が最高潮に。

そしてゴールを迎えると、勝者の歓喜と敗者のため息が入り混じった不思議な音が場内を包むのだが、ダービー馬がウイニングランをしながらスタンド前に帰ってくると、競馬場はひとつになってヒーローを讃える。

私は、毎年のようにこのシーンを見てきたが、無観客で味気がなかった2020年のレースが終わったとき、**「ダービーは、音で競馬の起承転結を表現してくれていたのだ」**ということに気がついた。

新型コロナによる入場制限がかなり緩和された2023年のダービーは、7万人以上の観客が来場したが、まだ全盛期には遠く及ばない。それでもいつか、10万を超える演奏者が奏でるダービーという名のコンサートをまた観覧したい。

そして、まだダービーをナマで見たことがないという人には、あの地鳴りのような歓声を体感してほしい。競馬が好きでよかったと思うはずだ。

読者の中には、現場へめったに行くことができないという方も多いと思われるが、どこの競馬場であっても足を運ばれた際には耳を澄ましてもらいたい。頭と目を使うだけではなく、耳から得る情報も競馬の楽しさに厚みをもたらしてくれる。

## おわりに

新型コロナウイルスが日本にも広がりつつあった2020年の冬。フェブラリーS当日は有給休暇を取り、府中の飲み仲間たちとレースを観戦。本命のモジアナフレイバーは（想定はしていたが）初めての芝スタートで出遅れながら、直線はしっかり伸びて6着同着と健闘した。

馬券は外れたが、どこか清々しい気持ちで酒場に向かい、その日の競馬を肴（さかな）にいつも通りの深酒となった。

週が変わり、いつものように仕事をこなしていると、大井競馬場が無観客で開催を行なうというニュースが飛び込んできた。そしてほどなくすると、今度はＪＲＡから同じ旨のリリースが届く。日本中央競馬会の創設以来で初めてとなる無観客競馬が、その週末（中山・阪神）から始まった。

ただ、我々トラックマンは新聞作成のためにトレセンや競馬場への出入りを制限されることはなかったものの、トレセンでは厩舎関係者との接触を極力抑えられ、競馬場への出勤人数を減らすなどの対策を取るようになり、当たり前だったことができない日々へと突入する。

本来なら中山記念で盛り上がるはずの競馬場は暗く、ガランとして同じ場所とは思えない寂しさ。テレビに映ると困るからと、パドックを見るのにも規制がかかり、それまでは喧噪と入り交じっていたジョッキー同士のかけ声やムチの音が場内にやたら響き渡る。

ゴールに向かう馬たちを後押しする歓声も、もちろんなし。だからなのか、レースが頭に、そして体に入ってこない違和感が全身を襲う。この間には東京オリンピックなどたくさんのイベントが中止、順延になり、その中で競馬を続けていいのか？　そんな気持ちになっていた。

しかし、３カ月ほど遅れたプロ野球の開幕日に、その思いが間違いだったと気づく。

テレビでの観戦ではあったが、とにかく待ち遠しく、そして楽しかった。日常が少し戻ってきた気分にもなった。その瞬間、「競馬を続けてきた意味はこれだったのかも……」という思いがこみ上げてきた。

コロナ禍でも、私はそれまでとほとんど変わらずに競馬と接することができた。

しかし、ファンにとってはそうではない。当たり前のように入ることができた競馬場やウインズへ出かけることはできず、それでも、テレビやラジオを通して好きな馬を応援し、馬券の当たり外れに一喜一憂する〝日常〟を競馬に求めていたはず。

もし競馬が止まっていたら、窮屈な生活がさらにつまらなくなっていたのかも――そう思ったとき、感染拡大防止に努めた**厩舎関係者**、

無敗の三冠馬となる**コントレイル**や**デアリングタクト**、

その2頭にアーモンドアイを加えて歴史的一戦となったジャパンCを私たちに届けてくれた**競馬の神様**、

そして何より、競馬を見捨てることなく馬券を買い続けてくれた**ファン**に、感謝の気持ちが湧いてきた。

現在の競馬場は、一部の開催日を除き入場人数の制限が解除され、いつもの姿を取り戻しつつある。若いファンが増え、場内の雰囲気も様変わりしたが、その反面、長く競馬を支えてくれたベテランたちが減っていることに一抹の淋しさを感じる。

誰もが気軽に触れることができなければ、これからの競馬に繁栄はない。競馬がその時代の人々に広く愛される存在であり続けてほしい。そして、読者の皆さんと競馬が生涯の友になれるよう祈りつつ、この本を終えたいと思う。競馬ライフに幸多かれ！

**2023年7月　久保木正則**

## シリーズ好評既刊

# 重賞ゲッツ！

### 【2023下半期】ＧⅠ～ＧⅢ63レース攻略編

著・水上学

A5版　定価1980円（本体1800円＋税10％）

●京都新装オープン→4年ぶり通常開催に対応！●「競馬予想TV！」24期回収率三冠王・水上学が、秋のＧⅠスプリンターズＳ～有馬記念、ホープフルＳ、そしてＧⅡ、ＧⅢ重賞レースを解析●血統、ローテ、騎手、厩舎……多角度から的中に迫る！

●著者紹介

**久保木正則**（くぼき・まさのり）

1973年、東京都世田谷区出身。日本大学法学部新聞学科卒。1997年日刊競馬新聞社入社。トラックマンとして美浦トレセン想定班に配属された後、時計班に異動となり現在に至る。出演中のメディアはグリーンチャンネル「中央競馬全レース中継パドック解説」、ラジオ NIKKEI「中央競馬実況中継」、netkeiba「まるごと必勝チャンネル」など。

**久保木正則の穴党競馬読本**

発行日　2023年9月10日　　第1版第1刷

著　者　久保木　正則

発行者　斉藤　和邦
発行所　株式会社　秀和システム
〒135－0016
東京都江東区東陽2-4-2　新宮ビル2F
Tel 03-6264-3105（販売）　Fax 03-6264-3094

印刷所　三松堂印刷株式会社　Printed in Japan

ISBN978-4-7980-6790-2 C0075